LE FEU DU SAINT-ESPRIT

DARLA MILNE

TRADUIT PAR ROBERT JAMET

FLAMME DE DIEU
Copyright © 2023 par Darla Milne
Traduit par Robert Jamet

Sauf indication contraire, les citations bibliques sont extraites de la Bible Louis Segond 1910, texte qui se trouve dans le domaine public. Les citations bibliques sont suivies de LSG ou (LSG). • Les citations bibliques suivies de (Segond 21) sont extraites de la Bible version Segond 21. Texte biblique de la Bible version Segond 21 Copyright © 2007 Société Biblique de Genève. Reproduit avec aimable autorisation. Tous droits réservés. • Les citations bibliques suivies de (BDS) sont extraites de la Bible du Semeur ®. Texte Copyright © 1992, 1999, 2015 Biblica, Int. Utilisé avec la permission de Biblica, Inc. Tous droits réservés. "La Bible du Semeur" est une marque déposée auprès de la Communauté européenne par Biblica, Inc. • Les citations bibliques suivies de (La Bible Martin) sont extraites de La Bible Martin, 1707, texte qui se trouve dans le domaine public.

Tous droits réservés. Ni cette publication ni aucune partie de cette publication ne peuvent être reproduite ou transmise sous quelque forme ou par quelque procédé que ce soit, électronique ou mécanique, y compris la photocopie, l'enregistrement ou tout système de sauvegarde et d'archivage d'informations, sans l'autorisation écrite de l'auteure.

Le contenu de cette publication est basé sur des événements réels. Certains noms peuvent avoir été modifiés pour protéger la vie privée des personnes.

ISBN: 978-1-4866-2365-5
eBook ISBN: 978-1-4866-2366-2

Word Alive Press
119 De Baets Street, Winnipeg, MB R2J 3R9
www.wordalivepress.ca

Ce livre est dédié à ma mère, Anne, qui a mis une Bible dans mon sac à dos.

REMERCIEMENTS

Je suis reconnaissante envers tous ceux qui ont contribué à ce livre en partageant leur vie à travers des entretiens, des enregistrements, des courriels et des vidéo-conférences Zoom. En 1985, j'ai mené des entretiens en personne avec le pasteur Dan et sa femme, Rhoda, de même qu'avec de nombreux membres de la communauté internationale et espagnole. Certains éléments ont été glanés dans les mémoires de Barbara Fletcher (imprimés plus tard par sa fille, Dawn Bilbe-Smith, sous le titre *Unusual—believe it or not*) et dans l'autobiographie espagnole du révérend Del Vecchio, *El Manto de José*. En 2021, j'ai mis à jour mes notes pour inclure des événements qui s'etaient produits plus récemment.

Je tiens à remercier Word Alive Press pour la publication de ce livre et pour leur contribution éditoriale.

REMARQUE DE L'AUTEURE

Il y a quarante-six ans (*quarante-six !*) de cela, ma sœur et moi étions en randonnée à travers l'Europe lorsque Dieu nous a conduites à la communauté chrétienne évangélique de Torremolinos, en Espagne. Nous étions en fait en route pour le Maroc, mais pendant trois jours de suite, à chaque fois que nous prenions un bus à Malaga, nous nous retrouvions à Torremolinos ! En déambulant dans cette ville touristique, rendue célèbre par *The Drifters* de James Michener, nous avons remarqué, peint sur un mur blanc, le signe d'un poisson.

« Il a dû y avoir des chrétiens ici, » nous sommes-nous dit, l'air nostalgique. (Quelques mois plus tôt en Grèce, nous avions commencé à lire notre Bible d'un bout à l'autre et nous avions réengagé nos vies envers Christ.) Nous avons alors rencontré un compatriote canadien, Mark, qui témoignait dans la rue, et je n'oublierai jamais avoir vu Jésus *reflété* dans ses yeux. Le pasteur Dan Del Vecchio est passé et nous a invitées à la villa de Barbara où nous avons rencontré d'autres membres de l'Église Communautaire Évangélique.

Pendant plusieurs semaines, nous avons vécu dans la villa de cette aristocrate britannique, maison qu'elle avait généreusement ouverte aux jeunes avides d'en savoir plus sur Dieu. Nous avons été profondément impressionnées par l'expression concrète de l'amour que nous avons vu dans la vie de ces croyants : cela a révolutionné ma conception du christianisme ! Il y avait là une communauté dynamique imitant l'église radicale des Actes du Nouveau Testament. À Pâques, ma sœur et moi avons été baptisées à l'église de Torremolinos, en présence de notre mère qui nous avait rejointes pour quelques semaines de voyages avec un sac à dos, voyageant en train à travers l'Europe et séjournant dans des auberges de jeunesse.

Plusieurs années plus tard, nos frères jumeaux ont également visité cette communauté et ont aidé à construire une église satellite à Mijas, une ville dans les montagnes à l'ouest de Torremolinos. Dire que notre vie, celle de quatre frères et sœurs, a été profondément changée en Espagne par la puissance du Saint-Esprit serait un euphémisme ! Plus tard, mon beau-frère et ma belle-sœur furent également introduits à cette communauté.

En 1985, j'ai de nouveau visité Torremolinos. Bien que j'étais revenue pour un moment de rafraîchissement spirituel, j'ai rapidement été convaincue que l'œuvre extraordinaire que Dieu faisait ici devait être racontée. Pendant les huit mois que j'ai vécus dans l'hôtel Panorama, l'hôtel rénové de la communauté, j'ai été émerveillée par la transformation des nouveaux croyants, notamment d'une héroïnomane irlandaise qui avait été élevée parmi les résidents expatriés plus riches de la Costa Del Sol. Alors qu'elle vivait dans la communauté, elle avait été libérée de sa toxicomanie. Après avoir été chrétienne pendant à peine six mois, elle s'était occupée d'une autre toxicomane en état de sevrage : la véritable formation de disciple en action.

Ces pages ont pris la poussière alors que je témoignais dans un pays à accès restreint. Pendant la crise du COVID-19, alors que, comme la majorité du monde, j'étais en grande partie confinée dans mon appartement, j'ai trié ce que j'avais écrit trois décennies plus tôt. *Ces témoignages trouvent-ils encore un écho aujourd'hui ? Sont-ils pertinents ?* J'ai décidé que, oui, le Saint-Esprit parle toujours à travers la vie de ces chrétiens ! Son travail est toujours *en cours* !

Ce récit exaltant du ministère du pasteur Dan Vecchio, les chroniques de la communauté chrétienne évangélique et l'épanouissement des églises espagnoles satellites ont également servi de *fil à plomb* pour mesurer ma propre vie. *Mes priorités sont-elles les priorités de Jésus-Christ ?* Je souhaite que ceux qui lisent *Flamme de Dieu* cherchent également à aligner leur propre vie sur le dessein de Dieu. En tant que disciples de Jésus-Christ, l'Auteur de la Vie, nous devrions être encouragés par le fait que nous avons tous un rôle à jouer dans le plan divin de Dieu. Chacun de nous est un maillon important dans la chaîne d'événements de Dieu pour atteindre les autres.

Le pasteur Dan Del Vecchio n'est pas un prédicateur rigide, comme une « statue en marbre » et perché là-haut dans sa « chaire devenue tribune ». Au contraire, il permet de manière transparente aux autres de voir qui il est vraiment et d'apprendre de ses expériences. Bien que connaissant la souffrance, le découragement et la persécution pour l'amour du Christ, il a persisté dans son appel. Grâce à une obéissance radicale à Dieu et à la puissance du Saint-Esprit, le pasteur Dan et cette communauté de croyants ont eu un impact sur la nation d'Espagne, d'Amérique du Sud et de soixante-dix pays à travers le monde. La jeune génération de chrétiens peut apprendre de cet exemple moderne jailli du livre des Actes. Je prie pour que toutes nos vies soient remplies d'une nouvelle onction du Saint-Esprit de Dieu.

Fait intéressant, cette année, j'ai renoué contact via des appels Zoom avec certains des membres de la communauté les plus éloignés et répartis sur quatre continents. Il a été fascinant de découvrir leur vie actuelle, leurs souvenirs et l'impact durable des enseignements du pasteur Dan sur leurs fondations spirituelles. Ce livre ne rapporte qu'une petite partie des histoires remarquables de personnes dont la vie a été profondément façonnée par ce ministère. Je prie ceux qui ne sont pas inclus de m'excuser !

Je prie pour que les lecteurs de *Flamme de Dieu* soient inspirés à étudier la Parole de Dieu, qu'ils soient conduits par le Saint-Esprit et qu'ils avancent avec une foi courageuse pour accomplir ce que Jésus-Christ nous appelle à faire : faire des nations des disciples ! Puissions-nous également être mis au défi d'ouvrir nos cœurs et nos maisons aux personnes perdues et méprisées de la société. Et pendant cette période de changement, alors que de nombreuses églises sont confrontées à des restrictions, *puissions-nous délibérément rechercher et trouver une communauté* !

Darla Milne,
Toronto, Canada, 2021

AVANT-PROPOS
RÉVÉREND JUHA KETOLA

Je suis ravi que le vrai témoignage de Jésus soit maintenant disponible dans ce livre pour toute âme assoiffée. D'innombrables vies d'Espagnols et du monde ont été touchées par le ministère du missionnaire et apôtre Daniel Del Vecchio tout au long des décennies qu'il a servi en Espagne. Énormément de gens ont été sauvés et énormément d'autres ont reçu et trouvé leur appel au ministère alors qu'ils l'écoutaient.

Il est temps d'avoir ce témoignage par écrit, surtout maintenant qu'on évite la prédication et l'enseignement de la croix grossière et rugueuse de Jésus. Sans la fidélité au Seigneur ressuscité et à la Bible, et loin des compromis et du politiquement correct, la puissance du Saint-Esprit n'aurait jamais été disponible et le feu du ciel ne serait jamais tombé sur tant de gens dans l'Église Communautaire de Torremolinos.

Je crois aussi que les souffrances et la douleur que Daniel Del Vecchio a personnellement connues ont été constamment transformées par le Saint-Esprit en paroles transformatrices de vie et en pensées qui respirent, créant une nouvelle vie et une sainteté chez tous ceux qui ont été exposés à sa prédication et à son enseignement du vrai évangile. Daniel Del Vecchio est vraiment mort avec Jésus afin que la vie de résurrection de Jésus puisse être reçue dans ceux mentionnés dans ce livre et dans beaucoup d'autres, transmettant même la bénédiction aux générations suivantes.

Je suis moi-même l'un de ceux dont la vie a changé complétement et définitivement après être venu à Torremolinos et avoir été sous l'influence de ce ministère. J'étais venu voir mon ami qui vivait dans la communauté et j'ai rencontré Jésus ! J'ai été baptisé dans l'eau et dans l'Esprit à Torremolinos, et l'enseignement de Del Vecchio m'a donné une base solide dans la Parole. La direction sainte et claire que j'ai reçue pour ma vie ne m'a jamais quitté, pas même quand j'ai trébuché ou ai été infidèle à Jésus. Depuis ces jours, j'ai prêché Jésus dans plus de cinquante nations et dans tous les continents de notre monde.

Aujourd'hui, je suis très reconnaissant envers Jésus. Il m'a sauvé et purifié. Que le feu du ciel tombe à nouveau sur chaque lecteur de ce livre ! Et que chaque ministre de la Parole soit encouragé.

Originaire de Finlande, le révérend Juha Ketola a été sauvé à Torremolinos en 1979 et exerce un ministère à plein temps depuis 1985. Il est diplômé de l'Institut Biblique International du Temple de Kensington à Londres et pasteur ordonné des Assemblées de la Pentecôte du Canada et de la Finlande. De 2012 à 2017, le révérend Ketola a été Directeur International de l'Ambassade Chrétienne Internationale à Jérusalem (ICEJ), supervisant le réseau mondial de l'ICEJ.

Lui et sa femme, Kati, résident maintenant à Jyväskylä, en Finlande. Ils ont trois enfants et cinq petits-enfants.

Le jour de la Pentecôte, ils étaient tous ensemble dans le même lieu. Tout à coup il vint du ciel un bruit comme celui d'un vent impétueux, et il remplit toute la maison où ils étaient assis. Des langues, semblables à des langues de feu, leur apparurent, séparées les unes des autres, et se posèrent sur chacun d'eux. Et ils furent tous remplis du Saint Esprit, et se mirent à parler en d'autres langues, selon que l'Esprit leur donnait de s'exprimer. (Actes 2.1-4, LSG)

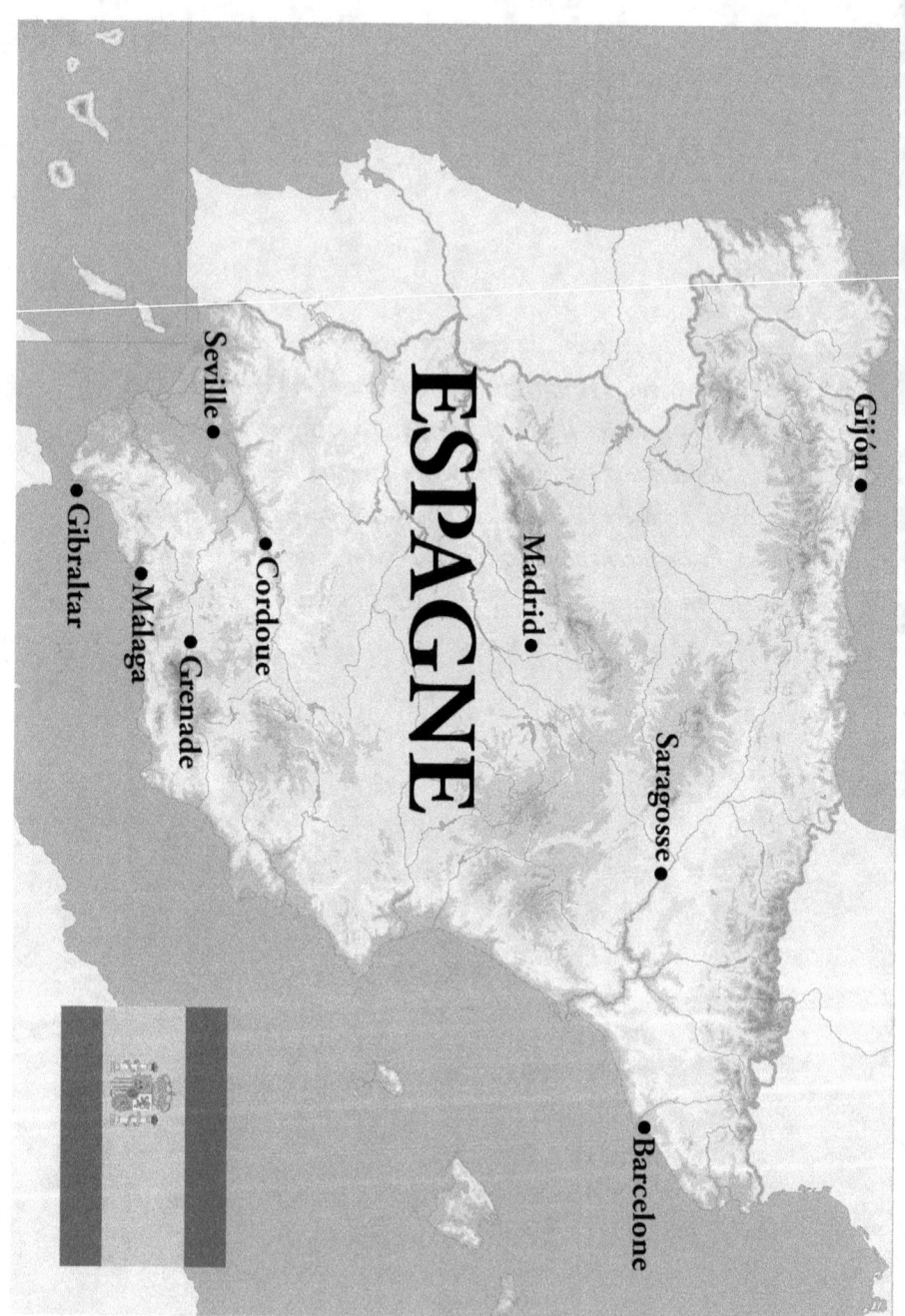

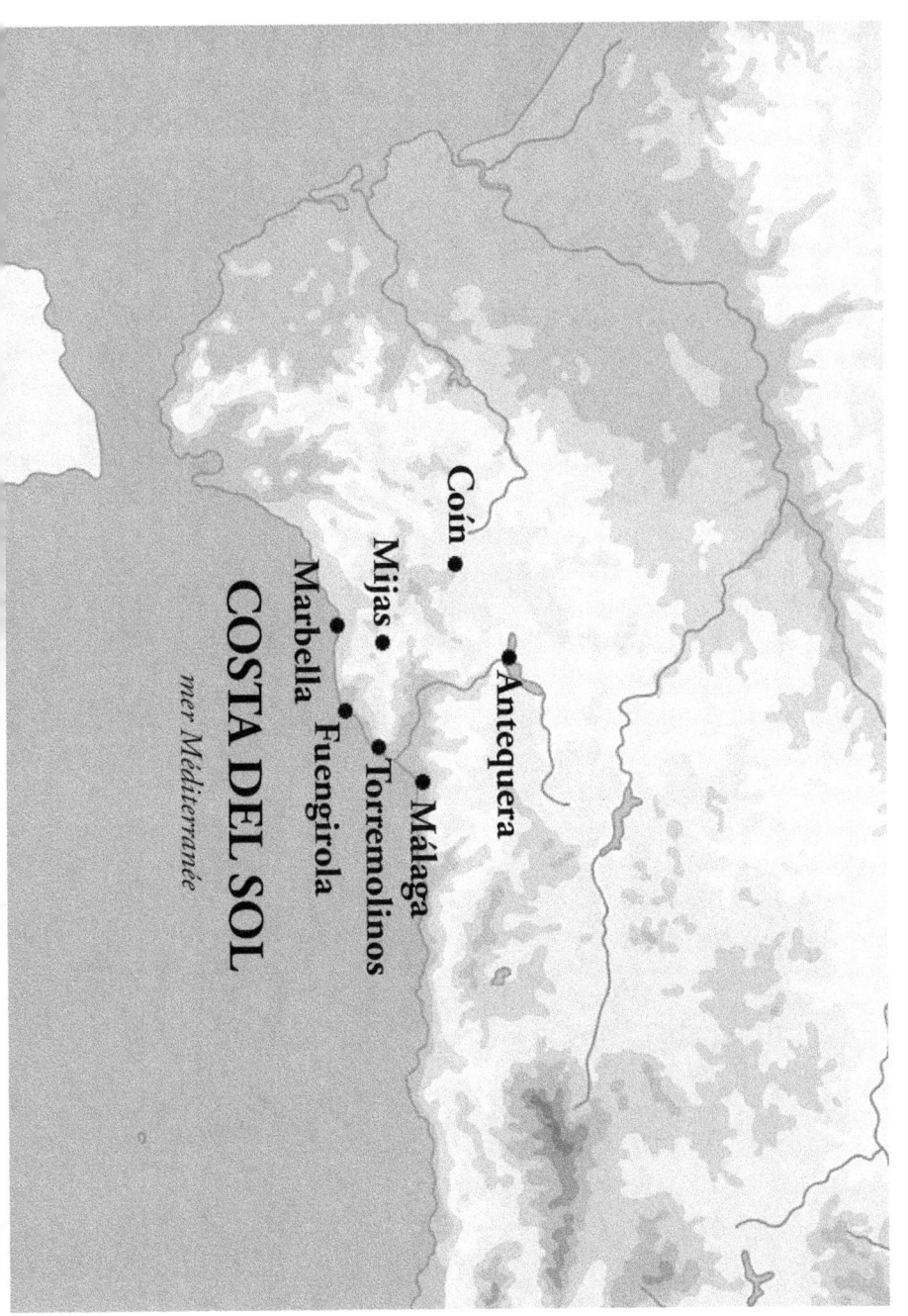

TABLE DES MATIÈRES

REMERCIEMENTS	vii
REMARQUE DE L'AUTEURE	ix
AVANT-PROPOS: RÉVÉREND JUHA KETOLA	xiii
PROLOGUE: LE VRAI JEÛNE	xxi

PREMIÈRE PARTIE:
UN MANIFESTE POUR DES MIRACLES — 1

CHAPITRE UN: CUBA	3
CHAPITRE DEUX: RHODA	17
CHAPITRE TROIS: LE MEXIQUE	29
CHAPITRE QUATRE: L'ESPAGNE	51
CHAPITRE CINQ: TORREMOLINOS	65
CHAPITRE SIX: DES ÉPREUVES DE FOI	79
CHAPITRE SEPT: FLAMME DE DIEU	89

DEUXIÈME PARTIE:
CHRONIQUES D'UNE COMMUNAUTÉ — 97

CHAPITRE HUIT: PRÉMICES	99
CHAPITRE NEUF: DES BREBIS ET NON PAS DES BOUCS	111
CHAPITRE DIX: LE WAY INN	123
CHAPITRE ONZE: « FOI, ESPÉRANCE ET AMOUR »	133
PHOTOS	**144**
CHAPITRE DOUZE: SA FERME ET SON ÉCOLE	155

CHAPITRE TREIZE: CASA ÁGAPE	167
CHAPITRE QUATORZE: MIJAS	177
CHAPITRE QUINZE: LA MAISON SUR LE ROCHER	193
CHAPITRE SEIZE: L'HÔTEL PANORAMA	205

TROISIÈME PARTIE : DES GRENIERS POUR LA MOISSON — 213

CHAPITRE DIX-SEPT: UNE MERVEILLE GÉODÉSIQUE	215
CHAPITRE DIX-HUIT: DES OMBRES	227
CHAPITRE DIX-NEUF: ANTEQUERA	243
CHAPITRE VINGT: L'ONCTION	257
CHAPITRE VINGT-ET-UN: L'AMÉRIQUE DU SUD	265
CHAPITRE VINGT-DEUX: IL SUFFIT D'UNE ÉTINCELLE	277
ÉPILOGUE: GLORIA A DIOS	285
UN MESSAGE DU PASTEUR DAN	297
ANNEXE A: APÔTRE EN ESPAGNE	303
ANNEXE B: LE FEU DU RÉVEIL	309

PROLOGUE
LE VRAI JEÛNE

Lorsque Daniel Del Vecchio avait quinze ans, un ami pasteur du nom de frère Samuel visitait fréquemment la ferme de sa famille. Ce Juif messianique avait pris sur lui d'enseigner aux jeunes la manière dont les Juifs étudient la Bible lorsqu'ils veulent que leurs propres enfants l'apprennent par cœur. Un jour, il demanda à Daniel de lire à haute voix le chapitre cinquante-huit d'Ésaïe :

> *N'est-ce pas là le jeûne qui me plaît:*
> *Détacher les chaînes de la méchanceté,*
> *Dénouer les liens de la servitude,*
> *Renvoyer libres les opprimés,*
> *Et rompre toute espèce de joug ?*

« Tu vas beaucoup trop vite », l'interrompit frère Samuel. « Lis-le lentement. »

> *N'est-ce pas partager ton pain avec ceux qui ont faim,*
> *et offrir l'hospitalité aux pauvres sans abri,*
> *donner des habits à celui qu'on voit nu,*

> *et ne pas te détourner de ton prochain ?*
> *Alors, comme l'aurore, jaillira ta lumière,*
> *ton rétablissement s'opérera bien vite.*
> *Oui, alors la justice marchera devant toi,*
> *et la gloire de l'Éternel sera l'arrière-garde.*[1]

Le pasteur fit lire inlassablement à Daniel le passage. Le jeune adolescent obéit, étudiant soigneusement les versets jusqu'à ce qu'ils soient ancrés dans sa mémoire. Il n'oublierait jamais ces paroles : « *Partager ton pain avec ceux qui ont faim … offrir l'hospitalité aux pauvres sans abri … Donner des habits à celui qu'on voit nu…* »

Esaïe 58 allait être le fil conducteur de la vie de Daniel Del Vecchio. Il a été plus touché par les principes énoncés ici que par tout autre passage de l'Écriture. Les paroles de Dieu concernant un *vrai jeûne* étaient profondément gravées dans son âme. Il comprit qu'elles ne se référaient pas seulement au jeûne alimentaire, mais au fait de vivre un style de vie plus simple et de partager son abondance avec ceux qui en avaient besoin : donner du pain aux affamés, donner un abri aux pauvres sans-abri, vêtir les marginalisés, et non pas abandonner derrière soi son prochain. Le *jeûne qui plait à Dieu* est une vie consacrée à faire l'œuvre de Dieu et à détruire les œuvres de Satan.[2]

---

[1] Ésaïe 58.1-8, BDS.
[2] Daniel Del Vecchio, *El Manto de José* (Guadalajara, Espagne : REMAR, 2019) 169.

PREMIÈRE PARTIE
UN MANIFESTE POUR DES MIRACLES

CHAPITRE UN
CUBA

Daniel Del Vecchio est né en juillet 1932 dans une ferme de Mullica Hill, New Jersey, dans une famille d'immigrants italiens. C'était l'époque de la « Grande Dépression » et il était le sixième enfant. Son père avait déjà la cinquantaine et sa mère la quarantaine. Sa famille était très pauvre : leurs conditions de vie à la ferme étaient modestes, sans salle de bain ni eau courante. Ils vivaient de la terre, mangeant ou vendant ce qu'ils produisaient : légumes, maïs, poulets, œufs, saucisses, viande, lait, pain et savon. Dès son plus jeune âge, Daniel a appris les vertus du travail acharné et de la persévérance, toutes des qualités de caractère qui ont marqué sa vie.

C'est là, dans cette ferme maraîchère, que Dieu a appelé Dan pour prêcher. Jeune homme de vingt-quatre ans et fraîchement sorti de la Marine, Dan était, une nuit, allongé éveillé dans sa chambre, lorsqu'il eut une rencontre sans équivoque avec le Dieu vivant, rencontre qui a changé sa vie. Une gloire impressionnante remplit sa chambre. Terrifié, il voulut se glisser sous le lit. Au lieu de cela, tremblant de peur, il s'adressa à la Présence au pied de son lit :

« Parle, Seigneur, ton serviteur écoute », Dan avait cité le jeune prophète Samuel.[3] Alors qu'il prononçait ces paroles, la puissance de l'onction du Saint-Esprit l'envahit et une forte voix intérieure dit : *Écoute mes paroles. Sois attentif aux paroles de Mes lèvres. Car je t'élèverai, et tu porteras Mes paroles jusqu'aux extrémités du monde.*

Ces paroles frappèrent le cœur de Dan avec une telle force qu'il ne douta jamais de cet appel ni à cet instant ni plus tard. Avec le feu du Saint-Esprit brûlant dans son âme, il commença immédiatement à prêcher l'évangile en évangélisant les travailleurs immigrés. La nuit, il visitait leurs camps dans les plus grandes fermes à proximité, grattant sa guitare électrique, chantant et prêchant. Lors de sa première sortie, sept ouvriers se donnèrent au Seigneur en jetant leurs cigarettes.

De tous les travailleurs qu'il rencontrait, son cœur était le plus attiré par les Hispaniques. Même adolescent, travaillant côte à côte avec eux dans les champs de son père, il avait été attiré par ces gens chaleureux et vivants. Au fil des ans, il avait développé un amour particulier pour les Hispaniques, un amour que Dieu travaillait dans son cœur. Très tôt, Dan sentit qu'il était appelé à servir ces gens.

Pendant les trois années suivantes, Daniel Del Vecchio a suivi ce mode de vie : le jour, il posait des briques et apprenait à travailler dans le bâtiment et, la nuit, il chantait et partageait l'évangile. Au fil des mois, il ressentit une conviction croissante que Dieu l'appelait au service à plein temps.

« Dan, un missionnaire de Cuba, a parlé dans l'église ce soir », son frère aîné lui dit un soir d'un ton décontracté. « Il a dit qu'il y avait sept églises là-bas avec un seul pasteur. »

Les paroles de son frère eurent un impact profond sur Dan. Pendant la semaine qui suivit, elles résonnèrent sans cesse dans son

---

[3] 1 Samuel 3.10, LSG.

cœur : il ne pouvait pas les oublier. Un désir grandissant d'aller à Cuba s'empara de son être le plus profond.

« Je crois que Dieu m'appelle à Cuba. », déclara Dan avec aplomb au Conseil Italien des Églises chrétiennes d'Amérique, la dénomination qui l'avait ordonné. « Et j'ai besoin de votre aide pour y aller. »

Un des anciens se mit à bien le regarder. « Que ferez-vous si on ne vous soutient pas ? »

« Alors je vais nager ! » répondit Dan, le désir d'aller à Cuba brûlant si fort en lui qu'il était prêt à tout pour y obéir.

La guerre civile avait déjà commencé à Cuba. Dan sentit qu'il n'y aurait que peu de temps pour prêcher l'évangile avant que le communisme ne prenne le dessus. Sans garantie d'un soutien financier mais certain que Dieu l'envoyait, il était confiant que Dieu pourvoirait à tous ses besoins.

En février 1957, Daniel, âgé de vingt-cinq ans, est arrivé avec sa sœur Erma à Unión de Reyes, province de Matanzas, Cuba. Elle allait être son soutien de prière indispensable.

« C'est trop bruyant ici pour que je prie », a déclaré le jeune homme impatient à sa sœur peu de temps après leur arrivée à l'hôtel. « Je vais faire un tour à la campagne. »

Le jeune missionnaire a conduit sa voiture le long d'un chemin de terre à travers des hectares de canne à sucre se balançant dans les champs. À un endroit particulièrement désert, il s'est arrêté sur l'accotement, reconnaissant d'avoir un endroit paisible pour prier. S'étirant sur le siège avant, il fut bientôt totalement absorbé par la prière. Soudain, sans ouvrir les yeux, il sut qu'on l'observait.

Dan se redressa brusquement pour voir des armes pointées sur sa tête. Il était entouré de soldats cubains, et ils n'avaient pas l'air sympathiques. Avec plus d'audace qu'il n'en ressentait, Dan se plaignit dans un espagnol animé : « Je suis venu jusqu'ici pour trouver la paix et vous n'allez pas me laisser tranquille ! »

Les soldats avaient pris le missionnaire pour l'un des guérilleros rebelles de Fidel Castro. Lorsqu'ils ont réalisé que l'Américain en colère n'était pas la personne qu'ils recherchaient, ils disparurent aussi vite qu'ils étaient arrivés. Ceci fut la rude introduction du jeune missionnaire à Cuba, un pays pris dans les affres mortelles de la révolution. C'est là qu'allait mûrir le ministère de Daniel Del Vecchio, un ministère forgé dans le feu de la persécution.

Pendant trente jours, Dan prêcha dans les rues d'Alacranes à une époque chaotique d'attentats à la bombe et de pannes de courant. Sa sœur restait dans l'appartement qu'ils avaient loué, intercédant pour lui. Bien qu'Erma n'ait vécu à Cuba que pendant six mois, ses ferventes prières ont jeté les bases des sept églises que le Seigneur a permis à Dan de démarrer en seulement trois ans.

Fidel Castro et ses rebelles se cachaient dans les montagnes, terrorisant le peuple. Chaque nuit, lorsque les guérilleros prévoyaient de couper l'électricité, le Saint-Esprit imposait à Dan de ne pas sortir. À l'inverse, chaque fois qu'il se sentait libre de sortir, les lignes électriques n'étaient jamais coupées. Les lampadaires restaient allumés et aucun acte terroriste ne se produisait jamais. De cette façon, Dieu l'a protégé de situations dangereuses.

À Alacranes, Dan louait un ancien théâtre pour commencer à tenir des réunions et, plus tard, il y a construit une petite église. Un soir, alors qu'environ quatre-vingt-dix personnes s'étaient rassemblées, Dan se mit à prier pour qu'elles reçoivent le Saint-Esprit et elles commencèrent à tomber, prosternées sur le sol. Alors qu'il se déplaçait parmi eux, le bâtiment fut soudainement plongé dans l'obscurité. Les forces rebelles étaient arrivées en ville et avaient coupé les fils électriques. Le jeune missionnaire ne savait que faire. Il était entouré de corps allongés et il ne pouvait pas retourner à la chaire pour allumer une bougie sans trébucher sur eux. Alors la foi en la puissance du Seigneur jaillit en lui : « J'ordonne à ces lumières de s'allumer au nom de Jésus ! » Instantanément, la lumière inonda l'église. La plupart des gens étaient si déterminés à adorer le Seigneur qu'ils n'avaient même pas remarqué le miracle. Un à un, ils se levèrent et commencèrent à retirer les médailles religieuses d'autour de leur cou : c'était une œuvre souveraine du Saint-Esprit.

La maison de Dan à Cuba n'était rien de plus qu'une cabane branlante. Chaque fois qu'il pleuvait, l'eau s'égouttait par le toit, augmentant l'inconfort et la détresse du jeune homme. Chaque matin, avant de pouvoir se laver, il devait retirer des grenouilles de la baignoire. Un jour, alors qu'il se rasait, Dan examina son reflet dans le miroir fêlé au-dessus du lavabo. Son visage avait pris une vilaine couleur jaune. Au cours des onze derniers jours, il renvoyait souvent la nourriture à cause de troubles d'estomac. Alors qu'il tentait de quitter la cabane qui était à la fois sa maison et son église, Dan s'est évanoui sur le chemin près de la porte. Alors qu'il perdait conscience, le jeune homme a supplié : « Dieu, ne me laisse pas mourir seul. »

Plus tard dans la matinée, deux femmes cubaines membres de sa congrégation qui passaient par là, découvrirent le missionnaire inconscient et émacié. Elles le ramenèrent dans la cabane et réussirent à le ranimer. « Nous allons chercher un médecin », lui dirent-elles.

Dan les arrêta. « Non, je n'ai pas besoin d'un médecin. Posez simplement vos mains sur mon ventre et priez pour moi », dit-il, car il croyait fermement en la guérison divine.

Au cours des jours suivants, Dan se sentit mieux, mais il fit ensuite une rechute et fut contraint de consulter un médecin.

Le médecin jeta un coup d'œil sur la peau et les yeux jaunes du missionnaire et immédiatement diagnostiqua une hépatite infectieuse. Il inséra une aiguille dans le bras de Dan et installa une perfusion intraveineuse.

Plus tard, alors qu'il marchait en titubant sur la place principale, Dan vit un homme s'effondrer face contre terre. Pour une raison quelconque, un policier tout proche s'approcha du missionnaire malade. « Pouvez-vous l'aider ? » demanda-t-il à Dan, supposant probablement que tous les Américains restés dans son pays étaient des médecins. « Il fait une crise. »

Malgré sa mauvaise santé, le missionnaire s'agenouilla dans la poussière à côté de l'homme. Posant sa main sur le front du Cubain, Dan lia le diable au nom de Jésus. L'homme ouvrit les yeux et se leva lentement.

« Combien de temps durent généralement ces attaques ? » lui demanda le missionnaire.

« Quatre heures », répondit l'homme. « J'ai besoin d'un docteur. »

« Je connais un bon docteur, » Dan sourit faiblement. « Viens avec moi. »

Dan ramena l'homme dans sa cabane et pria pour lui. Ce fut le début de son ministère de délivrance. Comme Cuba était un pays ancré dans la superstition et le vaudou, de nombreux habitants étaient liés à la fois dans leur pensées et dans leur corps par des esprits maléfiques. Le jeune missionnaire a exerça l'autorité que Jésus avait donnée à ses disciples : « *Et voici les miracles qui accompagneront ceux qui auront cru : en mon nom, ils chasseront les démons ; ils parleront de nouvelles langues... ils imposeront les mains aux malades, et ils seront guéris* » (Marc 16.17-18).

À une autre occasion, Dan proposa de conduire une femme de son église à une veillée mortuaire familiale dans la région des montagnes. Quand ils arrivèrent à la maison où la veillée se déroulait, Dan vit un homme de forte carrure qu'on maintenait au sol. Un homme tenait sa tête tandis que les autres agrippaient ses bras et ses jambes. L'homme se débattait violemment. Il a fallu la force combinée de cinq hommes pour le retenir. Dan s'est alors immédiatement dirigé vers ces hommes. Bien qu'une foule de 120 personnes s'était rassemblée dans la maison pour pleurer le décès d'une vieille femme, personne ne prêtait attention à l'homme qui se débattait, le fils de la femme décédée.

« Puis-je prier pour lui ? » Dan demanda aux hommes qui luttaient.

Ils haussèrent les épaules. Prenant leur indifférence pour un consentement, Dan posa son doigt sur le front de l'homme. « Satan, lâche-le au nom de Jésus ! »

Instantanément, la tête de l'homme retomba mollement sur sa poitrine alors que la puissance violente le quittait. Les hommes, s'attendant toujours à ce qu'il se débatte, maintenaient leur prise solide sur son corps.

« Laissez-le partir », dit Dan. « Il va bien maintenant. »

Le missionnaire était péniblement conscient qu'un silence s'était abattu sur la foule alors que les gens le regardaient avec émerveillement. Gêné, Dan s'éclipsa par la porte. Il était encore trop jeune et inexpérimenté pour profiter d'occasions comme celle-ci pour prêcher l'évangile.

L'homme qui avait été délivré et son père se précipitèrent vers la porte pour rattraper le missionnaire en le remerciant abondamment. « C'est ta maison », déclara le père, exprimant sa gratitude. « Fais ici tout ce que tu veux. »

Dan se mit à prêcher l'évangile dans cette maison et c'est ainsi qu'une église fut plantée dans la région montagneuse d'Unión de Reyes. Beaucoup de chrétiens qui se rassemblaient dans cette maison ont ensuite été envoyés en prison ou exécutés pour être anticastristes et antirévolutionnaires.

Dan commença à prêcher à Sabanilla, une ville de quatre mille habitants dans la province de Matanzas. Seul, avec sa guitare, un ampli et un micro, il se mit à chanter dans la rue. Une foule se forma rapidement. Il n'y avait jamais eu de témoignage de l'évangile dans cette ville. Elle était entièrement vouée à l'idolâtrie et à la sorcellerie, et de nombreuses personnes souffraient de maladies.

Après avoir prêché la Parole, Dan demanda à ceux qui souffraient de lever la main. Le jeune évangéliste savait qu'en tant que croyant, il avait le pouvoir, au nom de Jésus-Christ, de chasser ces mauvais esprits de maladies. « Voici, je vous ai donné le pouvoir de marcher sur les serpents et les scorpions et sur toute la puissance de l'ennemi, et rien ne pourra vous nuire. » (Luc 10.19, LSG). Avec la puissance du Saint-Esprit et la foi au nom de Jésus, Dan exercé son autorité en tant qu'enfant de Dieu : « J'ordonne aux esprits de maladies de sortir au nom de Jésus ! »

Beaucoup dans la foule témoignèrent d'avoir reçu une guérison. Après quelques jours de réunions en plein air, Dan s'installa dans un immeuble qu'il louait. Dans l'une des toutes premières réunions, il y avait une femme qui était venue et qui était connue comme une « guérisseuse ». Bien qu'elle était une femme bonne et sincère, elle utilisait des pouvoirs maléfiques pour guérir et prescrire des remèdes. Dan remarqua qu'elle avait du mal à garder les yeux ouverts. Les démons en elle ne voulaient pas qu'elle entende l'évangile. Son collègue et lui sont alors allés vers elle et ont chassé ces mauvais esprits. La femme revint à la réunion suivante avec plusieurs de ses clients et amis. En raison de sa délivrance évidente, ils étaient impatients d'entendre la Bonne Nouvelle. Lorsque Dan lança l'appel à s'avancer, ils se précipitèrent pour recevoir Jésus-Christ comme leur Sauveur et Libérateur.

L'église de Sabanilla continue à ce jour. En 2008, Dan y est retourné et y a prêché à nouveau. Le petit-fils de cette femme est maintenant responsable d'environ trois cents églises à Cuba. À Dieu soit la gloire !

Un jour, alors que Dan quittait l'église qu'il avait plantée à Sabanilla, le Saint-Esprit lui parla nettement : *Conduis sur cette route.* Obéissant, Dan conduisit sa camionnette Volkswagen sur environ cinq kilomètres d'un chemin de terre. Chaque fois qu'il était tenté de faire demi-tour, la voix intérieure le poussait à aller plus loin. Enfin, il atteignit le sommet d'une colline surplombant la belle vallée de Montserrat, avec ses champs de canne à sucre parsemés de cabanes aux toits de canne.

Arrête-toi ici, demanda la voix intérieure. *Commence une église.*

Surpris, Dan regarda autour de lui. Il n'y avait qu'un petit magasin de campagne d'un côté de la route et les ruines d'un vieux château de l'autre. Ayant appris à ne pas remettre en question cette voix intérieure, cependant, Dan commença à organiser des réunions en plein air dans cet endroit improbable. Des gens de tous âges vinrent l'écouter, y compris des *guajiros*, des cow-boys locaux qui passaient sur leurs chevaux. Une nuit, de jeunes cow-boys tapageurs s'etaient rassemblés légèrement à l'écart, avec l'intention de perturber la réunion et de créer des troubles. Ils avaient amené avec eux un cheval très fougueux.

« Monte à cheval, *Americano* », ont-ils défié le missionnaire.

Dan regarda l'étalon s'ébrouer. Il n'avait ni selle ni bride, juste un licol en corde autour du nez et une couverture sur le dos. « Je peux monter à cheval », a-t-il dit au chef. « Je montais à cheval avant ta naissance, jeune homme. »

« Alors, monte-le ! » ricana le garçon de manière provocante.

« Je vais le monter », dit Raúl, le pasteur adjoint de Dan, qui s'était courageusement porté volontaire. Il se mit à cheval, lui fit monter et descendre la route, puis il descendit de selle en se laissant glisser.

« Maintenant, à toi, *Americano*, » dit le jeune homme d'un sourire narquois.

Alors que Dan sautait sur le dos de l'étalon, le chef du groupe avança perfidement sa main sous la couverture. La grande barbe de métal couleur sable qu'il avait placée là a instantanément aiguillonné le cheval et il a commencé à se cabrer sauvagement. Dan s'accrochait fermement à la corde tandis que l'étalon ruait et donnait des coups de pied dans l'air en faisant des cercles frénétiques. Finalement, le fougueux cheval se débarrassa du missionnaire. Dan se laissa glisser sur le dos et atterrit sur ses pieds, hébété mais indemne. Le cheval, cependant, tomba à la renverse et se coucha sur le sol, ses flancs se soulevant doucement.

« Voilà. » Dan fit face au cow-boy triomphalement. « Je suis debout et le cheval est à terre ! »

Les cow-boys éclatèrent de rire. Le missionnaire avait réussi leur test et, après cela, ils ne lui ont plus mis les bâtons dans les roues.

Les ruines du château de l'autre côté de la route intriguaient Dan. Il avait découvert qu'une femme excentrique, la fille d'un comte espagnol et d'une esclave noir, avait hérité de milliers d'hectares de champs de canne à sucre entourant les ruines. Elle était l'une des plus riches propriétaires terriennes de Cuba. Un jour, Dan décida de rendre visite à cette femme. Près du château, devant une simple hutte au toit de canne, il trouva une vieille femme noire modeste, la tête enveloppée d'un turban, bêchant la terre riche.

« J'aimerais construire une église sur votre propriété », a proposé Dan.

La femme n'était pas très réceptive jusqu'à ce qu'elle découvre que le missionnaire venait des États-Unis. Lorsqu'elle avait visité le pays de Dan, elle avait été très bien traitée. Elle informa fièrement Dan qu'elle avait même un drapeau américain. À la fin de sa visite, la femme avait accepté de lui donner une des « pièces » du château pour y construire une église.

En quittant la propriété, Dan inspecta les ruines du « château » qui n'était que les fondations d'un mètre de haut de ce qui, à l'origine, était destiné à être une réplique du célèbre monument de La Havane, le château d'*El Morro*. La femme riche avait abandonné le projet de construction des années auparavant. Dan choisit le « salon » comme meilleur emplacement pour son église.

Quelques jours plus tard, un camion déversa les blocs de calcaire solide que Daniel avait commandés dans un ravin près des ruines. Les blocs mesuraient près de soixante-dix centimètres de large, un mètre de long et pesaient bien environ deux-cent cinquante kilos. Chacun devrait être ajusté et coupé avec une scie à main.

« Comment allons-nous les déplacer ? » José, le premier converti de Dan à Cuba, demanda avec désespoir. Il avait proposé d'aider le missionnaire à construire cette nouvelle église à Montserrat.

« Essayons la vieille méthode de les faire pivoter », suggéra Dan. Minutieusement, les deux ont travaillé ensemble dans une chaleur de 49 degrés Celsius, la sueur coulant dans leur dos. L'un plaçait un rocher et un bâton sous un bloc de calcaire, le soulevant un peu, puis l'autre poussait rapidement un autre rocher en dessous, le soulevant encore plus. Quand le bloc se tenait sur le côté, ils le renversaient. Ils répétèrent ce procédé jusqu'à ce que tous les rochers soient roulés jusqu'aux fondations du château.

Les blocs tombés dans le ravin posaient un autre problème. Peu importe les efforts qu'ils déployaient, Dan et José ne pouvaient pas les déplacer. Dan avait même essayé d'attacher une corde de sa camionnette Volkswagen à l'un des rochers, mais elle ne bougeait pas d'un centimètre.

« Mon Dieu, je ne peux pas aller plus loin », grogna Dan. Le missionnaire persistant, qui n'abandonnait généralement pas sans se battre, était prêt à faire exactement cela.

« Vous avez des problèmes ? » Un fermier passait à côté conduisant un attelage de bœufs.

« Ouais, » répondit Dan, sa voix lourde de découragement. « Nous ne pouvons pas déplacer ces rochers. »

Le fermier jeta un coup d'œil au tas de blocs de calcaire dans le ravin. « Quand j'aurai fini mon travail, je reviendrai et je les ferai déplacer par mes bœufs. »

Dan rit d'un air incrédule. « Vos bœufs vont tirer ces rochers ? »

« Ne t'inquiète pas, tu verras ! »

Dan et José attendirent à l'ombre le retour du fermier. Au bout de six heures, il revint et, fidèle à sa parole, il attela ses bœufs aux rochers. Le missionnaire et son assistant regardèrent avec étonnement les bœufs haler les blocs de calcaire massif hors du ravin comme s'il s'agissait de vulgaires cartons.

Dan et José ont alors taillé et posé les pierres, montant l'église bloc par bloc, et l'ont recouverte d'un toit fait de canne à sucre. En raison de l'embargo commercial américain sur Cuba, les matériaux de construction dans le pays étaient rares, alors Daniel et Jose ont dû récupérer du bois dans des maisons abandonnées. Ils ont construit des bancs en bois et, pour ajouter la touche finale, le missionnaire a cloué ensemble deux planches de six centimètres par six pour former une croix qu'il a placée au-dessus de l'entrée.

Un prêtre local tenta de convaincre la propriétaire d'expulser la missionnaire de sa propriété. « C'est ''l'Amérique'', ici. », a rétorqué la femme, faisant fièrement allusion à sa propriété. « Et je ne vais jeter personne dehors ! » Pendant que le prêtre et le propriétaire étaient engagés dans une conversation, Dan témoigna à son neveu qui était en visite de La Havane. Il accepta le Seigneur juste là précisément. Plus tard, Dan facilita l'entrée du neveu aux

États-Unis et l'aida à s'inscrire au Wheaton College pour étudier pour le ministère.

Dans l'église de Montserrat, Dan a commencé à aller plus loin dans la foi dans le domaine de la guérison divine. Il a prêché avec conviction que Jésus guérirait les malades et a invité tout le monde à s'avancer pour la prière. Alors que les gens se mettaient en rang, Dan et son assistant, Raúl, ont prié pour chacun d'eux. À leur consternation croissante, pratiquement rien ne semblait se passer. Puis, avec effroi, Daniel remarqua que la personne suivante dans la file était une vieille femme sourde qui, selon les habitants, était « si sourde qu'elle ne pouvait pas entendre un coup de canon ».

« Oh mon Dieu, qu'est-ce que je vais faire ? » gémit le missionnaire. Il se tourna vers Raúl. « Qu'est-ce qu'on devrait faire maintenant ? »

« Renvoie-la au fond de la file », a chuchoté Raúl sans hésitation.

Le tour de la femme sourde revint bien trop vite et Dan, frustré, se retrouva devant elle. Il voulait avant tout donner gloire à Dieu, mais il craignait que si cette femme n'allait pas être guérie, non seulement il aurait l'air d'un insensé aux yeux des gens mais, plus important encore, l'évangile apparaîtrait comme déraisonnable.

Dan leva les bras au plafond. « Dieu, » implora-t-il dans un désespoir absolu, « Tu sais que je ne peux pas guérir cette femme. » Il priait en anglais, langue à laquelle il avait recours parfois lorsqu'il se trouvait dans une situation difficile. Alors qu'il confessait sa propre incapacité à répondre aux besoins de cette femme, la puissance du Saint-Esprit descendit sur lui comme mille volts d'électricité. Sachant avec certitude qu'il était revêtu d'une puissance qui venait d'en haut, Dan plaça ses doigts dans les oreilles de la vieille femme.

« Ouvrez-vous, au nom de Jésus ! » a t'il ordonné.

Instantanément, les oreilles de la Cubaine se sont ouvertes et elle a pleuré de joie.

Daniel Del Vecchio avait appris une leçon qui devait se répéter sans cesse dans sa vie : quand Dieu était sa seule ressource, *Dieu parvenait toujours à le secourir.* Dieu ne lui ferait jamais défaut.

Il y a de *la puissance dans le nom de Jésus !*

CHAPITRE DEUX
RHODA

La chaleur, sa mauvaise santé, les conditions de vie sordides et les luttes constantes dans le combat spirituel se sont souvent unies pour déprimer Dan. Parfois, le jeune missionnaire avait l'impression de porter un fardeau au-delà de ce qu'il pouvait supporter. Souvent, lorsqu'il souffrait de ces humeurs noires de désespoir, il lisait et relisait les lettres de sa mère. Elles étaient pour lui une source constante d'encouragement.

Dan avait beaucoup pensé à une certaine jeune femme qui lui avait écrit. Bien que seulement trois lettres aient été échangées entre eux, Dan sentait déjà qu'il y avait quelque chose de spécial chez cette jeune femme qui s'appelait Rhoda. Par une soirée chaude et humide de l'été 1959, alors que, enroulé dans une moustiquaire, il était agenouillé près de son lit, Dan posa la lettre de Rhoda sur les draps devant lui. Quelque chose dans sa lettre l'avait profondément frappé.

« Seigneur », priait-il, « qui est cette femme ? »

Après être resté silencieux pendant quelques instants dans l'attente de Dieu, une parole de connaissance très claire est parvenue au jeune missionnaire. Les paroles ont surpris Dan, mais elles l'ont rempli d'une paix profonde : *C'est ta femme. Vous vous marierez à l'automne.*

Entre-temps, dans le New Jersey, une jeune femme énergique nommée Rhoda et son amie Twyla voyageaient à travers le pays pour mener des actions d'évangélisation auprès des enfants. Elles avaient visité divers églises et camps pendant près d'un an. Chaque jour, trois fois par jour, elles priaient ensemble : d'abord pour leur ministère, ensuite pour leurs besoins financiers et enfin pour leurs besoins sociaux.

« Seigneur, si tu veux que Twyla et moi on se marie », priait Rhoda, « il faudra que tu nous trouves un mari pour chacune de nous ».

En privé, Rhoda avait demandé au Seigneur des qualités très détaillées chez son futur mari. Elle avait précisé qu'il devrait être comme l'apôtre Paul : créer des églises, guérir les malades et chasser les démons. Comme si cela ne suffisait pas, elle avait ajouté avec audace : « Et s'il te plaît, Seigneur, fais-en un missionnaire hispanophone. » À ce moment-là, elle s'occupait d'enfants hispaniques et avait développé pour eux un amour qui lui avait été donné par Dieu. « Et qu'il soit italien, porté vers la musique, un artiste comme mon père... doux et fidèle... »

Rhoda et Twyla furent invitées à exercer leur ministère dans l'église du révérend Jim Del Vecchio dans le New Jersey. Lorsque les deux jeunes évangélistes sont entrées chez lui, Rhoda a immédiatement remarqué une peinture sur le mur. « N'est-ce pas charmant ? ». Rhoda l'avait apprécié et en avait fait la remarque à la femme du pasteur. « Je vois que c'est signé Del Vecchio. Est-ce le travail de votre mari ? »

« Non. » Mary Del Vecchio sourit de l'intérêt de la jeune femme. « C'est celui de mon beau-frère. »

« Est-ce qu'il peint pour gagner sa vie ? » demanda Rhoda, intriguée.

« Non, c'est un missionnaire », a répondu la femme. « À Cuba. » Mme Del Vecchio a ensuite mis un disque, et une voix masculine et féminine se sont mélangées dans un duo harmonieux.

« Qui est-ce qui chante ? » demanda Rhoda.

« C'est mon beau-frère », répondit fièrement Mme Del Vecchio. « Il a une belle voix, n'est-ce pas ? »

Rhoda reconnut que oui, puis ne put s'empêcher de demander avec une curiosité non dissimulée : « Et qui est-ce qui l'accompagne ? Sa femme ? »

« Non », intervint Jim Del Vecchio, amusé. « Il n'est pas marié. »

Rhoda et Twyla échangèrent des regards complices. Twyla avait senti l'intérêt accru de son amie pour ce mystérieux chanteur, artiste et missionnaire.

Parce que sa modeste maison n'avait pas d'espace supplémentaire pour les invitées, Jim Del Vecchio s'était arrangé pour que Rhoda et Twyla restent dans la ferme de ses parents. Mme Del Vecchio mère avait les peintures à l'huile de son fils exposées dans toute la grande ferme : c'était comme une galerie d'art. Pendant que Rhoda logeait chez les Del Vecchio, elle se sentait entourée par la présence du missionnaire absent : elle dormait dans son lit, se réveillant chaque matin pour contempler sa photo encadrée sur la commode. Quelque chose chez le beau jeune homme aux cheveux ondulés attira son attention. Elle était attirée par ses yeux bleus chaleureux et intriguée par son talent artistique et sa créativité.

Un jour, Mme Del Vecchio mère aborda Rhoda et Twyla. « Est-ce que l'une de vous voudrait bien écrire une lettre pour moi ? C'est pour mon fils Danny, à Cuba ? »

Le regard de la mère italienne scrutait ses deux pensionnaires attendant une réponse. Elle expliqua qu'elle ne savait pas bien écrire en anglais et avait du mal à former des phrases.

« Vas-y, toi » dit Rhoda, poussant gentiment Twyla.

Twyla secoua malicieusement la tête. « Non, moi, j'ai déjà trouvé mon gars », a-t-elle dit, faisant allusion au jeune homme qu'elle avait rencontré dans l'église précédente qu'ils avaient visitée. « Celui-ci, il est à toi, Rhoda. »

Rhoda écrivit la lettre exactement comme la mère de Dan l'avait dictée, puis elle la lui donna à signer. Mme Del Vecchio rendit la lettre à la jeune femme. « S'il vous plaît, sur l'autre côté, écrivez qui vous êtes et ce que vous faites ici. »

Rhoda obéit. Elle écrivit à Dan que son père était co-pasteur d'une église dans une ville voisine, qu'il était aussi peintre et qu'elle admirait ses peintures. Elle mentionna qu'elle et une autre femme travaillaient comme évangélistes pour enfants dans l'église du frère de Dan. « Nous prions pour vous. S'il y a quelque chose que nous pouvons faire pour aider, veuillez nous le faire savoir. »

Avant de fermer la lettre, Rhoda se sentit poussée à y mettre ses trois derniers dollars en offrande au missionnaire cubain si dévoué. Les deux filles ne recevaient pas beaucoup d'argent des églises avec lesquelles elles travaillaient, mais elles apprenaient à faire confiance à Dieu pour répondre à leurs besoins financiers. Pour Rhoda, ce fut une initiation importante à la vie de foi et les leçons qu'elle a apprises allaient se révéler très bénéfiques dans les années à venir.

Bien que Rhoda ne s'attendait pas à recevoir une réponse à sa lettre, au fond d'elle-même, elle savait que ça se ferait. En moins de deux semaines, elle reçut la réponse du missionnaire, la remerciant pour l'offrande. Dans sa lettre, Dan fit allusion à la souffrance et au sacrifice impliqués dans le type d'évangélisation de première ligne qu'il faisait, mais Rhoda ne prêta pas beaucoup d'attention à cet aspect. Au lieu de cela, elle trouva passionnante la mention des moustiquaires et des palmiers - et, bien sûr, les guérisons et les délivrances miraculeuses avaient touché une corde sensible. *Était-ce son apôtre Paul ?*

CHAPITRE DEUX : RHODA

« Je rentrerai chez moi en juin », écrivait Dan en conclusion dans sa lettre. « Si votre père pense que je pourrais être une bénédiction pour son église, je serai heureux de vous rendre visite. »

En juin, Dan a téléphoné à Rhoda et a conclu un arrangement pour qu'ils se rencontrent chez elle à six heures le soir même. Avec enthousiasme, Rhoda a préparé un gâteau marbré au chocolat. « C'est vraiment un chef-d'œuvre », gloussa-t-elle en retirant son tablier. Elle était sur le point de changer de robe quand la sonnette retentit.

« Il n'est que cinq heures », s'exclama Rhoda alarmée. « Il a une heure d'avance ! » Horrifiées par leur aspect échevelé, Rhoda et sa sœur Ella se sont précipitées dans leur chambre, laissant leur pauvre mère répondre à la porte.

Sur le porche, Dan a redressé sa cravate et lissé ses cheveux ondulés et s'est demandé pourquoi personne ne répondait à la sonnette. Enfin, la mère de Rhoda a ouvert la porte et Dan a aperçu deux filles qui disparaissaient en riant dans une chambre. La mère de Rhoda a escorté l'invité de marque dans le salon.

« Voulez-vous une tasse de café ? » demanda-t-elle nerveusement, soucieuse de plaire à ce gendre potentiel. « Ou peut-être préférez-vous le thé ? »

Finalement, une femme grande et mince est entrée dans la pièce et s'est approchée pour saluer le missionnaire. « *Oh non* », Dan grogna intérieurement. « *Elle est trop grande pour moi.* »

« Je suis, Ella, la sœur de Rhoda », se présenta-t-elle. « Rhoda va sortir dans un instant, alors installez-vous confortablement. »

Daniel essaya de se détendre, mais au fil des minutes, il se sentait tendu d'anticipation. Enfin, Rhoda émergea de la chambre à coucher. C'était une jeune femme aux cheveux noirs ondulés et mi-longs qui lui descendaient aux épaules et avec des yeux joyeux couleur olive qui aidaient à atténuer le coté guindé de sa robe d'étudiante d'école biblique. Elle s'assit sagement sur le canapé et les deux se regardèrent à la dérobée. Il n'y avait certainement pas d'attirance instantanée entre eux.

Au moins, elle n'est pas trop grande, se consolait Dan, évaluant secrètement la jeune femme.

Rhoda était également déçue par son prétendant. Il était encore émacié et pâle de son attaque d'hépatite. *Il est si maigre*, pensa-t-elle. *Il a l'air si malade et fatigué.* Pourtant, malgré sa première impression négative, Rhoda devint intriguée par l'homme à côté d'elle. Après le dîner et le délicieux gâteau au chocolat, Dan montra à Rhoda des photographies de Cuba. Au fur et à mesure que le missionnaire s'ouvrait et commençait à parler de sa vie là-bas, Rhoda le trouvait de plus en plus intéressant. Elle l'admirait. *Cet homme n'est pas n'importe qui*, elle le reconnut. *Je ne dois pas me laisser déconcertée par les premières apparences.*

Après le troisième rendez-vous, alors que rien ne semblait se passer entre eux deux, Dan pensa, *j'ai dû faire une erreur, mais Seigneur, je suis ouvert à Ta volonté. Si elle doit être ma femme, veuille me le confirmer.*

Lors de ce que Dan avait pensé être leur dernier rendez-vous, ils assistèrent à un mariage ensemble. Au cours de la cérémonie, Rhoda a chanté et, alors que Dan écoutait sa voix vibrante, il fut ému d'une intense émotion. Surpris, il se rendit compte qu'il était profondément attiré par cette femme de petite taille. En fait, il était en train de tomber amoureux d'elle.

Après cela, leurs rendez-vous tournaient généralement autour des réunions d'église : Dan prêchait et Rhoda complétait parfois son ministère en chantant. Puis, à une occasion mémorable, Dan invita Rhoda à voyager avec lui à New York où il devait prendre la parole. Comme la sœur de Rhoda se rendait dans l'Ohio, Dan proposa de les emmener toutes les deux pour un dîner chinois, puis de déposer Ella à la gare routière.

CHAPITRE DEUX: RHODA

Rhoda était ravie. Elle pensait que c'était extrêmement généreux de la part d'un missionnaire de la régaler non seulement elle mais aussi sa sœur. Elle était secrètement ravie de voir que le restaurant qu'il avait choisi était l'un des meilleurs. « Ce fera trop cher pour vous », protesta Rhoda.

Dan a ri et l'a ensuite regardée droit dans les yeux : « Oh, je crois que le Seigneur a beaucoup de considération pour ma petite amie. »

Petite amie. Rhoda savoura les mots, mais ne dit rien. « Ella et moi allons simplement partager une assiette », a-t-elle proposé, mais le galant jeune homme ne voulait rien entendre.

Sur le chemin du retour, Rhoda se surprit à penser à cet homme et à sa relation avec lui. Elle savait qu'elle ne l'aimait pas et elle avait toujours cru que c'était la volonté de Dieu qu'elle soit profondément amoureuse de l'homme qu'elle épouserait. *Oh Seigneur, que dois-je faire ?* elle priait silencieusement alors qu'ils roulaient sur l'autoroute. *J'apprécie toutes ses qualités, mais je ne l'aime pas.* À ce moment, l'Esprit de Dieu vint sur Rhoda d'une manière puissante et brisa la résistance dans son cœur. Elle ressentit soudain un grand élan d'amour pour l'homme au volant, et elle éclata en sanglots.

Dan jeta un coup d'œil rapide à la jeune femme en pleurs. « Quel est le problème ? » demanda-t-il maladroitement. « Pourquoi pleures-tu ? »

Rhoda a secoué la tête, ne sachant pas quoi dire. Comment pouvait-elle parler à Dan de l'amour soudain qu'elle ressentait pour lui ? Puisqu'il n'avait pas fait d'annonce de ses sentiments envers elle, elle pensait qu'il serait présomptueux de déclarer ses sentiments en premier. « Oh, ce n'est rien, » répondit timidement Rhoda. « Je ressens simplement la présence de Dieu. »

La semaine suivante, Dan proposa de conduire Rhoda et Twyla au camp dans le nord de l'État de New York où elles devaient être des conseillères. Le missionnaire passa la nuit dans l'un des chalets réservés aux invités, frissonnant tellement par le temps frais qu'il garda son chapeau au lit. Avant de partir, Dan offrit à Rhoda une douzaine de roses. À présent, une profonde affection s'était développée entre le couple, et bien que Dan n'avait pas encore exprimé verbalement son amour à Rhoda, ses yeux disaient tout. Elle savait.

« Je veux te parler de quelque chose d'important, Rhoda, » dit Dan avec sérieux. « Nous pouvons en discuter là-bas au centre de retraite chrétienne à Rome, New York. »

Dan et Rhoda passèrent un moment agréable et romantique à marcher dans les montagnes le long de sentiers taillés à travers des pins denses. Dans un endroit paisible près d'un ruisseau, Dan s'arrêta et prit le bras de Rhoda. « J'ai trois questions à te poser, » déclara-t-il, regardant profondément dans les yeux de Rhoda et observant chacune de ses réponses. « La première est : veux-tu m'épouser ? »

Rhoda ouvrit la bouche, mais Dan l'interrompit rapidement. « Ne réponds pas encore avant que j'aie fini. » Il s'arrêta et prit une profonde inspiration. « La seconde est : veux-tu m'épouser à l'automne ? Et la troisième est : viendras-tu avec moi à Cuba immédiatement après notre mariage ? »

Rhoda jeta ses bras autour de Dan. « Oui, oui et oui, à toutes les trois ! »

Dan l'attira dans ses bras et l'embrassa fermement, scellant leur déclaration d'amour l'un pour l'autre.

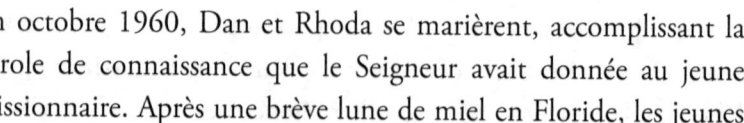

En octobre 1960, Dan et Rhoda se marièrent, accomplissant la parole de connaissance que le Seigneur avait donnée au jeune missionnaire. Après une brève lune de miel en Floride, les jeunes mariés retournèrent à Cuba. À l'aéroport de Miami, les Del

CHAPITRE DEUX : RHODA

Vecchio regardaient les réfugiés cubains débarquer de leur avion. Beaucoup pleuraient. Ils avaient été séparés de leurs familles et avaient perdu leurs biens et leurs maisons. Ironiquement, alors que ces malheureux fuyaient Cuba, Dan et Rhoda attendaient d'entrer dans leur pays, dans le chaos à cause de la révolution. Le gouvernement américain avait rompu les relations diplomatiques avec Cuba et suspendu la protection de l'État pour les citoyens américains. Malgré le danger, les missionnaires étaient prêts à risquer leur vie.

Lorsque l'avion a atterri à La Havane, Dan et Rhoda furent accueillis par des révolutionnaires sombres et barbus vêtus de kaki et brandissant des baïonnettes et des mitrailleuses. Fidel Castro contrôlait désormais fermement le pays ; des responsables du gouvernement précédent avaient été soit pendus, soit emprisonnés. Pour Rhoda, qui ne s'était jamais aventurée au-delà de New York, du New Jersey et de la Pennsylvanie, ces soldats sombres paraissaient particulièrement féroces et menaçants.

Je sais, je sais que le Seigneur nous a appelés ensemble, se rappela nerveusement Rhoda, sentant la tension électrisante alors qu'ils traversaient le terminal. *Ce n'est pas maintenant que je vais mourir.*

Peu de temps après leur arrivée à Cuba, Rhoda fit un rêve saisissant. Elle se réveilla couverte de sueur froide, tremblante de peur. « Dan, réveille-toi, » dit-elle en donnant un coup de coude à son mari endormi.

« Qu'est-ce qu'il y a, chérie ? » murmura-t-il d'une voix endormie.

« Je viens de faire le cauchemar le plus horrible qui soit ! Les pompiers frappaient à notre porte et criaient "Au feu ! Au feu! Sauvez-vous !" Que penses-tu que cela signifie ? Est-ce un avertissement ? »

Dan alluma la lampe à côté du lit et s'assit. Après avoir examiné le rêve, il tendait à être d'accord avec l'interprétation de

Rhoda. « Peut-être que c'est la manière de Dieu de nous dire de quitter le pays. C'est trop dangereux pour nous de rester ici. »

Le gouvernement de Fidel Castro était très anti-américain. Des manifestants en colère brûlaient dans les rues les effigies du président nouvellement élu John F. Kennedy. Dan s'est rendu compte que leur présence créait un grave danger pour les dirigeants de l'église nationale et leurs congrégations. Après seulement dix brefs petits jours à Cuba, les Del Vecchio retournèrent aux États-Unis. Ils ont dit au revoir à tous leurs amis en pleurs, les remettant entre les mains du Seigneur. Ces Cubains chaleureux sentaient qu'ils ne reverraient jamais plus les deux missionnaires américains.

Pendant trois années intenses, Daniel Del Vecchio avait travaillé dans le champ mûr de Cuba. Au total, il avait été le pionnier de sept campagnes missionnaires dans ce pays, y compris les quatre églises d'Alacranes, Unión de Reyes, Sabanilla et Montserrat. Le fruit de son travail résisterait, par la grâce de Dieu, aux années de persécution qui s'ensuivraient sous le régime procommuniste de Fidel Castro, bien que de nombreux croyants allaient perdre leur liberté, et certains, même leur vie.

Après plus de six décennies, l'église que Dan a plantée à Sabanilla continue encore aujourd'hui, avec vingt dirigeants importants issus de cette assemblée. La congrégation d'Alacranes a construit une église plus grande qui est également toujours active avec des centaines de convertis et de réunions de maison dans la région. Malheureusement, les communistes de Castro ont confisqué l'église de Montserrat, utilisant le bâtiment pour en faire une bourse du travail. La riche propriétaire terrienne a dû fuir pour sauver sa vie, perdant tous ses biens. De nombreux Cubains y ont été sauvés et ont continué à suivre le Seigneur. Seule l'éternité révélera ce qu'il en aura été.

Dan aussi avait payé un prix : sa santé en avait souffert. L'hépatite avait affecté son foie et, pendant longtemps, tout au long de la journée, il ne pouvait consommer que de petites portions de nourriture. Mais malgré les ravages sur sa santé, pour le missionnaire, Cuba avait été un terrain d'entraînement dans le développement de son ministère : un cours accéléré de guérison et de délivrance, de foi et de persévérance.

CHAPITRE TROIS
LE MEXIQUE

Après leur retour de Cuba, Dan et Rhoda sont restés chez des amis en Floride pendant qu'ils construisaient leur « chalet de lune de miel ». Étant la personne têtue et indépendante qu'il était, Dan pensait qu'il pouvait construire lui-même leur maison. Alors qu'il travaillait sur les solives du toit, il est tombé de trois mètres, atterrissant directement sur la tête entre deux souches d'arbres. S'il avait atterri trente-huit centimètres de part ou d'autre, il se serait ouvert le crâne. Dan a eu du mal à se relever. Il a crié de douleur, s'est effondré et a perdu connaissance.

Quand il a repris ses esprits, Daniel s'est retrouvé dans une ambulance avec sa sirène hurlante. Il entendait sa femme demander anxieusement au médecin : « Nous venons de nous marier. Est-ce que mon mari va devenir paralysé ? »

À l'hôpital, la radiographie a révélé que Daniel avait subi une fracture par compression de la colonne vertébrale. On lui a installé une traction pendant quelques jours avec des poids sur les jambes extrêmement inconfortables pour lui car il ne pouvait pas bouger. Lorsqu'il est sorti de l'hôpital, il a dû porter, tous les jours, un corset orthopédique à ressort en acier et en cuir pour soutenir sa colonne vertébrale et ce pour une durée indéterminée.

De retour à leur « chalet de lune de miel » à moitié construit, Dan a été étonné de découvrir que ses merveilleux voisins chrétiens avaient terminé le toit pendant qu'il était à l'hôpital. Seule une façade en brique sur la moitié avant de la maison restait à finir. Rhoda aidait en transportant des briques dans une brouette et en les amenant à son mari. Incapable de se pencher à cause du corset dorsal en acier, Dan devait s'agenouiller pour poser les briques.

Au cours de l'année écoulée, un fardeau pour le Mexique avait travaillé dans le cœur de Dan. Le désir d'y aller avait augmenté jusqu'à ce qu'il ne puisse plus l'ignorer. Il avait contacté un missionnaire qui gérait un orphelinat pour enfants à Monterrey, et il s'était engagé à y être en juin. Malgré sa blessure au dos, il tint parole.

Faisant preuve de la détermination obstinée qui caractérisait l'homme et portant le corset inconfortable qui s'enfonçait dans son aine, Dan a terminé la construction de leur maison. Il était fier du résultat : un chalet confortable avec deux chambres et deux salles de bains, et une jolie baie vitrée donnant sur un jardin. Rhoda était ravie qu'ils aient un endroit qu'ils pourraient appeler « chez eux » à leur retour du Mexique, surtout maintenant qu'elle attendait leur premier enfant.

Le jeune couple missionnaire fit leurs valises, chargea leur petite camionnette et partit pour le Mexique. Après un voyage de trois jours, les Del Vecchio arrivèrent à Monterrey en juin 1961. Se sentant stupide, Dan s'est alors rendu compte qu'il n'avait pas d'adresse postale pour le missionnaire, seulement un numéro de boîte postale. Espérant que la poste lui donnerait l'adresse, il s'y rendit en voiture, arrivant juste avant l'heure de fermeture.

« Nous ne pouvons pas donner d'informations personnelles », a déclaré l'homme au comptoir, refusant sa demande.

Sur le coup, Dan ne savait pas quoi faire. Ils étaient là dans un pays étranger, avec peu d'argent. Ils ne savaient pas où vivait cette famille et ils ne connaissaient personne d'autre au Mexique. Alors qu'il faisait face à ce dilemme, une voix, dans la queue derrière lui, s'éleva : « Je sais où ils habitent. Je vais vous y mener. »

Cet étranger serviable guida les Del Vecchio vers un endroit éloigné de Monterrey. Ils trouvèrent l'orphelinat très tard dans la nuit, puis l'étranger disparut. Ils ne revirent jamais cette « personne ». Dan était convaincu que c'était un ange.

« Je n'ai jamais entendu parler de vous », dit le missionnaire brutalement à Dan lorsqu'il a frappé à la porte. « Je pars pour Washington tôt le matin, et je n'ai pas le temps de parler maintenant. »

N'ayant nulle part où aller, Dan et Rhoda dormirent sur le matelas à l'arrière de leur van. À deux heures du matin, le missionnaire céda. « Vous pouvez entrer maintenant. »

Dans la matinée, le missionnaire ramena les Del Vecchio dans la ville de Monterrey. « Je vous emmène chez ma femme, dit-il. « Elle vous dira ce qui se passe. »

« Oh, tout le monde dit qu'ils viendront nous rendre visite et ils ne viennent jamais », a expliqué la femme. « Alors j'attends qu'ils viennent et ce n'est qu'après que je m'en préoccupe. Mais, je vais essayer d'organiser quelque chose. »

« Laissez tomber », répondit Dan. Il s'était souvenu du nom d'un autre missionnaire, nom que quelqu'un lui avait donné dans le New Jersey. « Savez-vous qui il est ? »

« Oui » répondit-elle et lui donna le numéro de téléphone de ce missionnaire.

Le pasteur Harold accueillit chaleureusement les Del Vecchio et les a invités à rester chez lui. Bien qu'il parlait à peine l'espagnol, il avait engagé des jeunes hommes pour prêcher dans les petites églises qu'il avait créées. Dan a prêché à ces petits groupes de Mexicains stoïques qui semblaient s'endormir la moitié du temps.

En traversant Monterrey avec Harold cette première semaine, Dan repéra un grand palais pour la boxe d'une capacité de six mille places.

Je veux que tu loues cet endroit, lui dit très clairement le Seigneur. Passer de la prédication à trente Mexicains endormis à six mille personnes a été un énorme acte de foi pour Dan. Obéissant à la voix de Dieu, le missionnaire s'est approché de l'Alliance des Pasteurs de la ville et a rencontré tous les pasteurs représentant de nombreuses dénominations. Ils dirent à Dan qu'ils soutiendraient une campagne unie s'il obtenait l'autorisation écrite du bureau du maire. La loi n'autorisait la tenue d'aucun service religieux dans un bâtiment public comme le Colisée. Les réunions en plein air étaient illégales.

La chaleur à Monterrey était intense, comme un brasier. Le corset en métal et en cuir que Dan portait pour soutenir sa colonne vertébrale était extrêmement inconfortable dans la chaleur suffocante. La nuit, il s'allongeait sur le sol parce que les draps étaient comme du feu sur sa peau. Au-dessus de sa tête, le ventilateur alimenté en eau tournait, dispersant de l'air frais.

Une nuit, alors qu'il était à l'agonie à cause de ses douleurs dorsales atroces et d'une fièvre qui faisait rage, Dan eut soudain une vision. Les yeux grand ouverts, il fut transporté dans l'Esprit au Colisée. Alerte et bien éveillé, il vit une séquence d'événements se dérouler avec une telle vivacité que c'était comme regarder un film en trois dimensions. Comme s'il était un observateur extérieur, Dan vit le Colisée rempli de milliers de personnes. Il vit Rhoda, vêtue de blanc, chanter devant la foule. Puis il vit la chorale chanter, et finalement il put se voir debout derrière la chaire et prêchant avec une grande clarté. Il pouvait entendre chaque mot du sermon puissant et oint qu'il prêchait s'inspirant d'un verset tiré d'Isaïe 53 : « *Qui a cru à notre prédication? À qui le bras de*

CHAPITRE TROIS: LE MEXIQUE

l'Éternel a-t-il été révélé ? »[4] ? À la fin du message, il se vit donner un appel à la repentance et, en réponse, plus d'une centaine de personnes avaient afflué dans les travées.

« Chérie, regarde, ils sont en train de venir ! » Dan a crié de joie à haute voix, réveillant sa femme. « Ils sont en train de venir à Christ. »

Rhoda n'avait aucune idée de ce qui se passait. Elle pensait que la fièvre faisait délirer son mari et qu'il avait des hallucinations. Rapidement, elle pressa un sac de glaçons sur son front brûlant, espérant que cela ferait tomber sa température et calmerait ses pensées. Dan essaya de la secouer et d'expliquer la vision qu'il avait eue, mais elle insistait pour qu'il se calme.

« Ce n'est pas la fièvre ! » protesta-t-il. « C'est une révélation de Dieu ! »

La vision que Dan avait reçue renforça sa foi et sa résolution de louer le Colisée pour une campagne d'évangélisation, pour prêcher l'évangile et prier pour les malades. En même temps, des doutes le tourmentaient : *Prier pour les malades ? Quand toi-même tu as le dos cassé ?*

Pendant trois mois, Dan avait prié pour la guérison de son dos, et Dieu ne l'avait pas guéri. Dans son combat intérieur de foi, il avait entendu la voix du Seigneur murmurer à son cœur les paroles d'Exode 15.26 (Segond 21) : « *Je suis l'Éternel qui te guérit, Jéhovah Rapha.* »[5] Le Seigneur avait clairement montré à Dan qu'il ne pouvait pas prier pour la guérison tant qu'il portait son corset métallique. Ce ne mettrait pas les gens en confiance de voir cette forme horrible sortir si visiblement de dessous sa chemise. Il s'était rendu compte que quelque chose de dramatique devait être fait.

---

[4] Ésaïe 53.1, Segond 21
[5] Pour « *Je suis l'Éternel qui te guérit* » des traductions anglaises ont « *Je suis ton guérisseur* ».

« Seigneur, si tu es celui qui me guérit, si tu es mon médecin », priait hardiment Dan, « alors tu es responsable de mon dos. Par la foi, je vais retirer mon appareil orthopédique et je vais marcher. »

Lentement, Dan déboucla le corset d'acier et de cuir, des larmes coulant sur ses mains. C'était une tension émotionnelle intense que d'enlever son corset et de faire confiance à Dieu pour sa guérison. Depuis le peu de temps qu'il le portait, il avait développé une dépendance psychologique envers ce qui le soutenait. Il pensait que sans le corset, son dos pourrait se déformer comme une charnière.

L'Alliance des pasteurs avait accepté de coopérer avec lui s'il recevait l'autorisation écrite du maire d'utiliser le Colisée. La mairie était située en hauteur au-dessus de nombreuses marches d'escalier. Chaque marche que le missionnaire gravissait était une pure agonie.

Lorsque Dan arriva au bureau du maire, il le trouva bondé de monde. Comme il n'y avait pas de sièges vides, il fut forcé de se tenir debout. De temps en temps, le secrétaire du maire entrait dans la salle d'attente et appelait les gens un par un à entrer dans le bureau. Dan se sentit faible. Sa douleur était si grande qu'il pouvait à peine se tenir debout. Se dirigeant vers la porte par laquelle le secrétaire entrait et sortait, il s'appuya lourdement contre elle, s'arc-boutant contre son cadre.

Il va devoir me bousculer pour passer, le missionnaire serra les dents, *parce que je ne le laisserai pas sortir de là tant qu'il ne m'aura pas vu !* Lorsque le secrétaire est ensuite apparu, Dan bloqua son chemin et se présenta. Le secrétaire promit de présenter sa demande au maire.

« Le maire ne peut pas vous donner une autorisation écrite, finit par l'informer le secrétaire, mais il vous donne sa parole qu'il n'enverra pas la police et ne vous arrêtera en aucune façon. »

La parole du maire était suffisante pour Dan. Il avait accordé son autorisation non officielle pour contourner la loi qui interdisait l'utilisation des bâtiments publics à des fins religieuses. Lorsque Dan présenta la réponse du maire à l'Alliance des pasteurs, la plupart toutefois retirèrent leur soutien à la campagne. Sans papiers officiels, ils craignaient d'être expulsés du pays.

Un seul homme eut le courage de soutenir publiquement le jeune évangéliste : un surintendant de l'Église du Nazaréen. Dan rendit visite à cet homme à l'hôpital où il se remettait d'une opération. Ses jambes venaient d'être amputées après un terrible accident de voiture. Même s'il souffrait atrocement, cet homme de foi rassembla la force d'encourager le missionnaire : « Frère, tu tiens la campagne d'évangélisation dans ta main. Je vais envoyer ma chorale pour te soutenir. Ces pasteurs sont des lâches. Ils se cachent derrière les portes avant que les pierres n'arrivent ! »

La seule autre source d'encouragement pour Dan était un groupe de dix femmes dévouées qui avaient décidé de se réunir dans le sous-sol d'une église pour jeûner et prier pour la croisade pendant dix jours. Dieu leur avait dit : *Jeûnez et priez. Vous verrez des miracles que vous n'avez jamais vus auparavant.*

Pour faire de la publicité à la campagne, Dan imprima cinquante mille brochures. Utilisant une couverture de magazine avec Castro s'adressant à une foule, le pasteur avait ingénieusement découpé la photo du dictateur cubain et l'avait remplacée par sa propre photo, tenant une Bible ouverte dans ses mains. La légende proclamait avec audace : « Les sourds entendent, les aveugles voient, les boiteux marchent, et l'évangile est prêché aux pauvres. »[6] Dan donna quelques pesos aux enfants des rues qui vendaient du chewing-gum pour distribuer les brochures. Au

---

[6] D'après Luc 7.22 (Segond 21) : « *Puis il leur répondit : "Allez rapporter à Jean ce que vous avez vu et entendu : les aveugles voient, les boiteux marchent, les lépreux sont purifiés, les sourds entendent, les morts ressuscitent, la bonne nouvelle est annoncée aux pauvres."* »

lieu de les jeter, ces respectables petits anges les ont répandues dans tout Monterrey.

Le premier soir de la réunion, Dan regardait avec étonnement derrière une petite fenêtre de billetterie les files de Mexicains entrant dans le Colisée. Ils semblaient arriver pleins d'attentes, amenant avec eux des malades de toutes sortes. Il observa des infirmes, des aveugles et même des lépreux parmi la foule. *Oh mon Dieu*, dit-il, la gorge nouée.

La première soirée de la réunion d'évangélisation se déroula exactement comme Dan l'avait vue dans la vision. Rhoda chanta, vêtue de blanc, et la chorale de l'Église du Nazaréen aussi. Sur l'estrade, à l'exception de la chorale, il se retrouva pratiquement seul. Les autres pasteurs locaux étaient dispersés parmi la foule afin qu'en cas de descente de police, ils ne puissent être accusés d'être impliqués. Pendant que Dan prêchait, la sonorisation tomba en panne. Il dut alors bouger lentement en faisant des cercles et crier pour que tout le monde dans l'assistance puisse au moins capter des fragments de son sermon. Plus d'un millier de personnes étaient assises au rez-de-chaussée du Colisée. Il a prêché au nord, au sud, à l'est et à l'ouest, criant le message de l'évangile. Malgré ces difficultés, le Seigneur bénit la réunion. Lorsque Dan fit un appel à la repentance, 120 Mexicains y répondirent, se précipitant vers l'avant pour recevoir le Christ, comme il l'avait vu dans sa vision.

La première réunion laissa Dan totalement épuisé. En raison des problèmes auxquels il avait dû faire face pour lancer la campagne, du manque de coopération et de la panne de la sonorisation, il se sentait complètement épuisé, émotionnellement et physiquement.

L'évangéliste s'allongea sur le sol de la maison du pasteur Harold, le visage dans le creux de son bras et pleura. Malgré qu'il saisissait la mesure de la victoire de la soirée précédente, Dan se sentait écrasé et brisé dans son esprit. Soumis à une énorme pression spirituelle, il cria à Dieu. Alors qu'il était allongé sur le sol, brisé devant le Seigneur, soudain Dan sut que Jésus se tenait derrière lui. Bien qu'il n'avait pas levé les yeux, il était parfaitement conscient qu'il était là. Ce n'était pas seulement la Présence du Saint-Esprit. C'était la Présence de Jésus Lui-même. Il parla au cœur de Dan d'une voix si forte et si claire qu'elle était presqu'audible :

« *Mon fils, pourquoi as-tu douté ?* » Jésus a doucement réprimandé l'homme en pleurs et prosterné avec des paroles similaires à celles qu'il avait exprimées à Pierre, son disciple. Dan n'était même pas conscient qu'il doutait. Alors Jésus l'exhorta : « *Si tu me fais confiance et ne doutes pas, je te ferai monter sur les hauteurs du pays, je te ferai jouir de l'héritage de Jacob, ton père.* »

À l'époque, Dan n'avait aucune idée de ce que ces paroles signifiaient, mais plus tard, il découvrirait que cette incroyable promesse provenait d'Ésaïe 58.14. Dieu avait toujours parlé à Dan à travers les Écritures, et il réclama cette promesse pour sa vie. Des années plus tard, il comprendrait exactement ce que l'héritage de Jacob impliquait : les bénédictions spirituelles et matérielles de Dieu, c'est-à-dire les bénédictions du ciel et les bénédictions de la terre, prospérité et provision ainsi que l'onction du Saint-Esprit, la « rosée des cieux ». Et il pourrait déclarer que Dieu avait en effet puissamment et abondamment accompli sa promesse envers lui.

Lors de la deuxième soirée sur l'estrade, Dan était un homme nouveau parce que Jésus lui avait parlé ! Il était tellement rempli de foi que tout le monde avait remarqué le changement étonnant chez l'évangéliste. Fort de cette parole de Dieu et enflammé par le Saint-Esprit, Dan se leva et déclara hardiment : « Si Dieu ne fait pas de miracles ce soir et ne guérit pas les malades, alors je suis un menteur. Jésus est mort, la Bible n'est pas vraie et je suis un imposteur ! »

Mais le Seigneur confirma sa parole ! Des centaines d'âmes vinrent à Christ. Les pasteurs ne permettaient pas à Dan de prier pour les malades par l'imposition des mains. Ils l'avaient averti que beaucoup de gens avaient des maladies infectieuses comme la tuberculose et la lèpre et que, s'il les touchait, il pouvait propager la maladie. Le ministère de la Santé serait alors contraint de suspendre les réunions.

Suivant ce conseil, Dan pria pour les malades, non pas individuellement mais en masse. Bien qu'il ne s'en rendait pas compte à l'époque, cette méthode contribua à créer une atmosphère de foi parmi les gens, renforçant leur attente qu'à tout moment, Dieu les guérirait. Tandis que l'évangéliste se déplaçait parmi eux et priait, Dieu commença à guérir les malades.

Le dernier jour des réunions, avait décidé Dan, *je vais prier pour eux individuellement, quoi qu'il arrive, même si la police vient !*

Cette nuit-là, 240 personnes se tenaient dans la file de guérison pour la prière. Alors qu'il touchait les gens, le don de guérison a commencé à opérer, et Dan pouvait sentir la force sortir de ses mains. Des miracles se produisaient. Il n'avait jamais rien vu de tel auparavant dans son ministère. Les aveugles pouvaient voir, les infirmes marchaient et les lépreux étaient guéris ! Plus de 90% de ceux qui s'étaient présentés furent instantanément guéris par la puissance de Dieu.

Dan fut particulièrement touché par un enfant, une victime de la poliomyélite, dont la main était tordue et déformée. Alors qu'il tenait la main desséchée du garçon, sa main se redressa soudainement sous les yeux de tous. Dan s'émerveillait de la puissance du Seigneur si présente pour guérir. Il a attribué cela à trois facteurs principaux : la parole que Jésus lui avait donnée et sa foi en cette parole, les dix femmes qui jeûnaient, priaient et retenaient les forces démoniaques, et les Mexicains eux-mêmes qui croyaient et faisaient confiance. Dan a rassemblé 220 témoignages signés de guérisons miraculeuses.

En plus de cela, et bénédiction supplémentaire, Dan remarqua que son propre dos ne lui faisait plus mal. Le premier soir de la réunion, son dos avait été guéri ! Lorsqu'il s'était rendu à la mairie, dans une grande agonie, ce jour-là avait été une épreuve cruciale. En enlevant son corset, il avait fait un pas de foi, et à partir de ce moment, il ne l'a jamais plus remis. Bien que la fracture soit toujours présente dans sa colonne vertébrale, Dan a pu mener une vie normale pendant de nombreuses décennies de ministère.

Une fois par mois, un groupe de missionnaires et de pasteurs se réunissait pour prier pour les habitants de Monterrey. Après avoir été témoins des miracles de la croisade, ils avaient maintenant la foi pour prier pour les malades. Une femme dont l'abdomen était enflé au point de lui donner une allure grotesque était venue à une réunion et avait demandé la prière pour la guérison. Bien qu'elle devait subir une opération pour retirer une partie de son intestin, elle croyait que Dieu toucherait divinement son corps. Un des pasteurs a alors prié ce qu'il pensait être la prière de la foi pour la guérison de cette femme. Dès qu'il eut fini de prier, il insista pour que la réunion se termine. Ils avaient prié avec foi, a-t-il déclaré, et maintenant c'était au Seigneur de la guérir.

« Attendez encore une minute, » interrompit Dan, avant que tout le monde ne se disperse. « Le Saint-Esprit n'est pas encore venu ; rasseyez-vous s'il vous plaît. »

« Mais, nous avons fait la prière de la foi », a insisté le pasteur. « Le reste est l'œuvre du Seigneur. »

« Asseyez-vous s'il vous plaît », répéta Dan, prenant autorité sur la situation. « Le Saint-Esprit n'est pas encore descendu sur nous. Nous allons continuer à nous attendre au Seigneur. »

Alors que le groupe s'attendait au Seigneur, l'adorant et le louant, ils sont devenus vraiment unis en esprit. Assez rapidement, tout le monde a senti la présence indéniable du Saint-Esprit. Maintenant, avec une véritable harmonie et un accord entre eux, ils prièrent une fois de plus pour la guérison de la femme.

Instantanément devant leurs yeux, l'abdomen gonflé de la femme se dégonfla, rendant son opération inutile. Cela a créé un certain précédent pour le mystère de la guérison divine : la prière d'accord, la véritable unité de l'Esprit. Comme le dit Matthieu 18.19-20 :

> *« … si deux d'entre vous s'accordent sur la terre pour demander quoi que ce soit, cela leur sera accordé par mon Père céleste. En effet, là où deux ou trois sont rassemblés en mon nom, je suis au milieu d'eux. »* (Segond 21)

À la suite de la campagne, la réputation du pasteur Daniel Del Vecchio en tant qu'homme qui avait la foi pour prier pour les malades s'est répandue dans tout Monterrey, et les gens ont afflué vers les églises où il prêchait. Comme il n'avait aucun désir d'attirer une clientèle personnelle, il décida que le meilleur plan serait de quitter Monterrey et de passer à d'autres villes.

À Cuernavaca, Dan organisa une campagne d'évangélisation et de guérison, prêchant dans un théâtre local. Les Del Vecchio avaient loué une maison à deux étages, et c'est là qu'ils vécurent un miracle personnel. Avant de laver à la main les couches du petit Daniel, Rhoda avait enlevé ses alliances, les avait enveloppées dans du papier toilette et les avait mises dans son sac à main. Daniel, dix mois, avec sa curiosité habituelle, avait vidé tout le contenu de son sac à main par terre. Lorsqu'elle réalisa ce que l'enfant avait fait, elle ramassa les objets éparpillés et, accidentellement, jeta le papier toilette dans les toilettes.

CHAPITRE TROIS : LE MEXIQUE

« Chérie, où sont tes bagues ? » Dan a demandé à Rhoda au dîner ce soir-là.

« Oh, elles sont à l'étage. »

« En es-tu sûre ? » demanda-t-il à sa femme qui répondit que oui

Après le dîner, Rhoda fouilla dans ses placards et ses tiroirs, remuant tout. Soudain, elle réalisa qu'elle avait jeté ses bagues dans les toilettes ! Elle passa la nuit dans l'agitation, tantôt pleurant et tantôt priant.

Au matin, Rhoda lut l'Écriture : « *Mon âme magnifie le Seigneur, et mon esprit se réjouit en Dieu mon Sauveur... Car celui qui est puissant a fait de grandes choses pour moi, et son nom est saint* » (Luc 1.46-47, 49). Dieu lui parla : *Aujourd'hui, je vais faire quelque chose de grand pour toi*. Et ensuite Il répéta la promesse.

Bien que la chasse d'eau ait été tirée plusieurs fois et que les bagues étaient maintenant perdues, Rhoda voulait que son mari les retrouve. Dan ne savait pas que sa femme avait entendu la voix de Dieu et que ses paroles lui avaient donné la foi pour l'impossible. Elle exhorta Dan à demander au jardinier s'il y avait une fosse septique où ils pourraient rechercher les anneaux disparus. Bien que la demande ait semblé ridicule, il s'est incliné, ne voulant pas refroidir son enthousiasme. Le jardinier expliqua qu'il n'y avait pas de fosse septique ; toutes les eaux usées se déversaient dans le système d'égouts de la ville. Rhoda n'a pas abandonné.

« Y a-t-il un endroit avec une bouche d'où l'on peut observer l'évacuation des eaux usées dans les égouts de la ville ? » Rhoda a persisté. Le jardinier répondit que oui.

Rhoda demanda à son mari de jeter des seaux d'eau dans les deux toilettes de l'étage et du rez-de-chaussée, puis de bloquer le tuyau d'évacuation avec une planche pour empêcher l'eau de couler. Dan savait qu'elle demandait l'impossible. Même si les anneaux étaient toujours au fond, lorsqu'il soulèverait la planche, ils passeraient sans être détectés dans l'eau sale. Après quelques heures de ce travail, Dan dit avec impatience : « Oublie les bagues. Je t'en achèterai d'autres ! »

« S'il te plaît, juste un seau de plus », a plaidé Rhoda, s'accrochant à son espoir.

« Un seau de plus, mais pas plus ! » Dan a concédé.

Alors que Dan versait le dernier seau d'eau, il vit quelque chose briller dans les eaux claires, quelque chose posé sur le rebord des toilettes. Les deux anneaux étaient ensemble, l'un au-dessus de l'autre.

« Alléluia ! » cria-t-il, étonné de ce miracle. Comme le prophète Élisée[7] qui avait ordonné à un fer de hache de flotter dans la rivière où il avait coulé, la foi de Rhoda dans la promesse de Dieu avait permis de récupérer les deux anneaux ! Au fil des ans, ce miracle qui a défié les lois naturelles, a servi à rappeler à Dan et Rhoda l'amour et l'attention de Dieu pour chaque détail de leur vie, même dans les choses qui peuvent sembler « insignifiantes ».

Dan fut invité par un pasteur à prêcher à Saltillo, dans la province de Coahuila. Ce pasteur avait l'intention de louer une salle d'une capacité de cinq cents places et appartenant au syndicat du travail. Il demanda de l'argent à l'avance pour organiser l'évangélisation, et Dan le lui a donné. Les Del Vecchio se rendirent ensuite sur la côte du Pacifique pour exercer leur ministère. Lorsqu'ils revinrent à Saltillo à la date fixée pour les réunions, ils trouvèrent la salle vide.

« Où sont les chaises ? » Dan a demandé au garde avec surprise.

« Quelles chaises ? » celui-ci a répondu avec méfiance. « Qui êtes-vous ? »

« J'ai loué cet endroit pour des réunions. »

Lorsque le garde lui a dit qu'il ne savait rien de l'arrangement, Dan a convoqué tous les pasteurs des églises de Saltillo et leur

---

[7] 2 Rois 6.1–7.

a présenté la situation, leur racontant comment ce pasteur avait pris son argent et avait disparu. Les pasteurs craignaient de louer la salle, car toute sorte de réunion en dehors d'une église déclarée était illégale au Mexique. Le chef parmi les pasteurs, un général à la retraite, parlait plus fort que tous les autres. Il a cité Romains 13.1 (BDS) : « *Que tout homme se soumette aux autorités supérieures, car il n'y a pas d'autorité qui ne vienne de Dieu, et celles qui existent ont été instituées par Dieu.* »

« Ne vous arrêtez pas là. Continuez à lire », ordonna Dan au général qui pensait que la question était réglée.

« *Car les gouvernants n'ont pas peur de ceux qui font le bien, mais de ceux qui font le mal. Voulez-vous être libéré de la peur de celui qui détient l'autorité ? Alors fais ce qui est juste et tu seras félicité.* »[8]

« C'est ce que je fais », a exhorté Dan aux pasteurs. « Je n'ai pas peur des autorités. Je fais ce qui est bien. Je prêche l'évangile et je guéris les malades, donc je n'ai aucune raison de craindre les pouvoirs en place. »

Les pasteurs, cependant, s'inclinèrent devant l'influence du général. Ils craignaient d'être impliqués dans la campagne d'évangélisation de peur des représailles de la police. « Eh bien, ma femme et moi dirigerons les réunions par nous-mêmes », leur dit Dan.

Lorsque les Del Vecchio sont arrivés dans la salle, ils constatèrent que tout était installé et toutes les chaises disposées. Les pasteurs étaient réunis sur l'estrade. « Que faites-vous ici ? » leur demanda Dan surpris mais heureux.

« Vous nous avez fait honte », ont-ils répondu. « Nous ne pouvions pas vous laisser seul. »

Dieu envoya des gens dans la salle jusqu'à ce qu'elle soit presque pleine. Lors de la première réunion, un jeune homme est arrivé en courant dans l'allée en hurlant de terreur. Il a couru vers

---

[8] Romains 13.3 (BDS)

l'autel et s'est effondré sur le sol, tremblant comme s'il faisait une crise d'épilepsie. Les pasteurs sur la plate-forme étaient choqués.

« N'ayez pas peur », Dan exhortait les pasteurs. « Allons, on va faire sortir ça ! »

Dan sauta de la plate-forme haute d'un mètre cinquante et chassa du jeune homme l'esprit qui le tourmentait. En quelques minutes, l'homme s'est levé, levant les mains et louant le Seigneur. La gloire de Dieu était partout sur lui. L'incident a ouvert les réunions. Au même moment, le groupe de femmes qui avait intercédé pour la campagne d'évangélisation à Monterrey jeûnait et priait avec ferveur. Le Seigneur avait ouvert la voie à une percée spirituelle.

À chaque réunion, on traînait sur une chaise une femme jusqu'au premier rang et on la plaçait devant l'estrade. Paralysée de la taille aux pieds, elle ne pouvait pas marcher depuis cinq ans. Dan a remarqué cette femme, mais il savait que sa foi n'était pas assez forte pour prier pour elle. Il s'est attendu à Dieu pour que l'onction vienne. Il a attendu que la foi de toute la congrégation grandisse au point de pouvoir prier pour des miracles.

À la cinquième nuit, Dan savait que la puissance de Dieu était présente pour guérir. Depuis que le jeune homme avait été délivré, les gens recherchaient de plus en plus la puissance de Dieu, et Dieu guérissait et accomplissait des miracles en fonction de leur foi. Dan maintenant percevait qu'il y avait une foi collective pour que cette femme soit guérie. Il descendit du haut de l'estrade et prit la femme dans la chaise par les mains : « Au nom de Jésus-Christ, marche ! »

Pour la première fois en cinq ans, la femme commença à marcher. Elle pleurait; sa fille pleurait. Cette nuit-là, la femme s'agenouilla près de son lit et remercia Dieu pour sa guérison miraculeuse.

CHAPITRE TROIS: LE MEXIQUE

Les Del Vecchio firent de la province de Puebla leur port d'attache pendant six mois, en vue du volcan Popocatépetl. Dan voulait évangéliser deux villes : Chipilo et Cholula. Le village agricole de Chipilo était inhabituel en ce que la plupart de ses habitants portaient les traits grands, blonds et les yeux bleus de leurs ancêtres européens, les Italiens de Venise, en contraste frappant avec le teint plus foncé du Mexicain typique. La famille Del Vecchio était très populaire dans la ville ; les habitants adoraient leur jeune fils, le petit Daniel, blond aux yeux bleus.

Dan et son assistant italien, Antonio[9], tentèrent de montrer un film sur la place de Chipilo, mais l'opposition des habitants était si intense qu'ils avaient décidé qu'une approche plus sûre serait d'ouvrir une librairie chrétienne à la place. Dan a alors placé une Californienne-Mexicaine nommée Guadalupe en charge de cette entreprise : une femme qui exerçait son ministère dans la prison locale.

Le lendemain de son ouverture, une religieuse qui avait été très amicale auparavant, est entrée dans le magasin et a agité son doigt sous le nez de Dan. « Ne vous avisez pas d'apporter votre propagande protestante dans ma ville, vous ! » a-t-elle menacé.

« Si vous voulez bien jeter un coup d'œil autour de vous », l'invita Dan, espérant l'apaiser. « Dites-moi quels livres vous n'aimez pas. » Il y avait beaucoup de livres catholiques exposés.

La religieuse refusa son offre et quitta le magasin avec colère. Quelques heures plus tard, une foule de femmes hurlantes s'était rassemblée devant la porte d'entrée. « *Communista ! Communista,*

---

[9] Antonio avait été tellement ému par le message que les Del Vecchio avaient partagé dans leur église de Mullica Hill, New Jersey, qu'il avait abandonné son travail et, avec sa femme et ses deux enfants, avait rejoint leur travail missionnaire au Mexique. Le jeûne et la prière faisaient partie de sa vie. Finalement, il est retourné en Sicile, où lui et sa famille ont fondé quarante églises.

rentrez chez vous ! » elles ont crié sauvagement, brandissant des bidons d'essence et semblant prêtes à brûler la librairie à tout moment.

« Garde le magasin même s'il y va de ta vie », avait dit Dan à Guadalupe lorsqu'il était parti plus tôt, sans jamais imaginer qu'elle le prendrait au mot. Courageusement, elle se tenait dans l'embrasure de la porte et elle a repoussé l'émeute populaire. Heureusement, un chauffeur de bus et un poinçonneur de billets qui passaient par là vinrent à son secours. Ils l'ont faite entrer dans la librairie, ont verrouillé la porte et l'ont protégée jusqu'à ce qu'elle réussisse à s'échapper par la porte arrière. Après minuit, Dan et quelques assistants sont retournés au magasin et ont récupéré tous les livres.

Après avoir été chassé de cette ville, Dan a déménagé dans un autre village appelé Cholula qui comptait à l'origine 365 temples aztèques, un pour chaque jour de l'année. Le conquistador espagnol Hernán Cortés les avait détruits et avait construit des cathédrales sur leurs ruines, dont dix-sept fonctionnaient encore. Une pyramide, où des sacrifices humains avaient autrefois été offerts, se dressait encore.[10]

Cholula était un bastion solide du catholicisme romain et les protestants étaient férocement persécutés. Guadalupe avait parlé à Dan d'un petit groupe de chrétiens d'une dénomination protestante qui s'étaient réunis dans une maison pour prier. Des fanatiques avaient encerclé la maison. « Sortez ou nous allons vous brûler vifs à l'intérieur », ont-ils crié en brandissant des bâtons.

Les croyants non catholiques savaient que la foule en colère attendait dehors pour les battre à mort. Ils ne savaient pas quoi faire. S'ils restaient à l'intérieur, ils seraient brûlés vifs ; s'ils s'aventuraient à l'extérieur, ils seraient battus à mort. Guadalupe,

---

[10] Consulter https://en.wikipedia.org/wiki/Cholula_(Mesoamerican_site) pour en connaître plus sur cet période de l'Histoire.

CHAPITRE TROIS: LE MEXIQUE

qui faisait partie des personnes piégées dans la maison, a raconté à Dan comment ils étaient tombés face contre terre et avaient crié à Dieu. Soudain une éclipse a eu lieu ! Dans l'obscurité, le groupe a réussi à sauter par-dessus un mur et à s'échapper. Leurs persécuteurs, confus, ont commencé à se taper les uns sur les autres.

Dan ne savait pas trop comment commencer une campagne d'évangélisation à Cholula. C'était très dangereux parce que les persécuteurs avaient chassé les chrétiens non catholiques dans les montagnes. Dans tout le Mexique, c'était une période périlleuse. Beaucoup de gens étaient tués à cause de l'évangile. Dans une église, où Dan avait prêché, neuf chrétiens avaient été martyrisés. Puis Dan a rencontré un missionnaire qui voyageait avec un camion et un projecteur projetant un vieux film muet, *La Passion du Christ*. Ils ont décidé de montrer ce film ensemble à Cholula.

« Je veux aller avec toi », Rhoda a supplié son mari alors qu'il chargeait leur Chevrolet break pour aller en ville. Elle tenait leur fils, le petit Daniel, dans ses bras.

« Non, chérie, c'est trop dangereux », a répondu Dan, ne voulant pas risquer la vie de sa femme et de son enfant. « Ils ont attaqué tous ceux qui sont venus avec l'évangile. Reste à la maison. »

« Là où tu vas, j'irai », a déclaré Rhoda avec détermination.

« Bon, si tu insistes », céda Dan à sa femme. « Mais reste dans la voiture. S'ils attaquent, je rentre dans la voiture et nous sortirons de la ville rapidement ! »

Dan a conduit jusqu'à la place principale de Cholula. « Pourquoi ne pas projeter le film sur le mur de la cathédrale ? » Il a suggéré au missionnaire qui l'assistait.

« C'est trop dangereux ! » avertit le missionnaire. « Utilisons ce mur de garage là-bas. »

Pendant que Rhoda attendait dans la voiture à quelque distance, ils installèrent le matériel pour que le film puisse être projeté sur le mur blanchi à la chaux du garage tout proche. Le film, qui parlait de la crucifixion du Christ, a attiré des centaines de spectateurs sur la place jusqu'à ce que près d'un millier se soient rassemblés. Les gens pleuraient ouvertement en regardant *La Passion du Christ*, profondément remués et émus du désir d'en savoir plus.

« Combien d'entre vous veulent lire l'histoire de Jésus ? J'ai l'Évangile de Saint Jean à vous donner gratuitement », a annoncé Dan par haut-parleur à la fin du film. Des centaines de personnes ont assailli le camion, poussant et bousculant pour saisir les livres. Dans leur empressement, ils renversèrent le projecteur de cinéma. L'image de toutes ces mains mexicaines se battant désespérément pour prendre l'Évangile laissa une profonde impression sur l'évangéliste. Il n'avait jamais été témoin d'une telle soif de Dieu.

Après le succès de la projection du film, Dan loua un hall d'hôtel avec une entrée sur la rue principale et, de nouveau, il ouvrit une librairie chrétienne. Il laissa Guadalupe, une femme très capable et fidèle, en charge de l'entreprise. Dans les mois qui suivirent, bien que des foules violentes avaient tenté d'incendier la librairie avec de l'essence, Guadalupe refusa de se laisser ébranler. Cependant, lorsqu'une foule menaça de faire sauter l'hôtel avec une bombe, le propriétaire la força à fermer.

La courageuse Guadalupe est restée à Cholula et a continué à témoigner de Jésus. La première église qu'elle a aidé à planter avec des frères de Puebla a été incendiée quatre fois lors de sa construction, mais Guadalupe a refusé d'abandonner. Sa foi inébranlable, littéralement éprouvée par le feu, a porté ses fruits. Finalement, elle a aidé à établir deux églises et une école biblique dans la ville - un témoignage de la patience, du sacrifice et de la persévérance des croyants mexicains.

Les Del Vecchio exercèrent leur ministère pendant trois ans au Mexique. Pendant tout ce temps, ils furent témoins d'incroyables miracles - dans de petites réunions d'église de trente personnes ou dans d'autres avec des milliers de personnes comme dans le Colisée où Dieu avait confirmé Sa Parole avec des signes et des prodiges tels que des guérisons et des conversions étonnantes. Le Seigneur utilisa Dan pour diriger une œuvre au Mexique qui a brisé la forte opposition à toutes les dénominations non catholiques.

Pendant son séjour au Mexique, l'objectif principal de Dan était l'évangélisation. Il avait jugé son succès au nombre de conversions. Après les réunions, cependant, il n'avait aucune idée si des vies avaient vraiment été transformées. De plus en plus insatisfait, il aspirait à faire des disciples un par un, à encourager leur croissance spirituelle et à édifier leur foi. Dieu travaillait lentement dans son cœur, changeant ses désirs et son ministère. A la place d'une ferveur pour l'évangélisation, il éprouvait un désir croissant d'être un *père* spirituel.

Des années plus tard, Dieu parlera profondément dans son cœur : *Je ferai de toi un père de plusieurs nations.* Ce *désir d'être un père* rend également témoignage du don apostolique qui émergeait dans la vie de Daniel Del Vecchio. Dieu allait bientôt lui ouvrir les portes d'une nouvelle nation.

CHAPITRE QUATRE
L'ESPAGNE

Dan étala la carte du monde sur le sol du salon de la ferme en briques du New Jersey. Après avoir servi six ans dans le champ missionnaire, l'adulte de trente-deux ans était retourné avec sa femme et son fils en bas âge dans la maison de son enfance pour rechercher la direction de Dieu. Ses yeux scrutèrent toutes les nations qui s'étalaient devant lui.

Seigneur, priait-il en silence, *où devrions-nous aller ?*

Ses yeux furent attirés par l'Espagne et s'y posèrent. Il était naturel qu'il soit attiré par ce pays, après avoir fait progressivement Cuba puis le Mexique et maintenant l'Espagne. Le désir d'aller dans ce pays avait grandi dans son cœur pendant même qu'il travaillait dans la chaleur du Mexique. Il savait que le Seigneur l'appelait pour cette nation.

Où, Seigneur ? répéta-t-il en étudiant la carte de l'Espagne. Ses yeux parcoururent la côte sud et s'arrêtèrent sur le port de Malaga.

Tu resteras à Barcelone un mois et ensuite tu iras à Malaga, lui fit comprendre clairement le Saint-Esprit. Málaga n'était qu'un nom sur la carte de Dan. Il ne savait rien de la ville ni de ce qu'il y trouverait.[11]

En février 1964, Dan, Rhoda et Daniel, leur fils de deux ans, se sont envolés pour l'Espagne, envoyés non par une organisation missionnaire officielle mais par le fort appel de Dieu sur leurs cœurs. Ils n'avaient pratiquement aucun soutien financier, mais ils avaient foi dans le Dieu qui les avait mandatés.

Alors que l'avion survolait les eaux turquoise scintillantes de la Méditerranée, Dan n'avait aucune idée que l'Espagne allait être sa croix. L'Espagne se révélerait être pour lui ce que l'Égypte avait été pour Joseph, et il pourrait faire écho aux paroles de Joseph : « Car Dieu m'a rendu fécond dans le pays de mon affliction » (Genèse 41.52b, LSG).

Après avoir passé un mois à Barcelone avec un autre couple missionnaire, Dan, Rhoda et le petit Daniel se sont rendus à Malaga le vendredi de Pâques, arrivant en plein milieu d'une procession de la Semaine Sainte. Forcée de s'arrêter à cause de la foule qui se pressait autour d'elle, la famille Del Vecchio s'est assise dans leur voiture Simca nouvellement achetée pour observer le sombre défilé. Choqués par la nature superstitieuse du cortège, ils regardaient avec incrédulité passer des groupes d'hommes, hissant sur leurs épaules des statues massives de la Vierge couvertes de cierges. Les hommes marchaient lentement au rythme morne et déprimant des tambours. Le défilé ressemblait plus à un chant funèbre qu'à une célébration religieuse. Derrière les statues des Vierges, des hommes vêtus de longues robes et de chapeaux pointus fermaient la marche, traînant derrière eux de lourdes chaînes.

---

[11] Ancien port de commerce sur la Méditerranée avec une riche histoire vieille de trois mille ans, Málaga a été colonisée par les Phéniciens, les Grecs, les Carthaginois, les Romains et les Maures. Ce fut l'une des dernières villes musulmanes à tomber lorsque les rois catholiques Isabelle et Ferdinand l'assiégèrent en 1487. (Pour plus d'informations, voir : www.wikipedia.org/wiki/history_of_Málaga).

CHAPITRE QUATRE: L'ESPAGNE

« On dirait quelque chose tout droit sorti du Moyen Âge », a fait remarquer Dan à Rhoda.

Dan et Rhoda s'étaient retrouvés confrontés aux rituels et traditions du pouvoir religieux vieux de plusieurs siècles en Espagne qui, comme ils allaient bientôt le découvrir, ne serait pas facilement brisé.

Lorsque les Del Vecchio sont arrivés en Espagne, la nation était sous la dictature du général Franco. À l'exception du catholicisme romain, aucune autre expression publique de la religion n'était autorisée. Les églises protestantes n'étaient pas tolérées. Le baptême du Saint-Esprit était pratiquement inconnu. Dan apprit qu'il n'y avait dans tout le pays que deux douzaines de personnes remplies du Saint-Esprit - un groupe de onze à Barcelone et quelques autres dispersés ici et là. Dans des grandes villes comme Madrid, Séville et Malaga, il n'y avait pas de ministère charismatique.

Dan et Rhoda trouvèrent un petit appartement dans la banlieue de Malaga et ils en firent leur domicile. Le directeur des Assemblées de Dieu en Europe et des Assemblées de Dieu italiennes aux États-Unis avait donné des lettres de recommandation à Dan alors même qu'il n'était pas membre de leur dénomination. Rapidement Dan prit contact avec un groupe protestant et fut invité à prêcher. Par la suite, la sœur du chef du groupe des anciens, une femme qui avait été religieuse pendant onze ans, l'a abordé.

« Vous, vous êtes différent de ces autres personnes », commenta Adelaida avec curiosité. « Vous avez quelque chose. Qu'est-ce que c'est ? »

Dan l'étudia attentivement. « Venez donc déjeuner. Vous pourrez partager votre témoignage et, moi, je vous donnerai le mien. »

Adelaida alla rejoindre les Del Vecchio pour un déjeuner dans leur appartement. Au cours du repas, l'ancienne religieuse raconta au couple comment, pendant ses six premières années au couvent, on ne lui avait pas permis d'avoir une Bible. Après avoir prononcé son vœu perpétuel, son frère lui avait donné une Bible et elle avait commencé à la lire. Au cours des cinq années suivantes, alors qu'elle étudiait la Bible, elle prenait de plus en plus conscience des énormes différences entre ce qu'elle croyait et ce que la Bible déclarait. Plus tard, alors qu'elle était infirmière, elle avait également écouté en secret l'émission sur l'Évangile de Radio Monte Carlo.

À la demande d'Adelaida, Dan a alors parlé à cette ancienne religieuse de son travail missionnaire à Cuba et au Mexique. Lorsqu'il lui raconta comment le Seigneur avait miraculeusement guéri des gens, elle l'écouta étonnée et captivée. Dan pouvait voir qu'elle avait vraiment faim spirituellement, mais il était réticent à aborder le sujet du Saint-Esprit.

« Prenez ce livre et lisez-le », dit finalement Dan en lui tendant le livret qu'il avait écrit et publié au Mexique sur le baptême du Saint-Esprit, *El Espíritu Santo y Su Obra.*[12]

Adelaida l'accepta avec empressement. Cette nuit-là, elle lut le livret jusqu'à trois heures du matin, dévorant ses pages tout en pleurant. Elle revint le lendemain pour voir Dan, et les deux s'agenouillèrent sur le sol de son appartement et prièrent. Adelaida reçut le Consolateur promis et joyeusement parla dans une nouvelle langue, la première à Malaga à le faire. Avec enthousiasme, elle partagea la nouvelle avec son frère, et peu de temps après, lui aussi reçut le baptême du Saint-Esprit lors de sa *siesta* du déjeuner.

Malheureusement, lorsque d'autres membres de l'église découvrirent leur expérience, une controverse éclata. Les dirigeants de leur dénomination non seulement menacèrent d'expulser Dan

---

[12] Daniel Del Vecchio, *The Holy Spirit and His Work* (2019). Disponible sur Amazon.

du pays, mais résolument fermèrent la porte à tout autre ministère qu'il aurait pu avoir avec eux. Dan fut blessé par leur réaction hostile. Il n'avait rien fait d'autre que faire écho à ce que l'apôtre Paul avait demandé aux Éphésiens : *« Avez-vous reçu le Saint-Esprit quand vous avez cru ? »* (Actes 19.2a).

Un souvenir vivace de ces premières années concernait un colonel très célèbre qui avait dirigé des opérations militaires en Afrique du Nord pendant de nombreuses années. Il était en train de mourir et on a demandé à Dan de venir prier pour lui. À cette époque, il était très peu probable qu'un homme aussi important et occupant une position élevée dans la société espagnole invite un pasteur à prier pour lui. Toutefois, l'infirmière qui s'occupait de lui avait reçu l'Évangile et pensait que Dan pourrait peut-être l'aider. Ignorant l'intolérance religieuse et les préjugés qui existaient à l'époque, Dan rendit visite à ce colonel à l'article de la mort. Alors que Dan montait les marches sinueuses de sa maison, le prêtre, qui venait d'administrer les derniers rites, le croisa en descendant.

Lorsque Dan entra dans sa chambre, le colonel le reçut chaleureusement et lui baisa la main. Dan ne donna aucune signification à ce geste. Il croyait simplement qu'on lui avait dit qu'il était un homme de Dieu et que c'était la manière habituelle de montrer du respect à un prêtre. Sur le mur, Dan remarqua les photographies du colonel avec le *Generalissimo* Francisco Franco, le dictateur qui dirigerait l'Espagne d'une main de fer pendant trente-six ans.

Dan découvrit que cet officier militaire de haut rang, qui parlait plusieurs langues, avait l'esprit clair. Au fur et à mesure qu'il partageait avec lui, le colonel reçut l'évangile comme un mourant accroché à un radeau de sauvetage. Ce que Dan ne savait pas, c'est que plus tôt dans la semaine, le colonel avait eu la vision d'un homme qui se tenait debout au pied de son lit.

« Qui est cet homme ? » avait-il demandé à sa fille.

« Il n'y a personne là », lui avait-elle dit, perplexe. « Personne n'est là. »

Lorsque Dan était entré dans sa chambre, le colonel avait immédiatement reconnu en lui l'homme qu'il avait vu dans sa vision, c'est pourquoi il l'avait reçu avec un tel respect et un esprit ouvert. Après que Dan eut découvert cette expérience surnaturelle, il se souvint de Corneille dans le Livre des Actes.[13] Corneille, bien sûr, était aussi un officier militaire, et Dieu avait envoyé l'apôtre Pierre pour partager l'évangile avec lui en réponse à ses prières.

La fille du colonel, qui avait conduit le pasteur dans la chambre de son père, était elle-même une dame de haut rang dans la société, mariée à un pilote acrobate illustre. Plus d'une décennie plus tard, elle accepterait Christ dans sa vie et Dan prierait pour qu'elle soit remplie du Saint-Esprit.

Pendant cette période, Dan eut du mal à trouver des moyens d'évangéliser le peuple espagnol, un peuple éloigné de Dieu. Il ne pouvait pas prêcher l'Évangile en public, mais le Seigneur lui donna une idée. Accompagnés du petit Daniel, Dan et Rhoda sont alors allés visiter les studios RCA à Madrid, les meilleurs studios d'enregistrement du pays. Miraculeusement, ils purent produire deux disques 45 tours. Sur un côté, ils avaient enregistré Rhoda chantant des chansons gospel avec sa belle voix, et sur l'autre, Dan prêchait. Sur le premier disque, il prêchait un message d'évangélisation, et sur le second, il prêchait sur la guérison divine.

Avec un petit tourne-disque à piles, Dan s'aventurait dans les ruelles des lotissements de Malaga. En augmentant le volume,

---
[13] Actes 10.

il jouait le disque avec sa femme en train de chanter, puis il le retournait pour sa prédication. Les gens se rassemblaient autour avec curiosité. Bien qu'il ne puisse pas prêcher l'évangile ouvertement, ce missionnaire intrépide pouvait « prêcher » à travers ces disques que les gens empruntaient et se passaient dans tout Malaga. Dan a conservé quelques-uns de ces vieux disques rayés en souvenir de ses jours comme pionnier en Espagne.

Les lois du pays interdisaient la distribution de littérature chrétienne. Sans se laisser décourager et après de nombreux retards, Dan a pu faire reconnaître légalement par le ministère de la Justice un livret d'étude biblique intitulé *La Nouvelle Naissance*. Bien qu'officiellement ce livret était destiné uniquement à l'usage interne de son église, Dan décida qu'un message d'une page pris du livret ferait un excellent tract. Le missionnaire savait que la seule façon de le publier était de l'imprimer secrètement.

Dans une imprimerie, Dan trouva une vieille petite presse à main qui était parfaite pour son objectif. Il l'installa dans l'une des chambres, transformant leur petit appartement en une imprimerie souterraine. Avec peine, par tâtonnements, le missionnaire apprit lui-même à faire fonctionner la presse, ce qui était plus compliqué qu'il ne le pensait. Chaque lettre principale de chaque mot devait être attachée avec une petite corde, et chaque ligne enveloppée de ficelle et placée dans la presse à imprimer. Ensuite, Dan badigeonnait le tout d'encre et imprimait, apprenant finalement à régler la pression nécessaire. C'est de cette façon que Dan a imprimé son premier tract : *Comment naître de nouveau*.

Un jour, un Espagnol d'une quarantaine d'années est venu à l'appartement des Del Vecchio pour vendre une assurance. Dan invita l'homme à entrer dans leur maison. Très rapidement, Manolo déballa sa vie troublée au pasteur compréhensif. Bien que poli, et manifestement un homme de culture, l'Espagnol avoua être alcoolique. Quelques années plus tôt, lorsque sa femme était décédée en donnant naissance à leur troisième enfant, Manolo avait été tellement bouleversé qu'il avait tenté de noyer son chagrin avec une caisse de whisky. Après cela, il a bu plus fréquemment jusqu'à ce qu'il ne puisse plus occuper un emploi stable. Il avait alors erré de ville en ville, dormant sur des bancs publics ou sous des ponts. Il avait tellement besoin d'alcool qu'il avait même vendu son sang pour en acheter. Dan et Rhoda étaient tellement émus de compassion pour cet homme, qui avouait être alcoolique, qu'ils lui ont offert un endroit où dormir pour la nuit. Manolo a fini par vivre avec eux pendant plusieurs mois.

Dan montra à Manolo comment faire fonctionner la presse à imprimer. Pendant la journée, pendant que Manolo imprimait les tracts de l'évangile, Dan les distribuait dans tout Malaga. Le tract captiva l'intérêt de Manolo et bientôt il commença à lire le Nouveau Testament. Peu de temps après, il prit un véritable engagement envers Jésus-Christ. Dan et Rhoda étaient ravis de voir que l'alcoolique avait immédiatement cessé de boire, ce qui lui avait été impossible auparavant.

« Manolo, cela vous dérangerait-il d'aller dans un hôtel qui fait pension, ce soir ? » Dan a demandé quelques mois plus tard, un jour quand un visiteur est arrivé d'Amérique. « Je vous donnerai l'argent pour le payer. »

Plus tard, Dan se rendit compte que donner de l'argent à Manolo avait été une erreur qui allait coûter cher. Il avait cru que l'Espagnol avait vaincu l'envie de boire, mais ce soir-là, au lieu de se payer une chambre d'hôtel, Manolo entra dans un bar et se saoula. Quelques jours plus tard, il se présenta à l'appartement des Del Vecchio.

« Je suis désolé. Je ne suis pas digne d'être dans votre maison. » Manolo baissait la tête regrettant amèrement. « Je suis ivre et je m'en vais. »

CHAPITRE QUATRE: L'ESPAGNE

Dan a essayé de convaincre cet Espagnol de rester. Manolo, cependant, n'a pas changé d'avis et il est parti.

« Va le chercher, chéri ! » Rhoda pressa son mari. « Ne le laisse pas s'enfuir ! »

Dan poursuivit Manolo dans la rue et le trouva dans le bar du coin. « Revenez avec moi, Manolo », supplia Dan. « Dieu vous pardonne. Nous vous pardonnons. Ne gâchez plus votre vie. »

« Non, laissez-moi tranquille, » l'Espagnol haussa les épaules désespérément, sirotant son verre.

Dan essaya de d'attirer Manolo hors du bar, mais l'homme résista à tous ses efforts. Attristé et le cœur chagriné, Dan s'éloigna.

Manolo avait été la première personne en Espagne que les Del Vecchio avaient accueillie chez eux. Grâce à cette expérience, ils ont réalisé quel impact le simple fait de vivre leur foi chrétienne au quotidien pouvait avoir sur un incroyant. Deuxièmement, ils ont réalisé la nécessité d'exercer un ministère à long terme auprès de personnes brisées et dépendantes de substances toxiques. Après la conversion, ces personnes avaient besoin d'être protégées et surveillées jusqu'à ce qu'elles soient vraiment en sécurité et disciplinées dans leur foi chrétienne. Bien qu'il ait échoué avec Manolo, Dan a assimilé ces leçons vitales qui se révéleraient précieuses pour son futur ministère, en particulier dans la prise en charge des accrocs à l'héroïne.

Pendant les premières années en Espagne, les Del Vecchio vécurent au jour le jour, ne sachant souvent pas d'où viendrait leur prochain repas. Un jour, alors qu'ils n'avaient plus d'argent, Dan rentra chez lui découragé. Il venait de dépenser leurs dernières pesetas pour une bouteille de lait.

« À qui puis-je m'adresser ? » Dan agonisa. Vivant dans ce pays étranger, il n'avait personne vers qui se tourner. Dan savait qu'il pouvait téléphoner à son père en Amérique et lui demander d'envoyer de l'argent, mais cela ne semblait pas juste au jeune missionnaire. « Dieu m'a appelé pour servir ici », a-t-il raisonné. « C'est la responsabilité de Dieu de subvenir à nos besoins. »

La situation aurait déjà été assez grave s'il n'avait eu que lui-même à nourrir, mais maintenant le missionnaire avait une famille grandissante dont il devait s'occuper : son fils, Daniel, et sa fille nouveau-née, Deborah, que Rhoda allaitait. Cette crise fut une formidable épreuve pour leur foi.

« Chérie, il ne nous reste plus qu'une bouteille de lait », dit-il à sa femme, découragé. « Je ne sais pas ce qu'on va faire maintenant. » Ils étaient confrontés à la famine.

Rhoda remarqua le comportement abattu de son mari. « Oh, ne t'inquiète pas pour ça », a-t-elle déclaré. « J'ai encore une demi-livre de riz ! » Dan était tellement reconnaissant pour la foi de sa femme. Elle ne s'est pas plainte ni n'a mis de pression supplémentaire sur lui.

Ce soir-là, un officier de la garde civile, membre de l'église encore balbutiante de Dan, ne pouvait s'endormir. Il se tournait et se retournait. Finalement, il dit à sa femme : « Il faut que je me lève et que je donne au pasteur deux cents pesetas. »

« Mais, il est américain », a-t-elle rétorqué. « Il est riche ! »

« Je ne comprends pas, mais j'ai cette voix en moi. Je *dois* lui donner deux cents pesetas. » Le policier est sorti du lit, s'est habillé et a traversé la ville jusqu'à l'appartement des Del Vecchio.

« Le Seigneur ne me donnera pas de paix tant que je ne vous donne pas ceci. Tenez. » dit-il en déposant les deux cents pesetas dans la main du pasteur surpris.

Les Del Vecchio louèrent Dieu pour sa provision qui tombait à pic. L'argent était suffisant pour acheter des provisions pour la semaine suivante. Puis Adelaida leur a donné quatre-vingt-dix pesetas, et ils ont vécu de cet argent pendant une autre semaine.

Grâce à ces expériences, Dan et Rhoda ont appris à faire confiance à Dieu, à lui faire vraiment confiance pour répondre à tous leurs besoins. Ils ont enduré de nombreuses épreuves, dans ces temps-là et plus tard, des épreuves terribles, mais Dieu les a toujours secourus.

Dans ces toutes premières années en Espagne, tout ce qui ressemblait à une église protestante était strictement interdit. Pour éviter la fermeture de tout local, Dan acheta deux appartements mitoyens à Malaga et supprima le mur de séparation. Il construisit ses propres bancs, l'autel et la chaire, et commença à tenir des cultes dans la salle agrandie qui pouvait désormais accueillir cinquante personnes. Cependant, tous les résidents de l'immeuble se sont rapidement regroupés et l'ont menacé. À moins qu'il n'arrête de tenir des réunions, ils le chasseraient.

Frustré, Dan est allé voir le bureau du logement et, sans rien révéler de sa situation, il a présenté un cas hypothétique. « Que se passerait-t-il si je priais avec d'autres personnes dans ma maison ? » demanda-t-il innocemment.

« Nous pouvons vous enlever votre maison », ont-ils répondu sèchement.

« Mais, c'est chez moi ! » Dan a insisté.

« Cela ne fait aucune différence. Ces bâtiments ne sont pas faits à des fins commerciales. »

Dan était stupéfait qu'ils considéraient les réunions de prière comme des intérêts commerciaux. Peu de temps après, une réunion de locataires eut lieu dans la maison des Del Vecchio. Après avoir vu que le groupe était solidement contre lui, Dan demanda poliment : « J'aimerais six mois pour déménager. »

« Non, vous devez partir immédiatement », a insisté le chef, un instituteur.

Dan s'est rendu compte que s'il refusait de déménager, ils le signaleraient certainement au bureau du logement et qu'il risquerait de perdre les 6 000 $ qu'il avait empruntés à son père pour payer l'appartement.

Que puis-je faire? Dan pensa désespéré et il pria en silence.

Le conseiller para-légal de l'appartement, qui était assis à côté de lui, s'est soudainement penché et a chuchoté : « Pourquoi ne proposez-vous pas de réparer le toit et de garder les égouts propres ? En échange de cela, ils vous laisseront peut-être rester. »

Le visage de Dan s'éclaira visiblement à la suggestion. Il comprit immédiatement à quoi l'homme faisait allusion. Chaque jour, les résidents de l'immeuble de sept étages lançaient des restes de nourriture à la « légion » de chats qui vivaient sur la terrasse en contre-bas. Ce patio, situé devant l'appartement au premier étage des Del Vecchio, était en fait le toit des locaux commerciaux du rez-de-chaussée de l'immeuble. Les ordures jetées depuis les balcons obstruaient le système de drainage. Lorsqu'il pleuvait, les égouts étaient inondés et les fuites d'eau saccageaient la propriété en contre-bas. Lors d'une réunion de locataires précédente, un énorme conflit sur cette situation avait surgi. Personne ne voulait débourser plus d'argent pour les réparations.

Dan fit quelques calculs rapides. En tant que constructeur en bâtiments, il s'était rendu compte qu'il pouvait réparer le toit lui-même pour moins de 60 $. Il se leva et fit face aux résidents en colère. « Je ramasserai les ordures, nettoierai les canalisations et réparerai le toit », a-t-il proposé, « si vous me laissez rester. »

Les habitants votèrent sans pouvoir se départager. « Vite, mettez-vous à genoux et priez », ordonna Dan à Rhoda et Adelaida. « Nous allons procéder à un deuxième vote. »

Lorsque le résultat du deuxième vote fut annoncé, Daniel, Rhoda et Adelaida attendaient avec impatience. Une personne avait changé d'avis en faveur de la proposition de Dan, et les

Del Vecchio furent autorisés à rester. Les trois se réjouirent en s'étreignant.

Au Nouvel An, la fréquentation des réunions avait déjà dépassé la capacité de leur double appartement. Dan acheta un site plus grand dans un autre quartier de Málaga dans la rue Los Rosales et nomma cette nouvelle église *Casa Ágape*. Finalement, une église de plus d'un millier de membres allait émerger de cet humble début.

Au bout de trois ans à Malaga, Dan acheta un appartement à Cordoue pour y commencer un ministère. Les Del Vecchio voulaient tenir des réunions dans leur maison privée, située près d'un site où des chrétiens avaient subi la mort et la torture pendant la diabolique Inquisition. [14] Le sang des martyrs avait été versé dans cette ville.

Dan trouva que le fait d'être le pionnier d'un travail était passionnant, mais que c'était aussi difficile et plein de pression. La police fit une descente dans l'église de leur maison et confisqua toute leur littérature et leurs Bibles, brûlant et détruisant tout. Pendant le raid, ils saisirent également les disques des Del Vecchio, mais plus tard, lorsqu'ils réalisèrent que ces enregistrements étaient légaux, ils furent contraints de les rendre.

Face à des situations difficiles, Dan se rappelait souvent une prophétie qu'un ami pasteur américain avait prophétisée sur lui à Málaga : « *Car je lui montrerai tout ce qu'il doit souffrir pour mon nom* » [15], citant les paroles que Dieu avait données à Ananias concernant Saul de Tarse lors de sa conversion. Se souvenir de ces paroles a aidé Dan à persévérer au milieu des épreuves.

---

[14] L'Inquisition « espagnole » dura de 1478 jusqu'au règne d'Isabelle II en 1834. La brutalité commença avec la persécution et l'expulsion des Juifs, puis s'étendit à ceux qui étaient considérés comme des « hérétiques », y compris les protestants. La confiscation des biens, les conversions forcées et la torture furent utilisées pour terroriser les victimes. Au moins 2 000 personnes furent brûlées sur le bûcher et 32 000 exécutées. (Pour plus d'informations, voir : www.britannica.com/topic/Spanish-Inquisition).

[15] Actes 9.16, LSG

Dan croit que l'intolérance et la persécution agissent comme un vent qui fait brûler plus intensément le *feu* de l'évangile : « *Je vous ai dit ces choses, afin que vous ayez la paix en moi. Vous aurez des tribulations dans le monde; mais prenez courage, j'ai vaincu le monde.* » (Jean 16.33, LSG).

CHAPITRE CINQ
TORREMOLINOS

En voyant les foules, il fut pris de pitié pour elles, car ces gens étaient inquiets et abattus, comme des brebis sans berger. Alors il dit à ses disciples : « La moisson est abondante, mais les ouvriers sont peu nombreux ! Demandez donc au Seigneur, à qui appartient la moisson, d'envoyer des ouvriers pour la rentrer. » (Matthieu 9.36-38, BDS)

Un jour de 1966, après deux années de vains efforts à essayer de démarrer une œuvre à Malaga, le pasteur Dan descendait la rue Larios quand, soudainement, il prit conscience de tous les étrangers qui passaient. Il ne les avait jamais vus auparavant. Tout son esprit et son cœur avaient été centrés sur le peuple espagnol, mais soudain, le Saint-Esprit lui ouvrit les yeux sur ces touristes et résidents expatriés. Jusqu'à ce moment-là, Dan avait simplement vu les foules comme des amateurs de bonnes affaires ou des hédonistes, mais maintenant il les voyait sous un jour nouveau, comme des champs mûrs prêts pour la moisson. Il les vit comme Jésus les verrait.

« Comme des brebis sans berger », songea Dan, réfléchissant au verset de Matthieu 9.36 qui avait frappé son esprit. « Y a-t-il quelqu'un qui répond à leurs besoins spirituels ? »

Dan était rempli de compassion pour ces personnes perdues qui erraient sans but dans la vie, sans objectif ni direction. Il ne connaissait qu'une seule église protestante sur toute la Costa del Sol, une église anglicane à Malaga. Avec le boom soudain de l'industrie touristique, des gens du monde entier, en particulier d'Europe et d'Amérique du Nord, affluaient sur la Costa del Sol, la célèbre côte sud de l'Espagne. On découvrait tout juste la ville de Torremolinos. C'est vers cette Mecque du tourisme, à quinze minutes de route de Malaga, que Dan se sentait de plus en plus attiré.

Lorsque Dan a recherché des locaux appropriés à Torremolinos pour tenir des réunions, il a rencontré de grandes difficultés. Personne ne voulait louer à un groupe de protestants. Finalement, le directeur français d'un hôtel a accepté de permettre au missionnaire de faire des cultes en anglais dans la salle de bridge. En moins d'un mois, Dan était ravi que cette congrégation qui se réunissait dans l'hôtel était passée à cinquante personnes. Il constatait qu'après la pression du travail de Malaga - beaucoup d'efforts avec peu de résultats - le ministère auprès des touristes à Torremolinos était un soulagement apprécié.

Après la quatrième réunion, le directeur de l'hôtel aborda le pasteur à l'entrée. « Je suis désolé, » dit sèchement l'homme, « mais nous devons faire des rénovations dans cette pièce. Vous ne pourrez plus l'utiliser. »

Dan, habitué maintenant à ces excuses, poussa le directeur à s'expliquer. « Donnez-moi la vraie raison. »

« Eh bien, pour vous dire la vérité », a-t-il admis, « le propriétaire vient aujourd'hui et j'ai failli perdre mon emploi pour vous avoir laissé entrer. Je me suis levé tard exprès ce matin pour que vous puissiez avoir votre réunion, mais vous ne pouvez pas revenir. » Il était catégorique.

CHAPITRE CINQ: TORREMOLINOS

Le dimanche suivant, Dan rencontra la congrégation sur les marches de l'hôtel. (Ne sachant pas que les cultes avaient été annulés, ils étaient revenus.) Il rassembla son troupeau près de la porte de coté de l'hôtel, près du jardin, et ils prièrent ensemble, demandant à Dieu la direction. Beaucoup ressentaient pour la première fois l'aiguillon de l'intolérance et les larmes coulaient à flots.

Après des semaines de recherche, Dan trouva un autre hôtel qui leur permettrait d'utiliser leur salon pour mille pesetas par heure. Il demanda au propriétaire, un Iranien : « Quelle garantie ai-je que vous ne me chasserez pas ? »

« Tant que vous payez et tant que la police ne vient pas, vous pouvez rester. »

On imprima des annonces et on fit un panneau indicateur. Dan tint une réunion là-bas le dimanche d'avant Pâques, mais ensuite, dans la semaine, on lui demanda de nouveau de partir. Les deux associés espagnols du propriétaire iranien craignaient que le ministère du Tourisme ne les ferme s'ils laissaient entrer les protestants.

Le dimanche suivant, Dan rassembla son troupeau errant à l'arrière de l'hôtel. Avec le ciel bleu comme toit et les vagues de la Méditerranée comme toile de fond, Dan organisa un culte en plein air si inhabituel pour sa congrégation de passage qu'ils n'allaient pas l'oublier de sitôt.

S'ensuivirent six mois de recherche infructueuse pour de nouveaux locaux. À chaque nouveau local que Dan trouvait à louer, il recevait toujours la même réponse : dès que le propriétaire savait à quoi servirait le local, celui-ci devenait soudainement indisponible. Dan a essayé tous les hôtels, halls et lieux publics de la ville, mais on lui claquait toutes les portes au nez.

Finalement, Dan repéra une petite salle pouvant accueillir cinquante personnes près du restaurant chinois « Happy Buddha ».

Comme d'habitude, le propriétaire demanda à Dan : « Pour quoi allez-vous l'utiliser ? »

« Pour un centre d'information pour touristes », a répondu Dan, sans préciser le type d'« informations » qu'il diffuserait, des informations bibliques.

Dan a loué ces locaux pendant les trois années suivantes, s'occupant de personnes venues de nombreuses régions du monde. Bien qu'il ne pouvait pas faire de la publicité pour les réunions, il plaçait des tracts dans les hôtels et les touristes se rendaient dans la petite salle. Un couple qui tenait un restaurant en ville vint au Seigneur. (Des années plus tard, ils invitèrent Dan et Rhoda dans leur Indonésie natale où les Del Vecchio exercèrent leur ministère dans de nombreuses églises à travers le pays pendant quarante-cinq jours.)

Un matin, Dan est arrivé dans le hall pour trouver un corps recroquevillé sur le trottoir devant la porte. Alors qu'il était sur le point d'enjamber le vieil ivrogne, le pasteur regarda de plus près le visage grisonnant et fut choqué de reconnaître l'homme. C'était Manolo, l'alcoolique avec qui Rhoda et lui s'étaient liés d'amitié et avaient accueilli chez eux. Se baissant, il essaya de le secouer pour le réveiller.

« Manolo ! Manolo ! C'est moi. Dan Del Vecchio », le pasteur tentait de réveiller l'Espagnol. « Vous souvenez-vous de moi ? »

L'air hébété, Manolo essaya de fixer ses yeux sur le visage de l'homme penché sur lui. Dan fut horrifié de voir à quel point l'Espagnol autrefois fringant avait vieilli au cours des quatre années écoulées depuis qu'il l'avait vu pour la dernière fois. Son visage était couleur de cendre et il était évident qu'il était très malade.

« Vous m'attendiez, Manolo ? » demanda Dan. « Saviez-vous que c'est une église ? »

« Non, non. Je n'en avais aucune idée », marmonna Manolo. Il dit au pasteur qu'il avait dormi sous le toit pour se protéger de la pluie. « Je ne crois pas en Dieu. Je ne crois plus à rien. »

« Mais, Manolo, » protesta doucement Dan, « pouvez-vous imaginer combien de portes il y a dans cette ville ? Pourtant, Dieu vous a amené ici même. Revenez vivre avec nous ! »

Mais, malgré la tentative désespérée de Dan de convaincre l'Espagnol de revenir, Manolo refusa toutes ses offres d'aide. Le pasteur ne pouvait rien faire de plus pour l'alcoolique. Il savait que, selon toute probabilité, dans quelques mois l'homme serait mort. En effet, ce fut la dernière fois qu'il le voyait.

Après quelques années à vivre dans des appartements loués à Málaga et à Benalmádena Costa, Dan a demandé à Dieu une maison bien à lui.

Bâtis d'abord ma maison et ensuite la tienne, lui répondit Dieu.

Dan avait recueilli suffisamment d'argent grâce aux offrandes pour envisager d'acheter une propriété sur laquelle construire un local permanent, une véritable église. Pour lui succéder, Franco avait désigné le prince Juan Carlos qui, par la suite, accorda la liberté religieuse en Espagne. Profitant de cette nouvelle liberté, et obéissant à la voix de l'Esprit, Dan versa un acompte sur un joli terrain en face des appartements du Mansion Club. Il acheta cette propriété stratégique au cœur de Torremolinos pour 600 000 pesetas, soit environ 12 000 $. Acheter un terrain pour une église protestante aurait été impossible auparavant.

Avec une congrégation composée de touristes de passage, Dan et Rhoda n'avaient aucune idée d'où viendrait l'argent restant pour finir de payer la propriété et le bâtiment de l'église. Cependant, ils faisaient confiance à Dieu pour fournir chaque paiement à son échéance. Ils étaient convaincus que si Dieu donnait une direction, il pourvoirait également.

Durant ce temps, Dan reçut un choc en apprenant que son frère aîné, Jim, était décédé subitement d'une crise cardiaque massive. Dan était dévasté. Bien qu'il y avait onze ans de différence entre eux, Dan avait été très proche de son frère qui avait été sa principale influence et son exemple. Jim, un pasteur laïc et entrepreneur en bâtiments, lui avait appris à la fois comment prêcher et comment construire des maisons.

Empêché de retourner aux États-Unis pour les funérailles, Dan, finalement, put y aller plusieurs mois plus tard. Alors qu'il entrait dans le garage de son frère et qu'il voyait tous ses outils familiers accrochés aux murs, les outils qu'ils avaient si souvent utilisés ensemble dans la construction, un grand chagrin le saisit. Dan pleura.

Finalement, Dan se dirigea vers le cimetière. C'était un après-midi froid de mars et le vent amer lui fouettait le visage alors qu'il cherchait la tombe de son frère. Enfin, il trouva une simple plaque de métal avec le nom de son frère inscrit dessus. Dan tomba à genoux, submergé par un chagrin insupportable d'avoir perdu son meilleur ami et mentor.

« *Ton frère ressuscitera.* » [16] Dans le vide de son cœur brisé, le Saint-Esprit a doucement fait flotter ces paroles d'espoir, les paroles que Jésus avait dites à Marthe après la mort de son frère Lazare. Dan fut grandement réconforté.

La mort de son frère bien-aimé avait soulevé de nombreuses questions. « Est-ce que Dieu se soucie de ce qui arrive à la famille de mon frère ? » Dan agonisait, aux prises avec des doutes sur l'amour de Dieu. « Se soucie-t-il vraiment de ce qui m'arrive ou de mes enfants ? »

Dan a commencé à craindre que les douleurs abdominales qu'il ressentait récemment soient causées par le cancer. Dans un tract

---

[16] Jean 11.23b.

intitulé *Fruitfulness and Crippling Fear*[17], il écrira plus tard : « Je craignais qu'un cancer dévastateur était en train de dévorer ma vie. Je ne pouvais pas penser de manière positive ou créative. J'ai laissé l'amertume m'obséder. J'ai commencé à craindre Dieu, mais pas au sens propre. Je craignais pour ma propre vie et pour l'avenir de ma femme et de mes enfants. J'avais *tout* donné pour le Seigneur et maintenant j'étais affligé, apparemment sans remède. Mon service pour Christ était vidé de toute joie, la vie était devenue une corvée et les ténèbres étaient en effet noires. »

Heureusement, Dan a entendu un enseignant de la Bible bien connu prêcher sur Proverbes 4.20-22 (BDS) :

Mon fils, sois attentif à mes paroles,
prête l'oreille à ce que je dis,
ne perds pas de vue mes conseils.
Garde-les au fond de ton cœur,
car ils apportent la vie à ceux qui les accueillent,
et ils assurent la santé du corps.

Pour la première fois, Dan commença à étudier la Bible, non seulement pour les dévotions ou pour des notes de sermons, mais pour sa santé. Il commença à recevoir les paroles de la Bible comme il recevrait des médicaments, croyant, alors qu'il lisait, que la Parole de Dieu le guérissait littéralement. Sa dépression et ses doutes se sont estompés, remplacés par une foi plus forte et une nouvelle résolution de servir le Dieu d'amour et de miséricorde. Il retourna en Espagne sur un paquebot italien, revenant avec un orgue et, pour la nouvelle église, un plan qui dansait dans son esprit.

---

[17] *Fécondité et Peur Paralysante. NDT*

Dan a embauché un entrepreneur en bâtiments pour construire les fondations de la nouvelle église et un autre pour ériger les poutres en acier qui formaient la structure du bâtiment. Puis il a commencé la maçonnerie. Bien que le terrain ait été payé en un an, sans fonds de réserves il dût faire lui-même une grande partie du travail manuel.

Lentement, Dan a déchargé le deuxième camion de cinq mille briques. Il avait transporté tellement de briques que la peau de ses doigts était usée. « Oh mon Dieu, envoie quelqu'un pour m'aider », a-t-il supplié en désespoir de cause. « Je ne peux plus continuer. »

Découragé, Dan monta dans sa voiture. Alors qu'il faisait marche arrière sur la route principale, il faillit écraser un jeune homme qui passait par là. L'homme avait les yeux baissés et ne regardait pas où il allait. Dan étudia l'Espagnol, une silhouette émaciée et désespérée, la tête penchée dans un désespoir sans fond. Il lui demanda : « Veux-tu travailler ? »

« *Sí,* » le jeune Espagnol hocha la tête, ses épaules se redressant.

Remerciant Dieu pour cette réponse à la prière, Dan a amené Andrés pour aider à décharger les briques du camion. Il donna une pomme au jeune homme maigre et regarda avec étonnement la difficulté qu'il avait à la manger : la gorge du pauvre garçon était si serrée qu'il pouvait à peine avaler.

Alors que Dan enseignait au jeune espagnol comment mélanger le ciment, il en découvrit plus sur son passé. Andrés venait de sortir de prison après avoir purgé une peine pour vol qualifié. Il avait cherché sans succès du travail, et finalement, en désespoir de cause, il avait décidé de se suicider. Il confia à Dan qu'il était sur le point de se suicider quand, par l'accident évité de justesse et providentiel, il avait rencontré le pasteur.

Dan emmena Andrés dans sa propre maison et le traita comme un fils, faisant même preuve de patience avec lui lorsqu'il volait de l'argent dans le sac à main de Rhoda ou dans la tirelire des enfants.

Les Del Vecchio l'ont conduit à Christ et l'ont envoyé dans une école biblique. Plus tard, Andrés s'est éloigné du Seigneur et est finalement devenu le propriétaire prospère de l'un des plus grands steak house de Torremolinos.

Pendant qu'Andrés mélangeait le ciment, Dan posait les briques. Brique par brique, le pasteur a construit l'église, posant de ses propres mains 25 000 d'entre elles ! Il méditait toujours sur Proverbes 4.20, le prenant comme médicament quotidien et recevant de la force à la fois pour son esprit et son corps. Alors qu'il construisait ce lieu de culte, son énergie semblait être revitalisée chaque jour. Avec un objectif aussi clair devant lui, Dan s'est investi entièrement dans le travail et a noté avec satisfaction l'avancement de la structure. Enfin, il y avait quelque chose de tangible à montrer pour ses efforts en Espagne.

En ce qui concerne le toit, l'architecte s'opposa aux plans du pasteur. Dan avait imaginé un toit incliné de style américain fait de poutres de quatre centimètres par neuf entre des poutres en acier, avec du contre-plaqué par-dessus. Le toit serait ensuite recouvert suivant la méthode du papier goudronné et du gravier que Dan avait trouvée si efficace en Floride. Cependant, comme la plupart des toits espagnols étaient construits en ciment et en tuiles, l'architecte a ridiculisé le missionnaire pour son idée insensée.

« Vous pourriez gagner de l'argent supplémentaire en louant des parapluies lorsque le toit va fuir », se moqua l'architecte dédaigneusement. Finalement, toutefois, c'est l'insistance du pasteur qui a prévalu. Le toit s'est en effet avéré peu coûteux, léger et efficace. Et Dieu a eu le dernier mot car la cathédrale que cet architecte a construite plus tard à Malaga fut inondée après une forte pluie, avec plus de dix centimètres d'eau entourant l'autel.

Dan a travaillé sur le toit avec un jeune allemand pour l'aider. Bien qu'il se méfiait des hauteurs parce qu'il était tombé plusieurs fois d'un échafaudage et qu'il s'était blessé au dos lors de la construction de sa maison de lune de miel, Dan se força à grimper sur les poutres en acier. Pour protéger le toit, ils durent peindre les feuilles de contre-plaqué avec de l'huile de lin, ce qui les rendait extrêmement glissantes et dangereuses. Un jour, le jeune Allemand a perdu contrôle de son équilibre et a glissé tout le long du toit, heurtant, heureusement, le sol de ses pieds et s'en tirant indemne.

Dan embaucha un maçon pour faire un mur solide en pierres vers l'avant de l'église derrière la chaire, mur sur lequel il a placé une croix simple mais de premier plan. Les pierres provenaient d'une carrière et chacune devait être taillée à la main directement à l'église. À l'arrière de l'église, Dan a conçu un vitrail qui allait du sol au plafond. Le menuisier qu'il avait embauché, l'un des meilleurs de Malaga, fit voir à Dan que cette fenêtre ne s'intégrerait pas esthétiquement dans l'ensemble du plan de l'église.

Dan présenta le problème à Dieu. Plus tard, il montra au charpentier : « C'est ainsi que cela peut être fait. » Le pasteur n'oublia jamais ce moment où lui, qui ne connaissait pratiquement rien à la menuiserie, a pu dire à un menuisier professionnel comment résoudre le problème. Et donc, Dan eut son beau vitrail qui laissait entrer la lumière à l'arrière de l'église. Il recouvrit le plafond avec du séquoia importé de Californie.

Alors que Dan s'appuyait sur lui, le Saint-Esprit prit en charge le plan de l'église, jusque dans les moindres détails. Dan fit face à de nombreuses difficultés, mais avec en tête la vision de l'église une fois terminée, il trouva la force de continuer. Dans ces moments-là, trois phrases restèrent gravés dans son âme : « *Prends le parti de Dieu. Attends-toi à un miracle. N'abandonne jamais.* »

CHAPITRE CINQ: TORREMOLINOS

En novembre 1969, l'Église Communautaire Évangélique de Torremolinos a été officiellement inaugurée, en présence du maire et d'une escorte policière réglant la circulation. Bien que l'église pouvait facilement accueillir de 150 à 200 personnes, pour cette grande occasion, 400 personnes ont rempli le bâtiment. À partir de ce moment, l'église a commencé à grandir, avec des touristes venus de Grande-Bretagne, de Hollande, de Scandinavie, d'Allemagne et d'Amérique du Nord : une congrégation véritablement internationale. Pendant les mois d'hiver, l'église faisait salle comble, le trop-plein des gens se déversant dans les pièces latérales et par la porte d'entrée jusque dans les rues. Comme il y avait peu d'endroits où d'autres congrégations pouvaient se rencontrer, Dan a permis aux Hollandais et aux Allemands de tenir leurs cultes pendant la semaine. Plus tard, un chapitre des Alcooliques Anonymes s'est réuni dans l'église.

Pour achever la construction de l'église, Dan avait demandé à une sœur anglaise, membre de la congrégation, de lui prêter 5 000 $. D'une manière imprévue, Dieu est alors intervenu et a pourvu à ce besoin.

Gordon Lindsay, un célèbre serviteur de Dieu et fondateur de Christ pour les Nations, une école biblique au Texas, a visité Torremolinos. On lui avait donné un appartement en ville et il ne savait pas quoi en faire.

« Que dois-je faire de cet endroit ? » a-t-il demandé à Loren Cunningham, responsable de Youth with a Mission[18]. YWAM venait tout juste de commencer son ministère et l'une de ses premières actions d'évangélisation s'était déroulée en Espagne. « C'est du tracas que de payer le prêt bancaire et les autres dépenses. Cela me coûte de l'argent. »

---

[18] Jeunesse en Mission (JEM) est un « mouvement mondial de chrétiens de nombreuses cultures, tranches d'âge et traditions chrétiennes, consacrés à servir Jésus-Christ à travers le monde » (ywam.org). Fondé par Loren Cunningham en 1960, c'est maintenant un ministère mondial avec plus de vingt mille travailleurs.

« Donne-le donc à Del Vecchio. C'est un bon homme d'affaires », a répondu Loren, mettant Gordon en contact avec Dan.

Après avoir rendu visite à Dan et sa famille, Gordon décida de donner l'appartement au pasteur. Pendant qu'ils priaient, Dan avait été conscient de la forte présence de Dieu. Gordon était un véritable homme de Dieu. Dan a vendu l'appartement, remboursé le prêt et, avec l'argent restant, il a pu rembourser la dette envers le membre de l'église.

Cette histoire ne s'est pas arrêtée là. Le fils de Gordon, Dennis Lindsay, est passé par Torremolinos peu de temps après. À l'époque, le jeune homme était rétrograde dans sa foi. Dennis a fini par dormir sur le canapé de Dan dans le bureau de l'église et a redonné sa vie à Jésus.

« C'est à ce moment-là que le Seigneur a utilisé le pasteur Daniel et sa femme, Rhoda, pour commencer le travail de planter le message du Seigneur de la Grande Commission dans mon cœur », se souvient le Dr Dennis Lindsay de la fin des années 60. « Ils m'ont donné l'opportunité de vivre et de travailler dans leur assemblée à Torremolinos. De là, j'ai rejoint l'école d'évangélisation de YWAM et, pendant trois ans, j'ai travaillé durant l'été dans le ministère d'évangélisation avec le pasteur Del Vecchio. Au cours de ces années, ma femme, Ginger, et moi avons eu la chance d'utiliser le sol du bureau du pasteur pour étaler notre matelas pneumatique. Chaque matin, nous roulions nos sacs de couchage et partions avant l'arrivée du pasteur. Ces premières années ont établi le modèle et l'appel des missions dans nos vies, et nous avons continué à former les autres à saisir l'appel des missions dans leur cœur et à aller dans le monde entier avec le message de l'Évangile. »

Le Dr Dennis Lindsay est maintenant Directeur de Christ for the Nations Inc. (CFNI) à Dallas, au Texas, et Président de son Conseil d'Administration. Il continue l'héritage de Gordon et Freda, ses parents maintenant décédés. Le CFNI est une organisation missionnaire mondiale et un institut biblique qui a formé plus de cinquante mille étudiants qui répandent la Bonne Nouvelle du Christ dans le monde entier.

Une fois la construction de l'église terminée, Dan a rappelé au Seigneur qu'ils avaient besoin d'une maison à eux. Les Del Vecchio ont trouvé, à Churriana, une grande maison à deux étages qui avait une façade en pierre taillée et un potager, le tout pour un prix avantageux. Ils l'ont achetée et ont déménagé dans la campagne tranquille près de Torremolinos.

CHAPITRE SIX
DES ÉPREUVES DE FOI

Souvent en conduisant à travers la campagne, Dan avait observé la méthode primitive de battage du blé encore utilisée dans certaines parties de l'Espagne. Des chevaux ou des mulets tournent en rond sur le blé coupé jusqu'à ce qu'il soit réduit en paillis. Lorsque les vents forts arrivent, les hommes, à l'aide de fourches à vanner d'aspect ancien, lancent le mélange haut en l'air. Le vent sépare l'ivraie du blé. La paille tombe à distance, tandis que le blé plus lourd tombe en un tas d'or. Enfin, la paille est ramassée et brûlée.

Dan pensait souvent à la façon dont Jean-Baptiste utilisait cette analogie pour décrire l'œuvre du Saint-Esprit dans la vie du croyant. Il a dit,

> ... Il vient, celui qui est plus puissant que moi, et je ne suis pas digne de délier la courroie de ses souliers. Lui, il vous baptisera du Saint Esprit et de feu. Il a son van à la main; il nettoiera son aire, et il amassera le blé dans son grenier, mais il brûlera la paille dans un feu qui ne s'éteint point. (Luc 3.16-17, LSG)

La paille est nécessaire à la croissance et au développement du blé, mais avant que le grain puisse être moulu en farine pour le pain, il doit être éliminé et brûlé. C'est le Seigneur qui baptise le croyant avec le Saint-Esprit et avec le feu. C'est lui qui attise la flamme qui couve en un brasier ardent destiné à dévorer toutes les impuretés.

Dan était sur le point de subir deux épreuves dévastatrices, une « purge » de sa foi. Ce qui a émergé, après que la « paille » eut été brûlée par la souffrance, est devenu pur et inébranlable, une foi que la douleur et la pression avaient moulue en « farine », fournissant du « pain » spirituel à des milliers de personnes.

Cela faisait sept ans que Dan était conscient d'une grosseur enfouie sous sa mâchoire gauche. Au début, il n'avait pas prêté beaucoup d'attention à la masse dure de tissu, mais à mesure qu'elle grossissait, son inquiétude augmentait également. Rhoda et lui avaient souvent prié pour qu'il soit guéri, mais rien ne s'était passé. Finalement, lorsque la grosseur a commencé à l'empêcher d'avaler normalement et qu'il a commencé à avoir des maux de tête, Dan a envisagé une opération.

« Chérie, que penses-tu que je devrais faire ? » demanda-t-il à sa femme.

« Peu importe ce que tu décides, que tu te fasses opérer ou que tu t'attendes que Dieu la guérisse, c'est toujours Dieu qui peut guérir », a déclaré Rhoda, le réconfortant.

Prenant la décision de consulter des chirurgiens en Amérique, Dan s'envola pour les États-Unis tandis que Rhoda, qui était dans son huitième mois de grossesse avec leur quatrième enfant, est restée à la maison en Espagne.

« C'est un kyste branchial », le spécialiste d'un hôpital de Philadelphie informa Dan après avoir examiné la masse. « Il n'y a rien à craindre. Ça nécessite simplement une intervention légère. »

CHAPITRE SIX: DES ÉPREUVES DE FOI

Lorsque Dan fut transporté dans la salle d'opération, il était plein de foi et de confiance.

« Supposons que quelque chose n'aille pas ? » demanda sèchement une infirmière, l'ayant entendu louer le Seigneur.

« Qu'est-ce qui pourrait mal tourner ? » Dan sourit. « Je suis entre les mains du Seigneur. »

Pendant l'opération, on enleva une partie de la mâchoire de Dan. La croissance avait enroulé ses tentacules autour de sa veine jugulaire et de divers nerfs, étouffant l'apport de sang a son cerveau. Il fallait dénouer ces tentacules.

Lorsqu'il reprit conscience après l'opération, Dan réalisa qu'il ne pouvait pas bouger les muscles de son visage. *Ça doit encore être l'effet de l'anesthésie*, se dit-il en essayant de se rassurer. Mais après quelques jours, alors que la moitié gauche de son visage restait paralysée, Dan s'inquiéta que quelque chose n'allait pas.

Au bout de trois semaines, les médecins conclurent que le nerf moteur avait été accidentellement sectionné. Une deuxième opération, cette fois pour reconnecter le nerf endommagé, eut lieu le vingtième jour, car un nerf dure vingt et un jours avant de mourir complètement.

Un nouveau chirurgien effectua la procédure délicate, un brillant professeur arménien de l'hôpital universitaire Johns Hopkins de Baltimore. Pendant quatre heures et demie pénibles, le chirurgien a minutieusement recherché la moitié flottante du nerf qui s'était glissée quelque part derrière l'oreille de Dan. Sans la belle détermination de cet homme et les prières inquiètes de ses proches, le nerf manquant n'aurait peut-être jamais pu être localisé. Après l'opération, le chirurgien sortit du bloc opératoire et s'appuya contre un mur, épuisé.

« Je l'ai trouvé », a-t-il rassuré la sœur anxieuse de Dan.

Pendant six mois, Dan ne saurait pas si la deuxième opération avait été un succès. C'est le temps qu'il fallait au nerf pour se régénérer et réactiver à nouveau ses muscles faciaux. Cette période d'attente devait être l'une des épreuves les plus dures de sa foi.

Pourquoi Dieu a-t-il permis que cela se produise ? se demanda-t-il. *Qu'ai-je fait pour mériter cela?*

Plus Dan posait de questions, plus ses doutes grandissaient et plus les ténèbres dans laquelle il se trouvait étaient profondes.

Avant la première opération, Dan était allé à une réunion tenue par Kathryn Kuhlman[19] dans l'espoir que Dieu guérirait divinement sa tumeur. Alors que des miracles se produisaient tout autour de lui, il était convaincu qu'à tout moment, Dieu toucherait son visage et que la tumeur disparaîtrait instantanément. Il avait une grande foi pour la guérison, et pourtant, rien ne s'était passé.

Après l'opération, avec la moitié gauche de son visage paralysé, Dan assista à une autre réunion de Kathryn Kuhlman à Pittsburgh, plein d'espoir que Dieu accomplirait sûrement un miracle cette fois-ci. Il croyait à la guérison divine, il l'avait prêchée et il avait été témoin de ses résultats de ses propres yeux.

Mais, encore une fois, il repartit déçu.

Pourquoi Dieu ne me guérit-il pas ? se demanda-t-il. *J'ai la Foi.*

Pendant cette période de sombre dépression, un diacre afro-américain rendit visite à Daniel.

« J'ai demandé à Dieu : ''Que dois-je dire à notre frère Dan ?'' », lui a dit le diacre. ''Le Seigneur m'a donné cette parole de Job 23.10 (LSG) pour vous.'' » Il s'arrêta pour ouvrir sa Bible. « *Il sait néanmoins quelle voie j'ai suivie ; et, s'il m'éprouvait, je sortirais pur comme l'or.* »

Après le départ du diacre, Dan réfléchit aux paroles. Elles offraient le premier rayon d'espoir dans sa situation désastreuse, le premier aperçu de la compréhension des desseins de Dieu. En eux, il trouva un peu de réconfort. « Quand il m'aura éprouvé, je sortirai comme de l'or. » Il s'est accroché à cette promesse.

---

[19] Une évangéliste américaine connue pour ses réunions de guérison miraculeuse.

CHAPITRE SIX: DES ÉPREUVES DE FOI

Quelques jours plus tard, Dieu parla à Dan d'une voix presque audible : *Va prêcher à Nutley, New Jersey.* Les paroles surprirent le pasteur. Il recula de peur de leur implication. Depuis l'opération, il s'était enfermé chez sa sœur, ne voulant voir personne. Il avait honte de son visage déformé, et la dernière chose qu'il voulait faire était de prêcher ! En fait, il voulait abandonner le ministère.

La voix intérieure calme persistait : *Va à Nutley.*

« Pourquoi devrais-je y aller ? » Dan résista. « Entrer dans une église et dire que Dieu m'a envoyé est la dernière chose que je ferai ! » La voix intérieure se faisait insistante et ne le laissait pas en paix. Enfin, il céda. Docilement, mais pas tout à fait de son plein gré, il se rendit à l'église. Le pasteur ne l'accueillit pas avec enthousiasme.

« Eh bien, mon frère, Dieu m'a envoyé, » dit clairement Daniel au pasteur. « Si vous voulez que je prêche, très bien ! Sinon, je partirai. Mais Dieu m'a dit de venir ici, et je suis ici. »

À contrecœur, le pasteur permit à Daniel de prêcher. Il présenta le prédicateur invité inattendu à sa congrégation : « N-nous sommes t-très h-h-heureux d'avoir f-f-frère D-Daniel i-ici. »

Mon Dieu, il est pire que moi, se dit Daniel en entendant le bégaiement de l'homme.

Le pasteur avait fait une dépression nerveuse dans sa dernière église et n'avait pas complètement récupéré. Au lieu de demander à ses anciens de prier pour lui, il avait obstinément refusé de reconnaître son problème d'élocution. Le Seigneur a utilisé cette situation pour montrer à Daniel un autre besoin qui était aussi grand que le sien. Pendant qu'il se déchargeait de son ministère, la puissance du Saint-Esprit tomba sur la congrégation, et ils s'avancèrent vers l'autel en pleurant. Alors que le Saint-Esprit faisait fondre l'église et brisait toute résistance, le pasteur lui-même est descendu de son estrade et a demandé aux anciens de prier pour lui.

Après cela, Daniel fut dirigé vers une église à Burlington, New Jersey. Le pasteur de l'église avait un fils qui travaillait depuis l'été dans la construction. La semaine précédente, ce fils était tombé d'un pont en acier haut de quinze mètres sur un remblai en béton solide, broyant sa colonne vertébrale. Il allait devoir passer le reste de sa vie dans un fauteuil roulant.

Alors que Dan s'adressait à l'église tout en soutenant son visage paralysé, il a pu comprendre les questions qu'ils se posaient sur une tragédie qui n'avait pas de sens. Alors qu'il était au service de ces deux églises qui connaissaient des épreuves et des souffrances, Dan lui-même ressentait qu'elles le servaient. Dieu travaillait profondément dans sa vie, l'aidant à ressentir les souffrances de ceux qui souffrent, faisant de lui un homme plus doux.

Qu'est-ce qu'ils vont penser, mes enfants ? Dan s'inquiétait alors qu'il rentrait en Espagne après l'opération. Physiquement, il se sentait laid ; émotionnellement, il se sentait meurtri. *Auront-ils peur de moi ? Et Rhoda ? Va-t-elle me rejeter ?* D'un air gêné, il toucha la vilaine plaie qui avait été recousue.

Se sentant mal à l'aise, il portait des lunettes noires et rabaissa son chapeau dans un effort futile pour se couvrir le visage. À l'aéroport de Málaga, une Rhoda enceinte jusqu'aux yeux et leurs trois enfants se sont précipités pour accueillir Daniel. Ils l'ont entouré, l'ont étreint et n'ont pas remarqué son visage affaissé.

« Oh papa, » s'écriaient-ils, « tu es magnifique ! »

Soulagé par leur réponse, Daniel tenta un sourire, mais comme seulement la moitié de sa bouche obéissait, cela ressemblait plus à un rictus tordu. Le soutien continu et affectueux de sa femme et de ses enfants signifiait beaucoup pour lui.

Les mois suivants furent traumatisants pour le pasteur alors qu'il avait du mal à maîtriser son handicap facial et à prêcher. S'il y avait eu une échappatoire à la prédication, Dan l'aurait volontiers prise. Auparavant, il avait prié : « Seigneur, si tu me guéris, je

CHAPITRE SIX: DES ÉPREUVES DE FOI

prêcherai. » Mais comme le Seigneur, dans sa sagesse, avait choisi de ne pas le guérir, Dan s'est rendu compte qu'il en voulait à Dieu d'avoir permis que son visage soit défiguré.

« Ce n'est pas juste que je doive prêcher dans ces circonstances », se plaignit Dan à Son Créateur. Il voulait désespérément fuir et se cacher des gens et ne pas à faire face à une congrégation d'un dimanche matin. En son absence, Rhoda et Theo, un ancien, avaient prêché à tour de rôle chaque semaine. Maintenant, s'il pouvait trouver quelqu'un pour prendre sa place de façon permanente, Dan aurait volontiers fait marche arrière.

Le Seigneur, cependant, ne lui permettrait pas d'abandonner son poste de responsabilité. Dan savait qu'il n'avait pas d'autre choix que d'obéir à la voix du Saint-Esprit. Il obéit, mais pas de bon cœur.

Le premier dimanche matin, alors qu'il prêchait, pressant de temps en temps un mouchoir sur sa joue, Dan regarda la congrégation, intensément conscient de leur réaction. Il fut étonné de voir plusieurs personnes soutenir le côté de leur visage : une identification inconsciente avec leur pasteur, empreinte de compréhension. Ils écoutèrent son sermon avec une grande attention, d'autant plus qu'ils pouvaient voir qu'il avait tellement de mal à parler. Au lieu de perdre son public comme il l'avait craint, Dan fut surpris de découvrir qu'ils étaient plus concentrés que d'habitude. Son handicap rendait en fait son sermon plus efficace.

Dan se força également à serrer la main des gens à la sortie de l'église. Bien qu'il n'ait jamais possédé une personnalité pétillante, il découvrait maintenant qu'il était même réticent à sourire. Avec son œil et sa joue qui s'affaissaient, il était parfaitement conscient de son apparence peu attrayante.

« Souriez », les touristes en visite le pressaient alors qu'ils se préparaient à prendre une photo de lui devant l'église.

« Je ne peux pas », marmonnait Dan en souriant du mieux qu'il pouvait : une grimace de travers.

Dan avait enregistré des émissions pour diverses stations de radio destinées aux familles en Amérique, y compris une puissante station de 50 000 watts qui couvrait la Californie et certaines parties du Mexique, et des stations moins importantes dans le New Jersey, la Pennsylvanie et la Floride. Il avait un excellent créneau de quinze minutes entre Kathryn Kuhlman et Billy Graham. Dan avait enregistré les émissions sur un enregistreur à quatre pistes à l'ancienne qui lui avait été prêté par un missionnaire baptiste qui l'avait utilisé pour les émissions de Radio Monte Carlo en Afrique du Nord. Seul, dans la salle « radio » de l'église, Dan a prêché dans le micro, soutenant le côté de son visage. Avec sa paralysie faciale, il lui était difficile de parler sans que ses lèvres ne produisent des sons qui cliquaient. Découragé, il abandonna.

Chaque jour, Dan se donnait des décharges électriques au visage avec un appareil pour empêcher ses muscles de s'atrophier. Les décharges électriques qu'il s'administrait au front étaient particulièrement douloureuses. La nuit, pour dormir un peu, il devait porter un patch sur son œil gauche car celui-ci ne se fermait pas. Même des années plus tard, il ne pourrait pas fermer les yeux sans froisser toute la moitié gauche de son visage. La salive coulait souvent sur le côté de sa bouche et formait des ulcères sur sa lèvre. Dan portait toujours un mouchoir pour s'essuyer la joue, surtout quand il mangeait.

C'est à cette époque que le pasteur Dan saisit l'importance de ce qu'il avait appris sur la « croix » du christianisme. Il lui fallut des années avant qu'il ne s'adapte à son apparence faciale, des années avant qu'il ne puisse voir les bénéfices tirés de ce handicap. De sa propre expérience, il a découvert qu'il était mieux à même de s'identifier aux différentes formes de souffrance qu'il rencontrait chez ceux qui visitaient son bureau et de les comprendre.

CHAPITRE SIX: DES ÉPREUVES DE FOI

Peu de temps après le retour de Dan en Espagne, une femme de l'église de Malaga lui a rendu visite pour demander une prière de guérison. Dan fut consterné de voir qu'elle avait une boule identique à la base de son oreille. *Comment puis-je prier pour elle ? Comment puis-je avoir foi en sa guérison alors que je ne suis pas guéri ?* Avec seulement un tout petit peu de foi, Dan pria pour la femme. Ce faisant, un élan de foi monta dans son esprit. « Seigneur, venge-moi de mon visage ! » demanda hardiment Dan, se sentant comme Samson.

Quinze jours plus tard, le kyste de la femme avait disparu.

Bien que Dan, dans ses campagnes d'évangélisation au Mexique, avait prié pour un nombre incalculable de personnes qui avaient été miraculeusement guéries, au cours des dernières années, et surtout après son opération, son ministère de guérison avait diminué. C'était comme si Dieu lui permettait de voir une autre facette de sa grâce : comment il développait le caractère d'une personne à travers la souffrance.

Il était également plus conscient de la souveraineté de Dieu dans sa vie, qui ne dépendait pas du fait qu'il ait ou non la foi pour la guérison. Dan a commencé à voir que Dieu pouvait parfois avoir un but plus élevé que la guérison, un but plus élevé pour le développement et la croissance spirituels. Il a conclu que Dieu lui permettait de souffrir et cela comme une discipline, comme faisant partie de la formation de Son propre caractère en lui.

« Si vous n'obtenez pas la délivrance », prêcherait plus tard Dan, « vous obtiendrez la *croissance*. »

Dans ses sermons, Dan commença à partager les leçons qu'il apprenait dans les « ténèbres », leçons qu'il n'aurait jamais apprises « en plein jour ». Il pouvait entrer dans la souffrance des autres, ressentir leurs douleurs et les réconforter. Peu à peu, il prit conscience du grand besoin de guérison émotionnelle chez ceux qu'il conseillait, un domaine qui, à cette époque, était largement ignoré par l'église. De plus en plus, son ministère commença à s'orienter dans cette direction.

CHAPITRE SEPT
FLAMME DE DIEU

Le 9 septembre 1972, un mois seulement après l'opération sur son visage, Dan faisait les cent pas dans le couloir d'une petite clinique privée de Torremolinos. Rhoda était en train d'accoucher de leur quatrième enfant, et Dan attendait avec anxiété des nouvelles de la naissance tant attendue. Après ce qui sembla être des heures pour le père nerveux, le médecin apparut.

« Si le bébé ne vient pas rapidement, je vais devoir pratiquer une césarienne », a dit brutalement le médecin à Dan. Il était clairement perturbé. « Le bébé est dans la mauvaise position et je ne peux rien y faire. »

Dan digéra cette nouvelle en silence. « S'il vous plaît, attendez encore vingt minutes, » supplia-t-il le médecin, sentant intuitivement que ce serait mieux pour Rhoda et que c'était ce qu'elle aurait voulu. Dan continua d'arpenter nerveusement le couloir. La peur le harcelait au fond de son esprit alors qu'il se souvenait qu'un médecin catholique peut parfois décider de sauver l'enfant seulement s'il est confronté à un choix désespéré.

« Oh mon Dieu, sauve Rhoda et le bébé ! » Dan a plaidé. « Délivre-les, tous les deux, du danger. »

Finalement, la tension fut rompue par l'apparition d'une infirmière. « Votre femme a donné naissance à un petit garçon », a-t-elle annoncé laconiquement.

Dan s'affala contre le mur, soulagé. Étrangement, la joie qui avait toujours accompagné la naissance de chacun de ses enfants n'était pas là. Au lieu de cela, il se sentait comme engourdi, une sensation qu'il ne pouvait s'expliquer. Le médecin apparut, fatigué et bouleversé. Il ignora Dan complètement et alla plutôt vers Adelaida qui était venue pour un soutien moral. L'ancienne religieuse avait connu ce médecin lorsqu'elle travaillait à l'hôpital avec lui en tant qu'infirmière.

« Le bébé est trisomique. Il est terriblement déformé. Son foie est distendu et sa rate hypertrophiée. Il ne peut pas vivre plus de vingt-quatre heures », a déclaré le médecin à Adelaida d'un ton lapidaire, inconscient de l'impact traumatique que ses paroles avaient sur le père.

Dan s'assit lourdement, la gorge soudainement sèche et contractée. Ce coup cruel avait été totalement inattendu. L'esprit affolé de Dan courait en tous sens et faisait déjà des plans pour les funérailles.

« Faites bien attention de ne pas le dire à la mère. » Le conseil sévère du médecin interrompit ses pensées. « Dans son état d'affaiblissement, cela pourrait lui faire un choc ou lui causer une hémorragie. »

La démarche lourde, Dan monta les escaliers, ses yeux évitant la salle d'opération où son fils recevait des soins spécialisés. Lorsque Dan est entré dans la chambre de Rhoda, il a vu qu'elle était allongée tranquillement, toujours sous les effets de l'anesthésie. Son visage était blanc et vidé, ses lèvres desséchées. Dan l'embrassa doucement.

Rhoda ouvrit les yeux et un sourire apparut sur son visage fatigué. « Comment va le bébé ? »

CHAPITRE SEPT: FLAMME DE DIEU

Déjà, Dan devait faire face à la question redoutée. Il cherchait ses mots.

« Est-ce un garçon ? » demanda Rhoda avec impatience. « C'est un garçon, n'est-ce pas ? Comment va notre David Paul ? » Ils avaient prévu de lui donner ce nom des mois, voire des années auparavant. Un si beau nom semblait insensé à Dan à ce stade.

« Il *va* bien, n'est-ce pas ? » Rhoda a insisté.

Lorsque Dan ne répondit pas immédiatement, un regard inquiet traversa son visage.

« Est-ce qu'il va bien ? Comment est mon bébé ? » sa voix montait maintenant. Dan essaya de la réconforter, mais elle ne se taisait pas. « Est-ce qu'il a tous ses doigts ? Y a-t-il quelque chose qui ne va pas avec sa jambe ? »

« Non, ma chérie, » dit Dan, essayant de garder son sang-froid. « Il n'y a rien de mal avec sa jambe. »

« Il y a quelque chose qui ne va pas avec mon bébé ! » s'écria Rhoda.

La vue de son visage angoissé ne faisait qu'aggraver le supplice dans le cœur de Dan. Il luttait pour contrôler ses émotions. Le médecin l'avait prévenu que sa femme ne devait pas savoir. Elle avait besoin de temps pour retrouver ses forces. Dans le silence tendu, la vérité apparut lentement à Rhoda.

« Il est trisomique », a-t-elle chuchoté, et elle semblait faire appel à une réserve intérieure de force. Elle dit plus tard à Dan qu'elle avait vu un étrange regard de pitié dans les yeux de l'infirmière.

Dan hocha la tête et se précipita vers la salle de bain où toute la douleur qu'il avait refoulée se déversa dans des torrents de chagrin. « Où est Dieu ? Pourquoi cela nous est-il arrivé ? Pourquoi? Pourquoi? Pourquoi ? » Plus tard, Dan composa les paroles d'un chant :

Existe-t-il un Dieu qui comprend ?
Y a-t-il un Dieu qui me tient la main ?
Y a-t-il un Dieu qui ressent ma douleur ?
Existe-t-il un Dieu ? Je repose ma question.
Bien que les ténèbres cachent son beau visage,
Et la douleur obscurcit Sa grâce qui sauve.
Oui, il y a un Dieu, je le crois toujours.
Il y a un Dieu!
Un jour je comprendrai,
Un jour dans cet autre pays lumineux,
Où il n'y a ni douleur, ni mort, ni nuit,
Où Dieu lui-même sera la lumière.
Alors il me parlera de son plan
Pour façonner ma vie à son commandement.
Oui, il y a un Dieu, je le crois toujours.
Il y a un Dieu!

David resta à l'hôpital en soins intensifs. Trois jours plus tard, le pédiatre, un homme d'une trentaine d'années, vint examiner le bébé. Contrairement à l'obstétricien, il parla de manière très encourageante à Dan et Rhoda. Enfin, Dan, incapable de garder plus longtemps la question qui lui brûlait l'intérieur, lâcha : « Mais, docteur, vivra-t-il ? »

« Vivre ? Mais, bien sûr qu'il vivra ! », a répondu le pédiatre avec surprise. « Il récupère rapidement. Il vivra au moins trente ans ! »[20]

Dan faillit s'évanouir sur le lit vide à côté de celui de Rhoda. Dévasté, il s'était résigné à la terrible tragédie de la mort de son fils.

Rhoda prit la nouvelle très calmement. Après le départ du médecin, elle insista pour aller à la crèche. « Je veux voir mon bébé », a-t-elle déclaré. « Je veux le tenir dans mes bras ! »

---

[20] Au moment d'écrire ces lignes, David a près de cinquante ans et vit dans un foyer collectif près de ses parents.

CHAPITRE SEPT: FLAMME DE DIEU

Dan ne pouvait pas supporter l'idée de tenir leur fils dans ses bras. Après la description très vivante de l'obstétricien, l'image déformée que Dan s'était faite de leur enfant tourmentait son esprit. Sentant le courage intérieur de sa femme, il accepta à contrecœur.

Il n'avait alors aucune idée de la bataille désespérée qui faisait rage à l'intérieur de Rhoda depuis trois jours. Le Saint-Esprit avait parlé avec insistance : *Va chercher ton bébé*. Rhoda n'avait pas cédé à cette pulsion en elle. Elle n'avait pas encore été en mesure d'accepter la prétendue « difformité » de son fils, un défi devant lequel elle avait instinctivement reculé. Elle ne pouvait voir aucune joie au-delà de cette « croix », seulement de la douleur, de la honte et du désespoir.

Ensuite, le Seigneur lui avait donné un avertissement solennel, des paroles que l'on retrouve dans Matthieu 18.10 : « Gardez-vous de mépriser un seul de ces petits ; car je vous dis que leurs anges dans les cieux voient continuellement la face de mon Père qui est dans les cieux. » (LSG)

Rhoda prit leur bébé dans ses bras et le ramena dans l'intimité de sa chambre. Alors qu'elle tenait David, le Saint-Esprit la couvrit d'un voile glorieux, une protection contre la terrible douleur. Sa Présence était si forte dans la pièce qu'elle se sentit enveloppée par la chaleur de Son amour. Dans son esprit, elle pouvait voir Jésus suspendu à la croix avec ses mains sanglantes, ses bras grands ouverts et non retenus par des clous. Elle comprit comme jamais auparavant que c'était à cause de son amour. Avec ces bras qui enlacent, Il nous avait librement reçus. Il n'avait pas eu honte de nous attirer dans son sein, nous des créatures viles et difformes. Et maintenant, Il parlait doucement au cœur de Rhoda : *Ne veux-tu pas recevoir ton propre enfant ?*

Rhoda pressa le petit David contre sa poitrine, le serrant fort. Le Seigneur lui fit comprendre que son amour la fortifierait et lui donnerait la capacité de transformer la situation en bénédiction. La foi a commencé à monter dans son cœur et elle a commencé à espérer que Dieu guérirait son fils.

C'est pour la gloire de Dieu, pensa-t-elle. *Il accomplira un miracle.*

Dan et Rhoda devaient apprendre plus tard que même s'il se peut que Dieu n'accomplisse pas un miracle en changeant nos circonstances extérieures, Il peut accomplir un miracle dans nos cœurs. Bien qu'il puisse ne pas choisir de nous délivrer de nos épreuves, il peut les utiliser pour nous délivrer de nous-mêmes. Rhoda et Dan ont découvert que lorsque le Seigneur permet que le cœur d'un de ses enfants soit brisé, il y dépose quelque chose de Lui-même.

Quelques jours plus tard, le Seigneur parla à Dan. Jusque-là, la douleur avait été si forte qu'il ne pouvait pas, ne voulait pas entendre… , mais finalement le message est passé : « *Quiconque reçoit en mon nom un petit enfant comme celui-ci, me reçoit moi-même.* » (Matthieu 18.5, LSG).

Au cours des mois suivants, Dan et Rhoda se demandèrent comment dire à leurs trois autres enfants que David ne serait jamais un enfant « normal ». Leurs craintes étaient inutiles. Les enfants l'adoraient et ne pouvaient plus se passer de lui.

L'expérience d'aimer leur fils, un fils reçu d'une manière si unique, a ouvert un nouveau monde à Dan et Rhoda. Il a ouvert la fontaine de l'amour de Dieu dans leur cœur afin qu'elle puisse couler sans entrave vers les personnes « différentes » et « mal aimées ». Cela leur a également donné une plus grande appréciation pour tous les enfants, la valeur incalculable des dons précieux que Dieu accorde aux parents.

Dan se souvint des paroles que Dieu avait prononcées profondément dans son cœur : *Je ferai de toi un père de plusieurs nations.* Dan découvrait que dans les domaines naturel et spirituel, *devenir* un père était une transformation, un processus souvent déchirant. La souffrance endurée par Dan a opéré un nettoyage et une purification plus profonds dans son cœur. À travers le creuset de sa douleur, la flamme de l'amour de Dieu a brûlé les « scories » de son cœur, libérant son amour sous une forme plus brillante et plus pure. C'est durant cette période intense que Dan a composé ce chant :

Flamme de Dieu

Brûle au plus profond de mon cœur, ô flamme de Dieu,
Car je suis de l'argile stérile sans ton amour.
Brûle au plus profond de mon cœur, ô flamme de Dieu
Et baptise-moi de nouveau, ô colombe céleste.
Brûle au plus profond de mon cœur, ô flamme de Dieu.
Seigneur, purifie mon chemin jusqu'à ce que je sois de l'or pur.
Brûle au plus profond de mon cœur, ô flamme de Dieu,
Et puissé-je être le combustible pour éclairer le monde.
Envoie Ta flamme purificatrice, brûle les scories,
Et puissé-je maintenant avec amour embrasser ma croix.
Brûle au plus profond de mon cœur,
Seigneur, que je reflète l'éclat du ciel et sa brillance.

DEUXIÈME PARTIE
CHRONIQUES D'UNE COMMUNAUTÉ

CHAPITRE HUIT
PRÉMICES

Au début, la congrégation de l'église de Torremolinos était principalement composée de touristes âgés et de retraités. Mais Dieu avait de plus grands projets en réserve pour cette église. Sur cette base plutôt fragile, il construirait les églises communautaires évangéliques d'Espagne. L'un des personnages clés de la croissance du travail espagnol devait être un beau jeune barman aux cheveux noirs et aux favoris bien fournis…

En 1971, Benito nettoyait le comptoir pendant que son collègue barman lui parlait du changement radical qui s'était récemment produit dans sa vie. Benito savait qu'il y avait peu de temps encore, son collègue barman était amèrement en colère contre un certain révérend Del Vecchio pour avoir converti sa petite amie. Puis ce pasteur, accompagné de son jeune fils, avait commencé à rendre visite à son ami dans son bar, et en buvant du Coca Cola, il ne lui parlait *pas* de « religion », mais d'un Christ vivant. Après un revirement complet à 180 degrés, son ami avait commencé à fréquenter régulièrement l'église du pasteur.

Benito souhaitait que son ami s'arrête de parler de Jésus. Au cours des trois dernières années, Benito avait travaillé dans des bars d'hôtels le long de la Costa del Sol, savourant son style de vie décontracté. *Pourquoi aurais-je besoin de Dieu ?* Chaque fois qu'il assistait à la messe, il éprouvait un désir éphémère de changer de vie, mais il n'avait pas la force de suivre ses convictions.

Lorsque Benito commença son service militaire obligatoire, son ami lui envoya une Bible et des tracts. À la fin d'un tract, on l'invitait à donner sa vie à Jésus-Christ. Parce qu'il se sentait coupable de mener ce style de vie immoral, Benito n'était pas sûr que Dieu lui pardonnerait. Il s'est mis alors à crier à Jésus et a alors éprouvé une immense joie, car il sut avec une certitude intérieure que le Seigneur lui avait pardonné ! Le premier changement qu'il remarqua dans sa vie fut qu'il avait maintenant le pouvoir de résister aux tentations sexuelles. Ses camarades à l'armée le traitaient de fou et de fanatique, mais Benito savait qu'il était un homme différent.

Après avoir terminé son service militaire, Benito travailla dans le bâtiment, choisissant délibérément de ne pas retourner travailler dans les hôtels, là où il pourrait être mis sur le chemin de la tentation. Il a fréquenté l'église du pasteur Dan et, peu de temps après, il a ressenti l'appel de Dieu sur sa vie. De plus en plus, son esprit était occupé du salut des âmes. Pour Benito, le tournant décisif est venu un soir où il a visité la maison du pasteur à la périphérie de Torremolinos. Rhoda accueillit l'homme en pleurs à la porte.

« Le Seigneur m'a dit », s'écria Benito, « que je dois lui abandonner mes économies pour son œuvre. »

« Alors pourquoi pleures-tu ? » demanda Rhoda avec inquiétude.

« Je suis censé me marier et cet argent devait être investi dans un appartement pour nous », a expliqué Benito en larmes. « Mais je ne comprends pas. Je ressens ce tiraillement de Dieu sur mon cœur que je dois donner cet argent à Son œuvre. Qu'est-ce que je vais faire ? » Benito s'affaissa sur une chaise, déchiré par un grand conflit intérieur. Il tremblait sous la puissante conviction de Dieu.

« Quel est le problème, Ben ? » Dan entra dans le salon et s'assit à côté de l'Espagnol troublé. Benito déversa son cœur sur le pasteur soucieux qu'il considérait affectueusement comme un père. Dan a alors partagé ce qu'il pensait de la femme en question, la future fiancée de Benito. Pour diverses raisons, Dan pensait que ce serait une grave erreur pour Benito d'épouser cette femme.

« Es-tu prêt à abandonner cette relation ? » Dan interrogea l'Espagnol anxieux. « Es-tu prêt à tout remettre au Seigneur, Ben ? C'est toi qui vois »

Benito hocha la tête. Essuyant les larmes de son visage, il tendit à Dan une poignée d'argent - quarante mille pesetas, la moitié de toutes ses économies. « Tenez, prenez ça », insista Benito.

Lorsque le pasteur Dan fut convaincu que le jeune homme avait entièrement calculé ce que ça allait lui coûter, il accepta l'argent avec gratitude. Le projet qui se préparait pour évangéliser Malaga allait coûter soixante-dix mille pesetas. Ce que Benito offrait avec larmes contribuerait grandement à couvrir les dépenses.

Alors que Dan continuait de lui parler, il discerna que cet Espagnol sincère voulait être sérieux avec le Seigneur. L'étape du sacrifice financier que Benito venait de franchir exprimait son désir sincère de servir le Christ - et non pas le dieu de l'argent. Dan pensa que son propre ministère avait commencé de cette manière et voilà qu'il avait maintenant en face de lui un jeune homme prêt à tout abandonner pour l'amour de l'évangile.

Est-ce là l'homme que je recherche ? Dan étudia pensivement Benito. *Est-ce qu'il est l'homme clé dont j'ai besoin pour évangéliser les Espagnols ?*

Benito confia à Dan qu'il croyait que Dieu l'appelait à un ministère à plein temps.

« Pourquoi ne viendrais-tu pas vivre avec nous ? » a offert Dan, sentant que Dieu avait un plan spécial pour la vie de ce jeune homme.

Benito abandonna son travail et son appartement et emménagea dans le garage du pasteur Dan qui avait été transformé à la hâte en chambre. L'Espagnol vécut avec les Del Vecchio pendant les deux années suivantes, devenant comme un autre fils de leur famille.

Le pasteur Dan passait chaque jour à faire de Benito un disciple. Il croyait fermement qu'il fallait être transparent, vivre et travailler en étroite collaboration avec Benito et d'autres qu'il encadrerait à l'avenir, et qu'il ne fallait pas être un prédicateur du type « statue en marbre » tenu à une distance de sécurité de sa congrégation sur un « chaire devenue tribune ». Alors que Benito mangeait avec Dan et Rhoda et qu'il parlait et priait avec eux, il a beaucoup appris comment vivre comme un chrétien et marcher avec courage dans la foi.

Souvent, Dan emmenait Benito prêcher avec lui dans les rues bondées de Torremolinos, Malaga et Marbella. Habituellement, le pasteur commençait à prêcher, puis il se mettait en retrait et encourageait son jeune disciple à prendre la relève : une formation très pratique pour le ministère. Benito a apprécié le temps, l'énergie et la sagesse que le pasteur a investis dans sa vie. Comme l'Apôtre Paul avait enseigné Timothée, ainsi Dan a instruit et corrigé Benito. Finalement, il l'envoya à l'école biblique.

Ce que Dan avait déposé et investi dans la vie de Benito allait porter du fruit. Le jeune Espagnol sérieux allait jouer un rôle central dans la future évangélisation de ses propres compatriotes. Le sacrifice financier de Benito, l'abandon de son travail et de sa fiancée, l'abandon de ses propres rêves et sa volonté de donner sa vie au service du Christ porteraient beaucoup de fruits. C'est un principe spirituel qui a fait ses preuves : du sacrifice découle la vie.

CHAPITRE HUIT : PRÉMICES

L'église Communautaire Évangélique de Torremolinos attirait des personnes de nombreux pays. Alors que la plupart de ceux qui assistaient aux cultes étaient des touristes, d'autres étaient des résidents anglophones vivant le long de la Costa del Sol. L'un des premiers convertis à venir dans cette église internationale était un jeune homme du nom de Robby qui tenait un magasin de meubles en ville. Quand Dan l'a baptisé, il était plein de joie. Bien plus tard, Robby sera ordonné par l'Église méthodiste et servira comme pasteur en Écosse.

Pendant plusieurs années, Rhoda dirigea la chorale et Robby joua de l'orgue Hammond que Dan avait importé d'Angleterre. Un jour, Robby a parlé à Dan de deux infirmières anglaises qui n'avaient plus d'argent et qui cherchaient un logement. « Que pouvons-nous faire ? Où pouvons-nous les mettre ? » demanda-t-il avec inquiétude.

Dan ne savait pas trop comment les aider. Il n'y avait pas de place dans l'église pour les jeunes filles. Plus tard, lorsqu'il apprit qu'elles filaient un mauvais coton, l'une d'entre elles étant tombée enceinte, leur situation pesa lourdement sur lui.

Si seulement on avait une maison pour eux, pensa Dan. *Peut-être que leurs vies auraient pu être sauvées.*

L'Anglaise aux cheveux argentés d'une cinquantaine d'années était assise sur un tabouret dans le bar sombre. Elle remuait sa boisson d'un air morose. Dehors, sous le chaud soleil de l'après-midi, les touristes désireux de profiter de leurs vacances se pressaient dans la rue San Miguel, la principale rue piétonne de Torremolinos. Barbara était inconsciente de son environnement. Récemment, elle avait subi sa quatrième crise cardiaque, et l'expérience l'avait forcée à considérer sa propre mort.

Ce n'était pas un sujet auquel la mondaine avait prêté beaucoup d'attention. Excentrique et bohème dans son style de vie, Barbara avait passé la majeure partie de sa vie à rechercher le plaisir et l'aventure. Née dans une riche famille anglaise, elle avait été élevée par un flot incessant de gouvernantes. Après avoir terminé ses études à Paris, elle avait été présentée à la Cour de Buckingham Palace marquant ainsi ses débuts officiels dans le tourbillon social de la haute société britannique.

Les jeunes hommes qu'elle avait rencontrés ennuyaient Barbara avec leur conscience de classe et leur vanité. Elle était tombée amoureuse d'un type modeste qui travaillait dans une ferme voisine. Bien que son père s'était opposé à son choix de partenaire et avait menacé de la déshériter, Barbara avait quand même épousé le jeune homme. Le mariage n'avait duré que quelques brefs mois avant que, désabusée, la jeune mariée ne rentre chez elle.

Peu de temps après, elle a donné naissance à une belle petite fille. Toutefois, avant que l'enfant n'ait trois mois, Barbara était tombée malade de la tuberculose et avait dû envoyer sa fille vivre avec les parents de son mari. De l'âge de vingt-cinq à trente ans, Barbara fit des allers-retours à l'hôpital. Les médecins ont finalement dû retirer la majeure partie de son poumon gauche et de nombreuses côtes.

Après avoir voyagé pendant plusieurs années, Barbara avait posé ses valises et s'était remariée. Son deuxième mari s'était révélé émotionnellement instable, et après une agression particulièrement brutale, Barbara s'était enfuie à Torremolinos et avait acheté une villa sur une colline. Ici, elle espérait trouver « quelque chose » qu'elle cherchait intérieurement. Fréquentant les bars et les discothèques, elle avait découvert que les buveurs étaient comme elle : des gens malheureux avec des mariages brisés, désespérément seuls mais prétendant que tout allait bien.

Est-ce tout là ce qu'il y a dans la vie ? Solitude? Dépravation? Barbara soupirait de désespoir, regardant fixement le verre dans ses mains. *Une autre boisson qui détruit l'âme pour me traîner dans la tombe ?*

Elle était sur le point d'en demander un autre au barman lorsqu'elle aperçut un tract sur le comptoir. *Terrien, Homme Venu de l'Espace*, disait l'étrange titre. Elle était intriguée. En le retournant, elle remarqua qu'il avait été écrit par un révérend Daniel Del Vecchio de l'Église Évangélique de Torremolinos. Curieuse, elle commença à le lire. Soudain, son attention fut attirée : « Jésus-Christ est VIVANT aujourd'hui. Jésus-Christ est VIVANT EN NOUS ! »

Cela pourrait-il être vrai? se demanda la femme, étonnée. Quelque chose en elle bougeait d'excitation. *Serait-ce le « quelque chose » que je cherche ? Si cet homme parle aussi bien qu'il écrit,* décida Barbara, *je veux l'écouter.*

Le dimanche matin suivant, elle entra dans l'église bondée et se glissa inaperçue sur un banc à l'arrière. Alors que le pasteur Del Vecchio prêchait l'évangile avec puissance, des larmes ont commencé à couler sur les joues de Barbara : des larmes de remords et de repentance. Elle ressentait un désir irrésistible d'en savoir plus sur ce Jésus qui donne une vie abondante ici-bas. Le lundi matin, elle se précipita dans une librairie d'occasion et acheta le seul Nouveau Testament qu'ils avaient. Elle le ramena à la maison et le lut de bout en bout. Quand elle arriva à Romains 8.38-39, elle pensa que c'était le plus beau passage qu'elle avait jamais lu :

> *Car j'ai l'assurance que ni la mort ni la vie, ni les anges ni les dominations, ni les choses présentes ni les choses à venir, ni les*

puissances, ni la hauteur, ni la profondeur, ni aucune autre créature ne pourra nous séparer de l'amour de Dieu manifesté en Jésus-Christ notre Seigneur. (LSG)

Soudain, Barbara comprit l'amour de Jésus pour elle et qu'il se tenait à côté d'elle avec une main tendue, lui offrant son pouvoir de guérison, sa vie et son amour infini. Tombant à genoux, elle demanda à Jésus de lui pardonner tout ce qu'elle avait fait pour le blesser et d'être son Seigneur et Sauveur pour entrer dans son cœur, la changer et faire d'elle une fille dans Sa famille.

Quatre jours plus tard, le pasteur Del Vecchio a rencontré un petit groupe qui était intéressé à recevoir le baptême du Saint-Esprit. Barbara suivit avec empressement les autres dans la cuisine de l'église par une porte latérale juste derrière la chaire. Elle avait renoncé à l'alcool dès qu'elle avait réalisé que son corps était le temple de Dieu et maintenant elle s'attendait pleinement à ce qu'Il la remplisse.

Le pasteur Dan pria pour le petit groupe rassemblé autour de lui. Le Saint-Esprit est tombé avec une telle puissance sur Barbara qu'elle commença à trembler. Le pasteur lui imposa les mains et elle cria de joie, louant le Seigneur dans une nouvelle langue.

« Barbara, vous ne fumerez plus jamais », a dit le pasteur Dan à la femme rayonnante.

De retour chez elle, après une heure d'adoration du Seigneur, Barbara aperçut une cigarette sur la cheminée. Par pure habitude, elle alluma la cigarette. « Beurk, ça a un goût affreux », grimaça-t-elle en jetant la cigarette. « Le pasteur avait raison. »

Cette nuit-là, un Nouveau Testament à la main, Barbara dormit paisiblement. Quand elle s'est réveillée le lendemain matin, elle était trempée d'une sueur nauséabonde, même ses cheveux étaient mouillés et collaient à son front. Barbara a retiré ses draps humides et a ensuite remarqué avec étonnement qu'ils étaient tachés de jaune par la nicotine qui avait été expulsée de ses pores. Le Seigneur avait purifié son corps ! Bien qu'elle fumait au moins deux paquets par jour, son envie de tabac a disparu et elle n'a plus jamais fumé. Elle n'a également jamais eu de problèmes cardiaques après cela. « Je suis en effet une nouvelle création », se réjouit Barbara.[21]

Le 20 février 1972, Barbara fut baptisée dans l'eau. « Je veux suivre les traces de Jésus », a déclaré Barbara publiquement. « Marcher comme il a marché, aimer comme il a aimé. » Avec un abandon caractéristique, elle s'offrit à Lui, au destin qu'Il avait prévu pour sa vie. Elle ne savait pas dans combien de temps elle accepterait son offre.

« Maintenant que je suis une chrétienne, que puis-je faire pour le Seigneur ? » Barbara a demandé au pasteur Dan.

Sachant que des hippies fumant du haschich traînaient dans sa grande villa, le pasteur Dan a suggéré : « Mettez les hippies dehors et ouvrez plutôt votre maison aux jeunes qui recherchent Dieu. »

Dieu avait placé un fardeau sur le cœur du pasteur pour aider les routards qui passaient par Torremolinos et voyageaient sans direction ni but. Certains étaient des étudiants curieux qui avaient lu le passage sur Torremolinos dans le roman de James Michener *Les Dériveurs*.[22] D'autres étaient en route vers le Maroc à la recherche de drogue. Auparavant, Dan ne considérait ces jeunes que comme des jeunes ayant soif d'aventures, mais maintenant il les considérait comme des candidats au ministère. Lorsque Jésus avait rencontré des pêcheurs qui réparaient leurs filets sur les rives de la Galilée, dans son Esprit, il avait vu des apôtres qui iraient avec l'évangile dans le monde entier.

---

[21] Adapté de Barbara Fletcher, *Unusual—believe it or not* (1981), imprimé par sa fille, Dawn Bilbe-Smith (2010), 6–7.
[22] James A. Michener (Lauréat du Prix Pulitzer), *Les Dériveurs* (Paris: Stock, 1972).

« Beaucoup de ces routards ont besoin d'un endroit où loger. Vous pourriez leur donner de la nourriture et un abri, puis leur annoncer aussi la Bonne Nouvelle. »

Barbara regarda le pasteur Dan, essayant de décider s'il était sérieux ou non. « Comment pourrais-je faire ça ? » lâcha-t-elle. « C'est que tout simplement je ne connais vraiment rien à la Bible. Je n'ai lu le Nouveau Testament qu'une seule fois. J'ai besoin de beaucoup plus de temps pour mûrir dans le Seigneur. »

Le pasteur Dan a ri. « Cela vous prendrait toute votre vie, ma chère. Votre façon de vivre serait un témoignage pour le Seigneur. Laissez-moi l'enseignement. »[23]

En quelques mois, la villa de Barbara s'est remplie de quinze personnes, les garçons dormant dans le garage et les filles dans les chambres. La plupart de ces hippies aux cheveux longs étaient ravis de trouver un endroit où crécher et où ils pouvaient manger et dormir gratuitement. Le pasteur Dan et Barbara ont décidé qu'il valait mieux fixer à ces pensionnaires une limite de temps définie. Ils n'ont été autorisés à ne rester qu'un mois, puis ils devaient partir. Durant ce temps, ils étaient confrontés à un choix : entrer ou non dans une relation personnelle avec Jésus.

L'un des premiers jeunes hommes invités à emménager dans le garage de Barbara était un Canadien qui faisait de l'auto-stop à travers l'Europe. À Rotterdam, Wayne avait rejoint un groupe de camarades hippies en partance pour le Maroc. Après quelques semaines à Marrakech, il avait décidé de passer Noël en Espagne. Bien qu'il était un croyant et un enfant de prédicateur, Wayne avait beaucoup de questions et était en recherche spirituelle. Pendant le culte du réveillon de Noël à l'Église Communautaire Évangélique de Torremolinos, Dieu a changé toute sa vie. Cette nuit-là, assis sur le banc du fond, Wayne a reçu un appel clair pour consacrer le reste de sa vie au ministère à plein temps. Des années plus tard,

---

[23] *Unusual—believe it or not*, 11.

le Dr Wayne Hilsden et sa femme, Ann, se sont associés à un autre couple pour créer la plus grande communauté chrétienne de Jérusalem, la communauté King of Kings.

CHAPITRE NEUF
DES BREBIS ET NON PAS DES BOUCS

En septembre 1973, une jeune Française d'une vingtaine d'années s'est glissée dans l'intérieur sombre de la petite église en retrait de la rue San Miguel. Chaque jour depuis quelques semaines, à l'heure de la sieste, Anne-Marie venait dans ce sanctuaire tranquille lire son Nouveau Testament. En tant que catholique pratiquante, elle voulait consacrer sa vie totalement à Dieu. Au fil des ans, elle avait un désir grandissant d'entrer dans un couvent, le seul endroit où elle sentait qu'elle pouvait vivre avec Dieu à chaque instant de la journée. Dernièrement, alors qu'elle lisait sa Bible, ce désir s'était approfondi. Ce jour-là, elle avait décidé qu'elle était enfin prête à demander au prêtre dans quel couvent elle devrait aller.

Alors qu'Anne-Marie lisait les Écritures, elle réalisa soudain avec une clarté surprenante que Jésus n'avait pas appelé ses disciples à *se retirer* du monde, mais plutôt à *aller dans* le monde et à apporter la Bonne Nouvelle aux gens. Avant cela, elle avait toujours pensé que donner sa « vie » au Seigneur signifiait entrer dans un couvent, mais maintenant elle réalisait que cela signifiait lui donner sa « volonté ». Pendant les trois jours suivants, Anne-Marie a lutté avec cette idée, se rebellant intérieurement contre l'abandon du contrôle de sa vie à Dieu. Finalement, elle lui a dit : « Partout où tu me demanderas d'aller, j'irai. Tout ce que tu me demanderas de faire, je le ferai. »

Le dimanche matin suivant, la Française passa devant un panneau sur un poteau avec une flèche qui indiquait « Église Évangélique ». Malgré ses fermes convictions catholiques, elle décida de suivre la direction de la flèche. Elle s'assit au fond de l'église, essayant de comprendre l'étrange service religieux, mais elle ne comprenait pas grand-chose.

À la sortie, le pasteur Dan lui a serré la main. Anne-Marie fut surprise par sa gentillesse. Elle n'était jamais allée dans une église où le prêtre l'avait saluée. « Bonjour », répondit-elle. « Je m'appelle Anne-Marie et je suis française. »

« Vraiment ? » songea le Pasteur Dan. « Ma secrétaire parle français. Elle apprécierait beaucoup de vous parler. »

Dans la cuisine, Anne-Marie rencontra Anne, une Suissesse qui était la secrétaire du pasteur. Elle était brièvement revenue de Genève pour être traductrice lors d'une convention internationale à Torremolinos. Les deux filles se lièrent d'amitié instantanément.

« Pourquoi ne viens-tu pas déjeuner avec moi ? » Anne a demandé spontanément et Anne-Marie s'est vite retrouvée assise dans un coin d'un restaurant chinois. Bien qu'habituellement timide, Anne-Marie se sentait très à l'aise avec la sympathique Suissesse, qui parlait du Seigneur et de ce qu'Il avait fait pour elle. Anne-Marie pouvait voir que même si elle était une jeune secrétaire normale comme elle, sa vie était pleine de miracles.

C'est ce que je recherche, pensa Anne-Marie avec enthousiasme. *Ces gens connaissent Dieu personnellement.*

Sur le chemin du retour du restaurant, Anne a montré du doigt le Café de Jeunesse en Mission (JEM), situé dans une grosse villa abandonnée avec un jardin envahi d'herbes. « Si tu veux en savoir plus, va voir ces chrétiens. »

Lorsque son amie est repartie pour la Suisse peu de temps après, Anne-Marie fit un saut au Café JEM et s'approcha d'une des filles. Elles parlèrent pendant une demi-heure, puis la bénévole de JEM invita Anne-Marie dans la cuisine pour prier. L'équipe de JEM « campait » dans la maison. Ils n'avaient ni eau ni électricité et vivaient dans des conditions rudimentaires. La jeune fille et Anne-Marie s'assirent sur deux pots de peinture qui leur servirent de chaises. En priant Dieu, Anne-Marie eut une profonde expérience avec le Seigneur. Dans cette cuisine vide, elle est née de nouveau spirituellement.[24]

Le dimanche suivant, le pasteur Dan rencontra Anne-Marie devant les portes de l'église. « Voulez-vous venir à un service de baptême ce soir ? » Le service allait avoir lieu dans la ville voisine de Málaga.

« Ouais, » Anne-Marie haussa les épaules, « Je suppose que oui. »

À la petite église de Malaga, Casa Ágape, le pasteur Dan a prêché un sermon sur l'eunuque éthiopien qui a dit à Philippe : « ... voici de l'eau. Qu'est-ce qui m'empêche de me faire baptiser ? »[25] À la fin du culte, le pasteur Dan a demandé à la congrégation : « Qui veut être baptisé ? »

Anne-Marie a été la première à répondre. Ensuite, alors qu'elle sortait du bassin du baptême, une Anglaise distinguée aux cheveux blonds argentés l'accueillit. « Hija », dit-elle simplement, ce qui en espagnol signifie « fille ». Anne-Marie fut touchée par l'accueil chaleureux de cette inconnue.

---

[24] Nicodème, un dirigeant des Juifs, est venu secrètement à Jésus la nuit. « *Jésus répondit et lui dit : "En vérité, je te le dis, si quelqu'un ne naît de nouveau, il ne peut voir le royaume de Dieu."* » (LSG)

[25] Actes 8.36 : « *Comme ils continuaient leur chemin, ils rencontrèrent de l'eau. Et l'eunuque dit : Voici de l'eau ; qu'est-ce qui empêche que je ne sois baptisé ?* » (LSG)

Le dimanche suivant, Anne-Marie alla avec l'équipe de JEM à la villa de cette femme anglaise pour le déjeuner de pain de viande habituel. Elle s'assit à la droite de Barbara qui présidait le repas du bout de la table. À un moment, Anne-Marie alluma une cigarette.

« Ma chère, voudriez-vous bien fumer dehors à partir de maintenant ? » Barbara lui a demandé d'un ton ferme mais affectueux. Anne-Marie y consentit. Quelques semaines plus tard, elle fut complètement délivrée de son habitude de fumer.

Au mois de novembre, Anne-Marie occupait son poste de réceptionniste dans une agence immobilière lorsque deux blondes de son âge se sont présentées, demandant à voir le gérant.

« Connais-tu un travail dans le coin ? » la jeune Française, Sylviane, a demandé avec une camaraderie facile quand elle a découvert qu'Anne-Marie était aussi de France.

« Non. À ma connaissance, il n'y a rien de disponible », a répondu Anne-Marie. Elle jaugea les deux filles et, éprouvant de la sympathie pour elles, demanda : « Avez-vous déjà déjeuné ? »

« Non », ont-elles répondu.

« Vous voyez ce bâtiment ? » Anne-Marie en désigna un qui était visible par la fenêtre. « C'est là que j'habite. Ça vous dit d'aller là-bas et de m'y attendre? Quand j'aurai fini de travailler, nous pourrons aller au restaurant pour le déjeuner. Voici mes clés. » Elle ouvrit son sac à main et les offrit à Sylviane.

Sylviane était secouée. Elle ne savait pas quoi dire à cette jeune femme qui acceptait de confier ses clés à deux parfaites inconnues. « Eh bien, j'aime vraiment cuisiner », a répondu Sylviane avec hésitation. « Nous pourrions acheter quelque chose et le cuisiner pour le déjeuner. »

« Bien sûr, ce serait bien », sourit Anne-Marie.

CHAPITRE NEUF: DES BREBIS ET NON PAS DES BOUCS

Sylviane et son amie sud-africaine, Pat, sont allées à son appartement et ont préparé le déjeuner. En attendant Anne-Marie, elles ont discuté de l'étonnante démonstration de confiance de leur hôtesse. Sylviane regarda autour d'elle les objets de valeur dans l'appartement et secoua la tête d'émerveillement. « Pourquoi a-t-elle fait cela ? » demanda-t-elle à Pat qui était tout aussi déconcertée.

Alors que, plus tard, elles s'asseyaient pour commencer le repas, Anne-Marie baissa la tête et pria. Sylviane n'a pas du tout aimé cela car cela lui rappelait les religieuses qui priaient aux repas aux colonies de vacances lorsqu'elle était enfant. Quand Anne-Marie a dirigé la conversation sur sa récente expérience de rencontre avec Jésus-Christ, les deux jeunes femmes écoutèrent consciencieusement. Sylviane, qui se disait athée, remarqua poliment : « Eh bien, s'il y a un Dieu, il y a plusieurs façons d'arriver à Lui. »

« Non, » déclara fermement Anne-Marie. « Il n'y a qu'un seul Dieu, et Jésus a dit : *"Nul ne vient au Père que par moi."* »[26]

Cette fille est vraiment étroite d'esprit, décida Sylviane.

Anne-Marie a parlé de Barbara aux deux filles et comment elle pourrait être disposée à les laisser rester dans sa villa. Lorsqu'elles ont exprimé leur intérêt, Anne-Marie a téléphoné à Barbara et lui a demandé si elle aimerait les rencontrer.

« Oui », a affirmé Barbara. « Amenez-les pour le déjeuner demain. »

Au déjeuner du lendemain, Barbara a servi du thé et des sandwiches. En entrant dans sa villa, Pat et Sylviane avaient regardé avec étonnement les affiches « Jésus sauve » qui décoraient les murs et une table empilée de Bibles. Elles ne savaient pas trop comment prendre l'Anglaise animée, à la croix en bois de près de

---

[26] Jean 14.6: « *Jésus lui dit : "Je suis le chemin, la vérité, et la vie. Nul ne vient au Père que par moi."* »

treize centimètres qui pendait ostensiblement à son cou et qui les avait accueillies.

« On a déjà été dans des situations bizarres », a chuchoté Pat à Sylviane, « mais ça, c'est le comble ! »

Les deux filles inquiètes furent présentées au pasteur Dan et à sa mère, que Barbara avait invitée pour qu'elle juge par elle-même les filles. Barbara voulait s'assurer cette fois-ci que ceux qu'elle invitait à rester dans sa villa étaient véritablement réceptifs spirituellement et qu'ils ne profitaient pas seulement d'un logement gratuit. Elle voulait avoir des « brebis » et non pas des « boucs ».[27]

Sylviane laissa Pat diriger la conversation. Alors qu'elle était assise toute seule sur le canapé rouge, Sylviane fut subitement submergée par une vague d'amour. Gênée, elle tenta de retenir ses larmes. Elle ne voulait pas que les gens voient sa vulnérabilité. Ce n'étaient pas les paroles des chrétiens qui l'avaient si profondément touchée, mais c'était ce qu'elle devait plus tard reconnaître comme étant la présence de Dieu. Avant que les filles ne partent, Barbara les a invitées à emménager dans sa villa, ajoutant l'argument décisif : « C'est gratuit ».

Sylviane et Pat discutèrent de l'invitation alors qu'elles retournaient à leur pension à Malaga. Sylviane ne voulait pas rester à la villa de Barbara. Lorsqu'elle avait quitté l'église de sa jeunesse, elle avait fermé la porte au christianisme.

« Oh, mais je suis intéressée, moi », déclara Pat fermement. « C'est gratuit et je n'ai pas beaucoup d'argent. »

Sylviane et Pat ont emménagé dans la villa de Barbara, « The Way Inn », comme elle l'appelait maintenant. Elles partageaient une chambre; une Malaisienne enceinte occupait la deuxième chambre et Barbara elle-même était dans le troisième. Le premier

---

[27] Matthieu 25.32 « *Toutes les nations seront assemblées devant lui. Il séparera les uns d'avec les autres, comme le berger sépare les brebis d'avec les boucs ; et il mettra les brebis à sa droite, et les boucs à sa gauche.* » (LSG)

soir, les deux filles ont rencontré deux beaux garçons d'Afrique du Sud, et dès lors, elles sont sorties avec eux tous les soirs dans les endroits populaires de la ville.

C'était à peine si Barbara voyait ses deux invités. Pendant la journée, elles étaient à la recherche d'un emploi et, lorsqu'elles rentraient le soir, elle était déjà au lit. La seule occasion qu'elle avait de leur parler du Seigneur était à table. Les deux filles écoutaient poliment, mais dès que les petits copains se présentaient, elles perdaient tout intérêt pour tout ce qui était spirituel, étant distraites par l'attrait plus immédiat de passer du bon temps.

Au bout d'une semaine, les filles jubilaient. Pat s'était vu offrir un merveilleux travail dans une boutique de l'un des meilleurs hôtels de Marbella, avec un appartement offert gratuitement. « Liberté ! Liberté ! » Pat cria à Sylviane alors qu'elle rejoignait son amie dans le jardin. Les deux jeunes femmes voulaient quitter la villa de Barbara au plus vite.

Barbara priait avec ferveur pour que Dieu touche la vie des deux filles, lui demandant un miracle : qu'elles soient sauvées lors de la convention annuelle qui aurait lieu la semaine suivante. Cent cinquante chrétiens des États-Unis allaient remplir l'église, levant les bras dans l'adoration et la louange. Barbara savait qu'elle ne pouvait que faire de son mieux pour garder les filles dans sa villa en vue de ce moment spécial : le Saint-Esprit devrait faire le reste. Elle était sûre qu'elles deviendraient des « brebis », prêtes à suivre le Bon Pasteur.

Sans que Barbara le sache, Anne-Marie avait rencontré Sylviane, Pat et les deux garçons sud-africains dans la rue San Miguel un soir et leur avait parlé du Café chrétien. Sylviane, fatiguée de leur vie nocturne superficielle, voulut voir par elle-même l'endroit. Au Café JEM, un garçon rasé de près les a accueillis et les a conduits dans une grande pièce rendue confortable par une cheminée et des lampes à gaz. Les autres se sont sentis mal à l'aise dans l'atmosphère saine et ont vite voulu partir, mais Sylviane s'est avoué, *j'aime cet endroit. Je reviendrai.*

Les soirées suivantes, Sylviane retourna seule au Café chrétien. Un Français engagea la conversation avec elle. Alors qu'il parlait de l'amour de Dieu, le même sentiment qu'elle avait éprouvé à la villa de Barbara l'envahit. Elle était très émue, luttant contre les larmes parce qu'elle n'avait jamais entendu parler de l'amour de Dieu auparavant.

« Veux-tu prier ? » lui demanda Maurice doucement.

« Oui, » acquiesça Sylviane. Lorsque le jeune homme a commencé à prier, elle a paniqué : *Qu'est-ce que je vais prier ? J'ai oublié toutes mes prières.*

Alors que Maurice continuait à prier, il surprit la Française en disant : « Seigneur Jésus, voici Sylviane. »

Woua, c'est tellement étrange, s'émerveilla Sylviane. *Il parle vraiment à Jésus comme à son ami.*

Elle regarda par les fenêtres les étoiles si brillantes dans la nuit espagnole claire, et elle songea à l'immensité, à la grandeur et à la beauté de la création. Tout à coup, elle eut une question brûlante dans son cœur à laquelle elle n'avait pas pensé depuis des années : « Y a-t-il un Dieu ? » La question la hantait par son intensité. Il semblait que toute sa vie dépendait maintenant de la réponse. Elle se surprit à crier : « Dieu, es-tu là ? »

Alors qu'elle continuait à regarder le ciel, il lui sembla qu'une réponse revenait clairement de quelque part derrière les étoiles pour pénétrer son cœur : *Oui, JE SUIS là*. Une profonde conviction, une certitude la saisit. Sylviane savait que personne ne pourrait jamais lui retirer cette assurance, c'était une réponse de Dieu lui-même.

Sylviane quitta le Café sans rien dire à Maurice. Elle pouvait voir qu'il était déçu ; il s'était attendu à ce que quelque chose se produise. Et quelque chose s'était produit. Alors que Sylviane retournait à la villa de Barbara, elle dansait de joie.

« Il y a un dieu ! Il y a un Dieu, et il y a de l'espoir ! » elle riait de bonheur. Après avoir cherché dans tant de directions et n'ayant rien trouvé d'autre que le vide, elle sentit l'excitation monter en elle. Sylviane pensait qu'elle était « croyante » maintenant parce qu'elle croyait en Dieu. *C'est ça la foi*, pensa-t-elle, ne réalisant pas qu'elle avait plus à découvrir.

« Pat, *il y a* un Dieu ! » Sylviane a partagé avec enthousiasme avec son amie sud-africaine. Pat, cependant, ne voulait plus en entendre parler. Sylviane ne parla pas à Barbara de sa nouvelle découverte : elle pensait que sa profonde expérience spirituelle était trop personnelle pour être partagée.

Barbara, après avoir beaucoup prié, demanda aux deux filles si elles assisteraient à la prochaine convention. Sylviane voulait, mais Pat n'en était pas si sûre. Lors de leur dernier dimanche chez Barbara, les filles étaient allées à l'église (ce qui était une condition pour rester au Way Inn). Le pasteur Dan a prêché un sermon sur Pierre reniant le Christ trois fois, ce qui a vraiment fait que Pat s'était sentie jugée. Après le déjeuner, elle a appelé le pasteur, demandant en larmes « Que dois-je faire ? »

Sa réponse fut directe : « Qu'est-ce qui est le plus important pour vous, Dieu ou l'argent ? » À ce moment-là, il était clair pour Pat que Dieu était plus important ! Les deux jeunes femmes décidèrent de rester et d'en apprendre davantage sur la foi chrétienne. Bien qu'elles avaient hâte de déménager pour être entre elles, elles refusèrent l'appartement et le travail à Marbella.

Sylviane et Pat assistèrent avec Barbara à la première réunion du matin de la convention. Elles étaient étonnées de la façon dont les gens s'étreignaient et se saluaient. Ils semblaient si vivants, si joyeux et si pleins d'amour. *Si être chrétien, ça signifie être comme* ça, a décidé Sylviane en observant l'amour sincère qui flottait entre les gens autour d'elle, *alors je veux en être une, moi aussi.*

À l'heure du déjeuner, elles retournèrent à la villa. Alors que Sylviane entrait dans la cuisine, Barbara se détourna d'une marmite de soupe qu'elle remuait et l'étudia avec son regard direct typique : « Vous avez l'air très heureuse aujourd'hui. »

Sylviane s'avança droit vers elle et, ne ressentant pas sa réserve habituelle, lui fit un gros bisou.

« Oh ma chère ! » Barbara recula de surprise. « Est-ce qu'il vous est arrivé quelque chose ? »

Sylviane ne savait pas à quoi elle faisait allusion.

« Avez-vous accepté le Seigneur ? » Barbe a insisté. Parce qu'elle pouvait voir que la jeune française était si rayonnante, elle tint pour acquis que cela s'était produit. Pendant que Barbara servait le déjeuner, elle fit le tour des autres invités et leur annonça la bonne nouvelle.

« Mais qu'est-ce qu'elle veut dire ? » chuchota Sylviane à Pat qui n'en avait aucune idée non plus. Les autres invités ont embrassé la jeune femme déconcertée et l'ont appelée « sœur ».

Au troisième jour de la convention, alors qu'elle écoutait la prédication, Sylviane, qui ne saisissait pas trop le langage des chrétiens, demanda à Dieu de l'aider à comprendre les choses qu'elle avait besoin de comprendre. Le Christ lui a été révélé et elle a soudain compris la responsabilité de l'humanité dans sa mort. *Pourquoi, pourquoi a-t-il dû souffrir ?* se lamentait-t-elle intérieurement. *Il était si parfait, si pur et saint, si plein d'amour.* En pensant à la méchanceté de l'humanité, elle s'est mise en colère. *Les êtres humains sont si cruels pour faire une telle chose.*

Soudain, le doigt qu'elle pointait vers eux se retourna vers elle. Une voix intérieure lui dit : *Tu joues un rôle, toi, là-dedans.* Sylviane a commencé à pleurer en voyant sa culpabilité, sa corruption et sa propre nature pécheresse. Quelque temps plus tard, elle réalisa que la réunion était terminée et que les gens quittaient l'église. Embarrassée, elle se leva pour accompagner Pat. Elle pouvait à peine marcher tant elle était submergée par sa propre culpabilité.

« Qu'est-ce qui ne va pas ? » Pat demanda anxieusement à son amie alors qu'elle essayait de la réconforter.

Sylviane, cependant, connaissait sa propre condition : elle avait vu, à la lumière de Dieu, qui elle était vraiment. Après le souper, quand les autres se sont retirés, la jeune femme s'est glissée dans le salon de la villa. Sous le poids de la conviction, elle s'est agenouillée sur le tapis et, en larmes devant le Seigneur, a demandé pardon. Personne ne lui avait dit de faire cela : le Saint-Esprit l'a souverainement conduite à confesser ses péchés et sa vie égocentrique. Quelque temps plus tard, une fille très heureuse regagna sa chambre sur la pointe des pieds. *Je me sens si propre, si fraîche, comme après un orage quand tout est lavé par la pluie*, s'émerveillait Sylviane. *J'ai enfin la paix.*

Deux jours plus tard, Pat tourna également son cœur vers le Seigneur et, à la fin de la semaine, les deux filles furent baptisées dans l'eau. Quand vint le tour de Sylviane, elle dit simplement : « Jésus, me voici. » La brève déclaration résumait tout un changement de vie.

Lors de la réunion finale, on a annoncé que toute personne intéressée à recevoir le baptême du Saint-Esprit pouvait aller prier dans la salle d'à côté. Sylviane a été l'une des premières à répondre. Le pasteur Dan faisait le tour des gens en priant pour chacune des personnes à tour de rôle. Quand il est arrivé à Sylviane, il a levé les bras au-dessus de sa tête dans une posture de louange, et elle a simultanément éclaté dans une nouvelle langue.

« Seigneur, tu sais que je ne suis pas digne d'avoir quelque chose comme ça. » Le cœur de Sylviane débordait d'actions de grâces envers Dieu qui allait la bénir d'un tel don. Elle sentit quelqu'un à ses genoux. Baissant les yeux, elle vit que c'était Anne-Marie, agenouillée à côté d'elle et pleurant de joie.

CHAPITRE DIX
LE WAY INN

Mark, vingt et un ans, marchait obstinément le long de l'accotement de la route, un grand jeune homme aux cheveux et à la barbe assez longs, son physique grand et mince supportant facilement son sac à dos. Le jeune Canadien se sentait découragé. Il avait l'intention de rentrer au pays depuis Malaga, mais on n'avait pas accepté son billet d'avion de retour. Il avait besoin de faire modifier les détails de départ par un agent de voyage. Il était maintenant si près de Torremolinos qu'il ne s'était même pas soucié de faire de l'auto-stop.

Une voiture a ralenti et s'est arrêtée sur le côté de la route devant lui. Un homme sympathique, aux yeux bleus scintillants, baissa la vitre. « Voulez-vous que je vous dépose quelque part ? » cria-t-il en anglais.

« Bien sûr. » Mark haussa les épaules et monta sur le siège arrière, jetant son sac devant lui. L'Espagnol aux longs favoris sur le siège du passager avant hocha la tête, « Hola. »

Avec des yeux exercés, le conducteur américain étudia le jeune voyageur sur la banquette arrière et il a aimé ce qu'il voyait - le beau jeune homme, bien que sale et débraillé, avait un visage honnête et ouvert.

« Avez-vous beaucoup d'argent ? » Pasteur Dan demanda sans ambages.

Mark fut surpris par sa question directe. Il toucha consciemment les maigres vingt-cinq *pesetas* dans sa poche. « Non. »

« Avez-vous un endroit où loger ? » insista le pasteur.

« Non. » Marc haussa les épaules.

« Eh bien, je connais un endroit où vous pouvez loger », a proposé le pasteur Dan en souriant. « C'est très bon marché. En fait, c'est gratuit. »

L'intérêt de Mark augmenta. Avec seulement quelques pesetas à son actif, il était prêt à prendre des risques.

« Je suis le pasteur de l'église évangélique locale », se présenta Dan. « Et voici Benito, mon assistant. Nous dirigeons une communauté chrétienne composée de jeunes de différents pays. Vous êtes le bienvenu pour y rester. »

Mark était dépassé par l'offre d'hébergement gratuit et a accepté avec gratitude. Le pasteur Dan a conduit le jeune homme dans la villa de Barbara, «The Way Inn». Il fut immédiatement frappé par une affiche sur le mur de la cuisine : « *Venez à moi, vous tous qui êtes fatigués et chargés, et je vous donnerai du repos.* » [28]

Sylviane et Pat avaient déjà fini leur déjeuner et étaient dans le salon. Le pasteur Dan leur présenta le grand Canadien décontracté, tandis que Barbara préparait un plateau-repas pour leur nouvel invité. Lorsque Barbara lui a présenté le repas chaud, le jeune homme affamé a englouti sa nourriture. Cet étalage incontestable de compassion a d'abord alarmé le Canadien.

Pourquoi font-ils ça pour moi ? se demanda-t-il alors qu'il prenait une douche chaude des plus appréciables, sa première depuis qu'il avait quitté le Canada.

Au cours des jours suivants, Mark observa Barbara et les jeunes et apprit à les connaître. Il avait beaucoup de questions sur leur

---

[28] Matthieu 11.28 (LSG).

foi et leur mode de vie. Il était venu en Europe à la recherche de réponses, à la recherche d'une norme pour vivre sa vie. L'idée de parcourir l'Europe en sac à dos, de vivre sans restriction de temps ni limitation, l'avait beaucoup séduit.

Lorsque Mark a observé le christianisme vécu et pratiqué, il fut très impressionné par ce qu'il voyait. Ces personnes s'aimaient sincèrement et leur amour était mis en action dans la vie quotidienne. Ils n'avaient pas besoin de lui parler de l'amour de Jésus, il pouvait le voir clairement. Deux jours avant son départ prévu pour rentrer chez lui, Mark accepta Jésus-Christ dans sa propre vie.

Un soir, alors qu'elle se rendait au Café de JEM, Anne-Marie avait rencontré un autre jeune Canadien aux cheveux longs et ébouriffés - Mo, âgé de vingt-quatre ans. Elle arrêta pour lui parler et découvrit qu'il s'intéressait aux choses spirituelles.

« Je vais dans un Café chrétien. Pourquoi ne viendrais-tu pas ? » Anne-Marie l'a invité.

« Ouais, bien sûr, » répondit facilement Mo. « J'y suis déjà allé hier soir. J'ai rencontré l'un des gars de là-bas dans mon camping et il m'a invité à jouer aux échecs. En fait, j'y allais, là maintenant. »

Alors qu'ils remontaient ensemble la rue jusqu'au Café, Mo expliqua à Anne-Marie qu'il venait d'arriver du Maroc. Là-bas, il avait rencontré des gens qui l'avaient encouragé à examiner sa vie. Un musulman l'avait incité à essayer le jeûne.

Au Café ce soir-là, le pasteur Dan a parlé de la grâce de Dieu. Il parlait de cette grâce comme étant inépuisable. Mo écouta attentivement le message. Bien qu'il ne croyait pas en Dieu, il se rendait compte qu'il était tout à fait indigne des bénédictions qu'il avait reçues.

« Vous ne pouvez pas gagner l'amour de Dieu », a souligné le pasteur Dan, et ces paroles ont profondément touché le cœur de

Mo. Il comprit que Dieu lui offrait visiblement quelque chose de gratuit.

Tu essaies de le faire par toi-même, la conscience de Mo l'a accusé quand il a pensé à son jeûne et à d'autres exercices religieux. *Tu essaies de gagner ton salut.*

Ce soir-là, lorsque Mo est rentré à son camping, il a repensé à sa vie et à sa recherche de sens et de but. Il s'était inscrit à l'université, pensant que des études universitaires étaient la réponse aux problèmes de la vie, mais cette étape n'avait fait qu'augmenter son insatisfaction et son vide intérieur. Mo avait alors pris la route, essayant tous les modes de vie imaginables, « prenant du LSD » et « faisant un retour à la nature ». La recherche du Canadien l'avait finalement conduit en Europe, puis au Maroc pour « plus de came, de soleil et de sable ».

Alors que, éveillé, il était allongé dans sa tente en train de réfléchir, Mo s'est rendu compte que sa recherche n'avait pas donné une seule réponse à l'énigme de la vie. Cela avait été une méthode futile que d'échanger un ensemble de valeurs sans valeur pour un autre. Il pensa aux chrétiens qu'il avait rencontrés et à l'hospitalité qu'il avait reçue au Café. Ils avaient parlé de la Bible et lui avaient donné un évangile à lire.

Ces gens sont sincères et sérieux dans la vie… et tellement joyeux, se dit-il avec envie. Il avait été très touché par la façon dont ils pratiquaient ce qu'ils croyaient dans la vie quotidienne. Ce même soir, seul dans sa tente sous un dais d'étoiles, Mo vécut une rencontre personnelle avec Dieu. « Je te donne le contrôle de ma vie », a-t-il offert dans une prière faite avec humilité. Mo est ensuite venu vivre au Way Inn.

Lors de ce printemps de 1974, les jeunes chrétiens zélés passaient la plupart de leurs journées dans les rues à témoigner aux autres.

Le pasteur Dan croyait que dès qu'on est sauvé, la meilleure façon de grandir dans sa foi était de la partager. Après le petit-déjeuner et la prière, Barbara conduisait tout le monde dans sa camionnette jusqu'à la Calle San Miguel, la rue piétonne animée de Torremolinos bordée de boutiques, de bars et de discothèques. Elle revenait les chercher à cinq heures de l'après-midi.

Au bas de la rue San Miguel, près des marches qui menaient à la plage, le groupe enthousiaste de jeunes croyants avait installé un bar en bois dépliable et servait gratuitement des boissons fraîches et des biscuits à tous ceux qui passaient. C'était un excellent emplacement, directement sous l'ancienne tour du moulin à vent en ruine, dont Torremolinos tire son nom, avec une belle vue panoramique sur la Méditerranée en contre-bas.

« Voulez-vous de la limonade ? » demandaient-ils avec empressement aux touristes de passage, espérant avoir l'occasion de parler de Jésus. Beaucoup de personnes qu'ils rencontraient se méfiaient de leur offre gratuite et de leurs visages amicaux, mais d'autres, en particulier de jeunes routards, s'arrêtaient et écoutaient.

Les chrétiens enthousiastes partageaient leurs témoignages personnels, distribuaient des tracts et invitaient les touristes et les routards à l'église. Le témoignage de rue s'est avéré être un merveilleux terrain d'entraînement à l'évangélisation. Les nouveaux croyants apprirent à compter sur le Saint-Esprit pour ce qu'il fallait dire, et souvent, lorsqu'on leur posait des questions auxquelles ils ne pouvaient pas répondre, ils se sentaient inspirés à sonder les Écritures. De cette façon, ils apprirent à se battre avec « *l'épée de l'Esprit* »[29]. En témoignant de l'amour de Dieu et de son pouvoir de changer la vie, leur propre foi s'est renforcée.

---

[29] Éphésiens 6.14-17 : « *Tenez donc ferme : ayez à vos reins la vérité pour ceinture ; revêtez la cuirasse de la justice ; mettez pour chaussure à vos pieds le zèle que donne l'Évangile de paix ; prenez par-dessus tout cela le bouclier de la foi, avec lequel vous pourrez éteindre tous les traits enflammés du malin ; prenez aussi le casque du salut, et l'épée de l'Esprit, qui est la parole de Dieu.* » (LSG).

Le pasteur Dan et Theo, un Anglais âgé, organisaient à tour de rôle des études bibliques quotidiennes à l'église pendant la semaine pour nourrir les jeunes convertis affamés. Après l'étude, Sylviane préparait le déjeuner pour tout le monde dans la petite cuisine, généralement de la nourriture improvisée d'inspiration végétarienne, et servait le repas dans la salle de prière. Avec peu d'argent à dépenser sur la nourriture, Sylviane découvrit que le Seigneur lui avait donné des idées ingénieuses pour les repas. Quand elle craignait qu'il n'y en avait pas assez pour tout le monde, Dieu multipliait surnaturellement ce qu'ils avaient.

Lors de l'une de ces études bibliques, le pasteur Dan passa une cassette traitant du sujet des « Hauts lieux », les « idoles » qu'une personne porte dans son cœur. À la fin de l'étude, tout le monde a prié. Anne-Marie ferma les yeux et eut soudain une vision saisissante de la rue où elle travaillait et vivait. Une voix intérieure murmura : *Hauts lieux.*

« Oh non, » Anne-Marie grinçait des dents alors que ces deux mots condamnaient sa conscience. Elle savait que le Seigneur lui demandait de quitter son emploi à l'agence immobilière de même que son appartement confortable. Après s'être débattue avec ces préoccupations pendant trois jours, finalement, elle a rendu visite au pasteur Dan dans son bureau et s'en est ouverte de son conflit intérieur.

« Pasteur, je n'ai pas la paix », a avoué Anne-Marie. « Je ne peux pas continuer comme ça dans ma situation. C'est terrible. »

« C'est merveilleux ! » Le pasteur Dan l'a contredite en souriant. Il lui raconta ensuite l'histoire d'Abraham et d'Isaac et comment Dieu avait demandé à Abraham d'abandonner son propre fils. En écoutant cette histoire de sacrifice et d'obéissance, Anne-Marie décida de confier au Seigneur ses conditions de vie et de travail. Elle ressentit aussitôt la paix et le soulagement.

« Maintenant, rappelez-vous, » a dit le pasteur Dan, « que quand vous quitterez votre travail, vous aurez une place ici. »

Quelques semaines plus tard, Anne-Marie emménageait dans la villa de Barbara, The Way Inn. La maison contenait cinq filles qui dormaient dans les chambres, dont Sylviane et Pat, et des gars, dont Mark et Mo, qui dormaient dans le garage. Alors, Anne-Marie fut obligée de dormir sur un canapé dans le salon. Peu de temps après, le patron d'Anne-Marie ouvrit un autre hôtel et lui demanda d'être à la réception. Quand elle était de l'équipe du soir, elle terminait son travail à minuit et devait marcher le long de routes sombres et désertes jusqu'à la villa de Barbara sur la colline d'El Pinar. Le matin, se levant tôt pour prier, Anne-Marie se trouvait vite épuisée. Elle se rendit compte qu'elle devait faire un choix quant à ses priorités, alors elle a démissionné de son travail.

Un mercredi après-midi après l'étude biblique et le déjeuner, Anne-Marie sortait de l'église quand le pasteur Dan l'arrêta. « Où allez-vous ? »

« Témoigner », a répondu Anne-Marie d'un ton naturel.

Le pasteur Dan secoua la tête, ses yeux scintillants, et indiqua. « J'aurai besoin de votre aide au bureau. »

« D'accord », a accepté Anne-Marie, et elle est ainsi devenue la fidèle secrétaire et organisatrice du pasteur Dan, un poste qu'elle a occupé pendant quatorze ans.

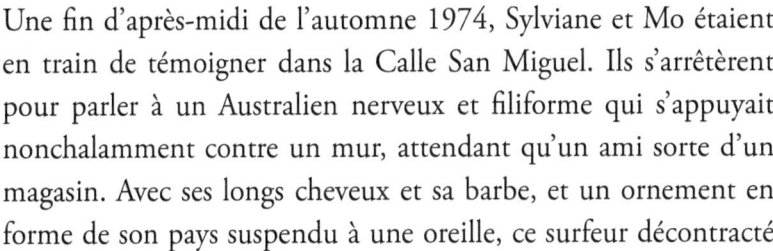

Une fin d'après-midi de l'automne 1974, Sylviane et Mo étaient en train de témoigner dans la Calle San Miguel. Ils s'arrêtèrent pour parler à un Australien nerveux et filiforme qui s'appuyait nonchalamment contre un mur, attendant qu'un ami sorte d'un magasin. Avec ses longs cheveux et sa barbe, et un ornement en forme de son pays suspendu à une oreille, ce surfeur décontracté était indéniablement « contestataire ». Sans se laisser impressionner par son apparence, Mo a alors parlé de l'amour de Dieu au routard australien.

Barry a maintenu une attitude froide et distante, mais à l'intérieur, les paroles avaient touché une corde sensible. « Elles étaient comme une pluie », a-t-il témoigné plus tard. « J'étais tellement dressé contre le monde, mais j'aspirais à l'amour de Dieu pour devenir libre de moi-même. »

Lorsque Barry avait neuf ans, sa mère avait abandonné son père, le laissant s'occuper de ses frères et sœurs. Avec l'éclatement du foyer, Barry avait découvert que quelque chose en lui s'était effondré. Il avait eu l'impression que tout était contre lui, mais il s'était promis qu'il réussirait dans la vie et que rien n'allait le retenir. Barry avait quitté l'Australie et, après avoir voyagé pendant quelques années, il était arrivé en Europe. Tandis que Mo et Sylviane continuaient à partager avec lui, Barry s'est retrouvé à crier dans son cœur : *Dieu, si ça c'est vrai, alors je le veux !*

« Pourquoi ne viens-tu pas avec nous à la villa ? » Mo a invité l'Australien d'un ton décontracté. Les jeunes évangélistes avaient l'habitude, lorsqu'ils trouvaient quelqu'un qui s'intéressait au mode de vie chrétien, de le ramener chez Barbara pour le déjeuner.

Barry et son ami, qui l'avait rejoint, ont accepté. Un repas gratuit s'avérait irrésistible, et ils ont suivi Mo et Sylviane sur la colline jusqu'à The Way Inn. Comme d'habitude, Barbara a servi des sandwiches au concombre, le déjeuner habituel que la communauté a mangé presque tous les jours pendant les premières années. Les autres chrétiens ont parlé à Barry et à son ami tout l'après-midi. Le soir, les deux routards ont déménagé leurs affaires dans le garage et y ont dormi pour la nuit. Tout le monde priait avec ferveur pour que Dieu touche leur cœur.

Le lendemain matin, Sylviane entra dans le salon pour le petit-déjeuner et croisa le regard de Barry. Elle avait prié pour son salut et ressentait un amour et une inquiétude profonds pour lui. Barry tourna rapidement la tête, incapable de supporter son regard pénétrant. Après le petit déjeuner, Barbara confronta les deux jeunes hommes. « Vous devez prendre une décision », annonça-t-elle fermement. Vous devez choisir. Allez-vous rester ou partir ? »

À présent, les deux Australiens avaient clairement entendu l'évangile. S'ils étaient intéressés à suivre l'évangile, ils étaient libres de rester, mais sinon, ils ne feraient qu'occuper un espace précieux. « Eh bien, » répondit l'ami en premier, « je m'en vais. »

Tous les yeux se tournèrent vers Barry, attendant avec impatience sa réponse. Barry réfléchit quelques minutes. « J'aimerais rester », a-t-il finalement répondu.

Le lendemain, Barry a consacré sa vie à Christ, quarante-huit heures seulement après avoir rencontré Mo et Sylviane dans la rue. « Le Christ a touché mon cœur et l'a ouvert grand et l'a rempli de son amour », témoigna Barry lors de la réunion des jeunes du dimanche soir peu de temps après.

CHAPITRE ONZE
« FOI, ESPÉRANCE ET AMOUR »

À la fin de 1974, la communauté évangélique avait désespérément besoin d'un Café. Celui que JEM avait ouvert avait été rasé au bulldozer six mois plus tôt. Le pasteur Dan avait temporairement ouvert la salle de prière et la cuisine de l'église pour servir de Café les mercredis soir, mais déjà ces installations devenaient trop petites. Un lieu décontracté où les jeunes pouvaient se rendre et discuter de la foi chrétienne, en dehors de tout lien avec une église reconnue, s'était avéré être un moyen efficace d'évangélisation.

Un jour, alors qu'il témoignait près du bureau de poste, Benito a remarqué une vieille villa abandonnée, à seulement deux portes du site original de JEM. Comme elle était en plein centre-ville et parfait pour un Café, Benito s'est senti poussé à la revendiquer pour l'œuvre du Seigneur. Copiant la méthode JEM de reprendre par la foi les propriétés abandonnées, il a commencé à y aller et à la nettoyer par lui-même. Peu de temps après, le pasteur Dan a retrouvé le propriétaire, un prêtre qui a donné à l'église la permission d'utiliser la maison pendant six mois.

Tous les garçons ont aidé Benito à nettoyer la villa qui était dans un terrible état de délabrement. Ils ont blanchi les murs, remplacé les carreaux de sol manquants, repeint les portes, réparé les plafonds, ramassé les ordures et taillé proprement le jardin. Paul, un Anglais, a peint des pancartes sur le mur : « Jésus est le chemin » et Max, de Madagascar, a recouvert le trou béant du plafond de la cuisine. Après avoir fini de le plâtrer, il s'est reculé pour admirer avec fierté son travail. Deux minutes plus tard, le plafond s'est effondré en un tas de gravats à ses pieds et le pauvre Max a bravement tout recommencé.

En janvier 1975, le pasteur Dan a officiellement ouvert le Café « Ebenezer » avec une simple prière de dédicace. À présent, la villa de Barbara regorgeait de jeunes Français, Britanniques, Canadiens, Américains, Australiens et Sud-africains. Pendant que les filles occupaient les chambres, les gars étaient entassés côte à côte sur le sol du garage. Pour les voisins curieux, la maison de Barbara ressemblait à un camping, avec une caravane garée dans l'allée et deux tentes installées dans le jardin avec trois personnes qui dormaient dans chacune d'elles.

« Et si on déménageait tous les garçons au Café là-bas ? » Le pasteur Dan a suggéré à Barbara lorsqu'il a observé que son logement était bondé.

Barbara l'a regardé, les sourcils levés, et a immédiatement répondu : « Oh, mais mon cher, vous enlevez-là tout ce qui fait le coté amusant ! »

Par déférence aux souhaits de Barbara, quelques garçons furent laissés à The Way Inn, mais la plupart furent transférés dans les locaux fraîchement rénovés d'Ebenezer. Comme le Café était en plein cœur de Torremolinos, c'était un endroit parfait pour organiser les réunions d'évangélisation du mercredi soir. D'une certaine manière, cependant, ce n'était pas si idéal. Chaque fois qu'il pleuvait, le toit fuyait et, malgré les vaillants efforts de Max, l'eau coulait à travers le plafond, éclaboussant les jeunes qui s'y

CHAPITRE ONZE : « FOI, ESPÉRANCE ET AMOUR »

assemblaient. Même cet inconvénient n'a pas pu freiner l'esprit des jeunes chrétiens zélés alors qu'ils poursuivaient leur action.

La maison s'est également avérée importante pour le début de l'évangélisation des jeunes espagnols. Benito avait emménagé dans sa propre grande chambre dans la maison principale qui était séparée de celle des internationaux. Là, il passa beaucoup de temps à genoux, jeûnant et travaillant dans la prière pour son propre peuple. Puis, tout seul, il arpentait les rues de Torremolinos, à la recherche d'âmes espagnoles perdues.

L'année précédente, après avoir vécu, travaillé et été disciple du pasteur Dan pendant deux ans, Benito avait traversé une période très sombre de sa vie et s'était découragé. Malgré tous les efforts sincères pour atteindre ses compatriotes, son travail parmi les Espagnols récoltait des résultats lamentables. Il a commencé à douter de son appel au ministère. Une nuit, alors qu'il était allongé dans son lit, accablé de doutes, le Seigneur parla au cœur de Benito. Il sentit littéralement la main physique du Seigneur sur son épaule, et la puissance se répandit à travers son corps. Après ce contact du Seigneur qui l'a fortifié, Benito a continué à prêcher l'évangile dans les rues, témoignant avec audace aux passants. Le manque même de résultats tangibles ne le décourageait plus maintenant, car il savait que le Seigneur était avec lui. Benito savait aussi que sa responsabilité était de témoigner de Jésus. Les résultats étaient entre les mains de Dieu.

Le Seigneur a honoré le sérieux de Benito et lui a donné des âmes. La première personne était un Espagnol nommé Juan qui serait plus tard responsable d'une œuvre dans le centre-ville de Villafranca de los Barros. Jorge, toxicomane et délinquant, a également été sauvé à cette époque et deviendrait finalement pasteur de l'église espagnole de Torremolinos. Ces jeunes hommes ont emménagé dans la chambre de Benito à la maison Ebenezer. Avec des contacts quotidiens et des relations personnelles étroites,

Benito en a fait des disciples, les établissant fermement dans le mode de vie chrétien.

Au bout de six mois, en mai 1975, le Café fut rendu à ses propriétaires et les occupants, qui étaient alors passés à trente jeunes hommes, se séparèrent. Les jeunes hommes internationaux ont déménagé dans la villa de Barbara qui est alors redevenue extrêmement surpeuplée. Benito et ses jeunes disciples espagnols sont allés au sous-sol de l'église qui avait été établie à Málaga, Casa Ágape.

À la villa de Barbara, dix gars dormaient sur le sol du garage, trois autres dans une petite tente érigée dans le jardin enchevêtré et envahi par la végétation, tandis que le surplus dormait sur le toit plat sous les étoiles de l'été. Les filles étaient entassées dans des lits superposés dans les chambres, le salon et la salle de séjour, tandis qu'à l'extérieur, deux infirmières néo-zélandaises partageaient une caravane garée dans l'allée. Les voisins s'émerveillaient de l'étrange assortiment d'invités de l'excentrique Barbara.

Les Espagnols rejoignaient les internationaux pour les études bibliques du mardi et du jeudi à l'église et venaient à la « soirée en famille » du vendredi chez Barbara. Anne-Marie, qui avait déjà servi d'interprète pour Benito, se trouvait maintenant entourée d'un petit groupe de jeunes Espagnols, dont la plupart étaient des hippies aux cheveux longs avec un ou deux drogués. Anne-Marie ne se sentait pas une affinité naturelle pour ce groupe hétéroclite et négligé; en fait, elle se sentait repoussée par leur apparence.

Anne-Marie avait avoué à Dieu l'état de son cœur endurci. En désespoir de cause, un vendredi soir, elle lança un ultimatum au Seigneur : « Seigneur, tu vas devoir me donner de l'amour pour ces gens, parce que je ne peux pas continuer comme ça », avait-t-elle avoué franchement. « Soit tu me donnes de l'amour pour eux, soit tu envoies quelqu'un d'autre pour traduire. »

CHAPITRE ONZE: « FOI, ESPÉRANCE ET AMOUR »

Le soir même, le Saint-Esprit descendit sur Anne-Marie d'une manière extraordinaire, comme un « baptême d'amour ». Elle fut surprise par l'immense amour qu'elle a soudainement ressenti pour les Espagnols. Dès lors, elle se sentit vraiment unie d'esprit avec eux.

Aux services religieux de Torremolinos, la poignée d'Espagnols était reléguée aux derniers bancs afin que la traduction ne perturbe pas la réunion en anglais. Anne-Marie était assise sur le banc derrière le groupe et, avec son espagnol limité, elle traduisait pour eux les sermons du pasteur Dan. Des années plus tard, les membres espagnols lui avouèrent qu'ils ne comprenaient presque rien de ce qu'elle disait, mais qu'ils avaient écouté patiemment. Pourtant, malgré la barrière de la langue, le Saint-Esprit bougeait parmi les Espagnols et les croyants ont commencé à se multiplier à un rythme phénoménal.

À l'été 1975, le pasteur Dan avait l'œil sur une propriété abandonnée au bout de la route qui passait devant l'église. Cette propriété se composait d'une grande villa et de deux petits bungalows, avec une cour au milieu : un endroit parfait pour répondre aux besoins de la communauté qui s'étendait et débordait. Elle comptait maintenant vingt-six personnes. Le pasteur Dan connaissait le propriétaire, un avocat de Córdoba, et il demanda à l'homme si, en échange d'un petit loyer, les jeunes chrétiens pouvaient s'installer chez lui et le garder à l'abri des squatters. Étonnamment, l'avocat a accepté.

Le pasteur Dan a dépêché Anne-Marie à la maison pour y vivre seule pendant quelques jours. Elle était ravie de constater que, contrairement à l'ancien Café qui était sale, délabré et avait désespérément besoin de réparations, ce nouvel endroit était une vraie maison, avec des meubles confortables. Lorsqu'un groupe de visiteurs chrétiens hollandais de La Haye est arrivé peu de temps après, le pasteur Dan leur a permis de rester dans la grande villa, tandis qu'Anne-Marie a emménagé dans l'un des plus petits bungalows. Sylviane la rejoignit pour lui tenir compagnie.

À l'automne, d'autres filles ont rejoint Anne-Marie et Sylviane dans leur modeste bungalow, et quelques garçons ont emménagé dans le bungalow qui faisait l'angle. Inspiré par les Écritures, le pasteur Dan a alors baptisé le bungalow des garçons Faith qui veut dire « Foi », le bungalow des filles Hope qui signifie. « Espérance » et la plus grande villa Love, c'est-à-dire « Amour » … et « *la plus grande des trois, c'est l'amour* ».[30]

Finalement, une douzaine de jeunes hommes ont vécu à Faith, la maison de trois chambres et une salle de bain avec son tristement célèbre lit triple superposé. Le malheureux qui dormait sur le lit du haut se réveillait souvent avec une bosse sur la tête. C'était devenu une plaisanterie dans la communauté que Foi, Espoir et Amour étaient utilisées comme terrains d'entraînement « pour conforter ceux qui vivaient dans l'affliction et affliger ceux qui vivaient dans le confort ».

Au cours de l'été 1975, Barry et Mo plantèrent leur tente au camping de Málaga pour évangéliser la jeunesse extrême qui faisait la route. Un routard touché par ce genre de « mission sous une tente » était Gus, un Australien d'une vingtaine d'années. Deux membres de la communauté lui parlèrent, une nuit, dans son camping à Los Alamos, à la périphérie de Torremolinos. Gus était sur la route depuis quatre mois et n'avait jamais beaucoup entendu parler de l'Évangile dans son pays natal. Il écoutait poliment les chrétiens et exprimait un intérêt désinvolte pour ce qu'ils avaient à dire. Il n'aurait peut-être pas poursuivi cet intérêt beaucoup plus loin si un changement soudain dans sa situation ne s'était pas produit.

---

[30] 1 Corinthiens 13.13: « *Maintenant donc ces trois choses restent : la foi, l'espérance, l'amour ; mais la plus grande des trois, c'est l'amour.* » (Segond 21).

CHAPITRE ONZE : « FOI, ESPÉRANCE ET AMOUR »

Le lendemain, alors que Gus était à la plage, on vola son sac à dos. Frustré et peiné, le jeune Australien passa par Faith pour trouver quelqu'un pour traduire pour lui au commissariat. Mike, qui lui avait parlé la veille, lui a proposé de l'accompagner au commissariat où ils ont fait une déposition.

« Qu'est-ce que tu vas faire maintenant ? » Mike a demandé.

« Je suppose que je vais traîner quelques jours, » Gus haussa les épaules. « Peut-être que la police trouvera mon sac à dos, ou que quelqu'un le ramènera. »

« Pourquoi ne reviens-tu pas dans la communauté pour rester avec nous ? » Mike sourit, soupçonnant que le sac à dos de Gus n'avait pas été volé par « hasard ». « On va t'aider autant qu'on peut ».

Mike a emmené Gus au bureau de l'église et l'a présenté au pasteur Dan. « Alors, vous êtes Australien ? » Le pasteur serra la main de Gus puis se tourna pour le présenter au jeune homme souriant assis sur le canapé. « C'est Barry. Il vient aussi d'Australie. »

« Vous êtes le bienvenu pour rester avec nous », a poursuivi le pasteur Dan. « Barry va vous emmener chez Barbara. »

Au Way Inn, Gus eut le privilège d'avoir le meilleur lit du garage, celui le plus proche de la porte et, par conséquent, de l'air frais. Il ne pouvait pas s'imaginer tenir très longtemps dans des circonstances aussi encombrées et inconfortables.

« C'est une existence assez rude », marmonna Gus, face à son petit-déjeuner le lendemain matin. Le lait qu'on lui avait donné était de couleur grisâtre. Plus tard, il découvrit qu'il s'agissait de lait de luzerne, un lait qu'on donne normalement aux veaux seulement.

« Ces gens *doivent* vraiment être engagés », plaisantait Gus, émerveillé que personne ne semblait remarquer leur façon sobre de vivre ou s'en plaindre. Après quatre jours à vivre à la villa de Barbara, Gus était bouleversé par la sincérité et le dévouement qu'il voyait dans la vie quotidienne des chrétiens qui l'entouraient.

Ce christianisme est un engagement énorme, pensait maintenant un Gus plein de sérieux et de respect. L'Australien reconnaissait clairement son besoin d'un Sauveur, mais le prix à payer pour le suivre semblait trop élevé.

Puis-je me permettre de donner ma vie à Christ ? Gus agonisait. La veille, il s'était avancé en réponse à un appel à la repentance, mais il savait dans son cœur qu'il résistait à un engagement total envers Christ. Après beaucoup de luttes intérieures, Gus décida de quitter la communauté. *Si je reste ici plus longtemps, je vais être pris au piège*, raisonnait-il. *Mes amis du camping partent aujourd'hui pour le Maroc. Je vais les rejoindre.*

« Descends-tu à l'église pour la réunion de prière ? » cria joyeusement Barry.

« Va en avant, » répondit Gus évasivement. « j'ai des choses à faire d'abord. »

Lorsqu'il fut seul, Gus rangea ses quelques vêtements restants dans un petit sac : on ne lui avait pas ramené son sac à dos qu'on lui avait volé. Il s'arrêta à l'église et rencontra Dory à la porte. « Je veux juste dire au revoir, » dit Gus d'un ton bourru, donnant des coups de pied nerveux dans le gravier. « Veux-tu bien dire au revoir à Barry et au pasteur Dan pour moi ? »

Gus ne se voyait pas faire face au pasteur, et surtout pas à Barry. L'Australien énergique, tellement en feu pour Dieu, avait énormément marqué sa vie. En Barry, il a vu une personne semblable à lui-même ; il pouvait s'identifier avec l'ancien style de vie de Barry. Le compatriote australien avait passé de nombreuses heures à lui parler patiemment.

Gus est parti pour le Maroc, sachant qu'il fuyait Dieu, et que dans son cœur, il se mentait à lui-même. *Un jour, je donnerai tout mon cœur au Christ, mais pas maintenant*, pensa Gus avec obstination. *J'ai beaucoup de projets et je veux passer de nombreuses années à voyager avant de m'installer.*

CHAPITRE ONZE : « FOI, ESPÉRANCE ET AMOUR »

Lorsque Barry a découvert que Gus l'avait trompé et s'était échappé, il s'est senti mal. Le cœur lourd et accablé d'un fardeau pour son compatriote, Barry chercha un endroit tranquille pour prier. « Seigneur, j'ai fait une erreur », plaida Barry avec ferveur. « Mais tu sais où est Gus. Garde ta main sur lui et sauve-le. Je réclame son salut pour ta gloire au nom de Jésus ! »

Quatre mois plus tard, la prière de Barry fut exaucée. Après avoir traversé l'Afrique, Gus s'était retrouvé en Rhodésie, l'actuel Zimbabwe. En tant qu'électricien, il avait trouvé du travail sur un projet qui consistait à brancher un lotissement sur le réseau électrique. L'une des premières maisons sur lesquelles il avait travaillé appartenait à un pasteur, et pendant qu'il était à l'ouvrage, Gus discutait avec le sympathique pasteur. Le jour de Noël, cet homme et sa femme ont invité l'Australien à déjeuner et lui ont offert une Bible en cadeau. Profondément touché, Gus a ouvert son cœur au pasteur et a prié avec lui, acceptant Jésus comme son Seigneur et Sauveur. Rayonnant, Gus savait qu'il avait finalement fait une capitulation sans réserve au Christ, une décision qu'il n'avait pas été prêt à prendre plus tôt en Espagne. Il a écrit à Barry pour partager la bonne nouvelle, et un an après avoir quitté la communauté chrétienne, il y est revenu.

Au fil des décennies, des visiteurs de presque toutes les nations du monde ont franchi les portes de l'église de Torremolinos et ont été touchés par Dieu. Des milliers de personnes ont été touchées par l'évangélisation internationale qui a débuté là-bas. Transformés, ces gens sont retournés dans leur pays, porteurs de précieuses semences à répandre pour les autres. Le pasteur Dan a découvert qu'il n'avait pas besoin d'aller dans le monde entier : le monde entier est venu à Torremolinos ! Même des chrétiens célèbres comme frère André, le « contrebandier de Dieu », celui qui a introduit en contrebande des Bibles dans l'ex URSS, et l'éminent enseignant de la Bible, Derek Prince, ont participé à des conférences tenues à l'église.

Le magazine de renommée mondiale, *People*, avait découvert la communauté et son impact sur les jeunes randonneurs de passage à Torremolinos. Dans son numéro de juillet 1976 le magazine avait publié un article favorable de deux pages, « Dans le sud de l'Espagne, de jeunes voyageurs en difficulté trouvent de l'aide auprès d'un Américain évangélique » :

> … dans la ville voisine de Torremolinos, Del Vecchio et sa femme Rhoda, ont établi une église, une maison de transition et une communauté religieuse florissante venant au secours de jeunes marginaux et de drogués… Les 85 jeunes gens dont les Del Vecchio s'en occupent étaient des jeunes de toutes les nations qui dérivaient à travers l'Espagne. « 99 % d'entre eux », dit-il, « sont le produit de foyers brisés ou malheureux ». Alors qu'ils « reçoivent Jésus dans leur cœur », selon les paroles de Del Vecchio, ils se coupent les cheveux, se lavent, blanchissent leurs vêtements et arrêtent de boire et de se droguer.[31]

Les photos du magazine montrent le pasteur Dan prêchant dans l'église, les membres de la communauté réunis autour d'une table en plein air où « jusqu'à 70 convertis se réunissent le mardi pour un déjeuner convivial mais frugal », et Rhoda et ses filles Deborah, onze ans, et Rebecca, neuf ans, partagent « leur vie avec un chien berger écossais et des jeunes du monde entier ».[32]

La communauté grandissante « était remplie de jeunes de nombreux pays: Canada, États-Unis, Angleterre, France, Allemagne,

---

[31] Maurice F. Petrie, "Troubled Young Travelers in Southern Spain Find Help from an Evangelical American," *People* magazine, juillet 19, 1976, 53.
[32] Ibid, 52.

CHAPITRE ONZE : « FOI, ESPÉRANCE ET AMOUR »

Australie, Nouvelle-Zélande, Italie, Colombie, Danemark, Suède, Suisse, Écosse, Irlande, Finlande et Afrique du Sud et d'autres pays d'Afrique. Certains avaient été des hippies au Maroc fumant du haschich ; d'autres des victimes de vols et s'étaient retrouvés sans papiers ni argent ; et d'autres encore se cherchaient une raison de vivre »[33] avant de se retrouver dans la communauté. Le pasteur Dan a observé que l'église agissait comme « la baleine de Jonas », les ramassant et les sauvant de leur vie rebelle. Ces chrétiens, désormais « remplis du Saint-Esprit et de feu, sortaient deux par deux pour évangéliser. Leur joie était contagieuse, et il y avait un tel amour et une telle puissance de la part de Dieu que lorsque de nouveaux jeunes arrivaient de la rue, ils étaient rapidement convertis et remplis du Saint-Esprit. »[34]

« Vous voyez le vent qui souffle sur ces arbres », a déclaré le pasteur Dan au reporter du magazine *People*, pointant du doigt la fenêtre de l'église. « Quand vous regardez cette communauté, j'aimerais que vous voyiez le vent et non les arbres. La raison pour laquelle ces arbres bougent c'est parce qu'il y a un vent qui souffle sur eux, et la raison pour laquelle les gens sont délivrés et reçoivent de l'aide ici, c'est à cause du Saint-Esprit. Nous ne sommes qu'une manifestation visible, mais Il est ici travaillant avec nous, et ça, c'est l'image que nous voulons retenir de Dieu qui est la Cause derrière tout cela. »

---

[33] Del Vecchio, *El Manto de José*, 125
[34] Ibid.

L'auteure et sa sœur avec leurs sacs à dos

L'auteure et sa sœur sur la plage de Torremolinos

Carte postale de l'église de Torremolinos
(la famille Del Vecchio en haut à droite)

La famille Del Vecchio (Deborah et Daniel Jr.)

Le Tabernacle de Malaga (la Merveille du Dôme Géodésique)

L'intérieur de l'église de Malaga

La Maison sur le Rocher

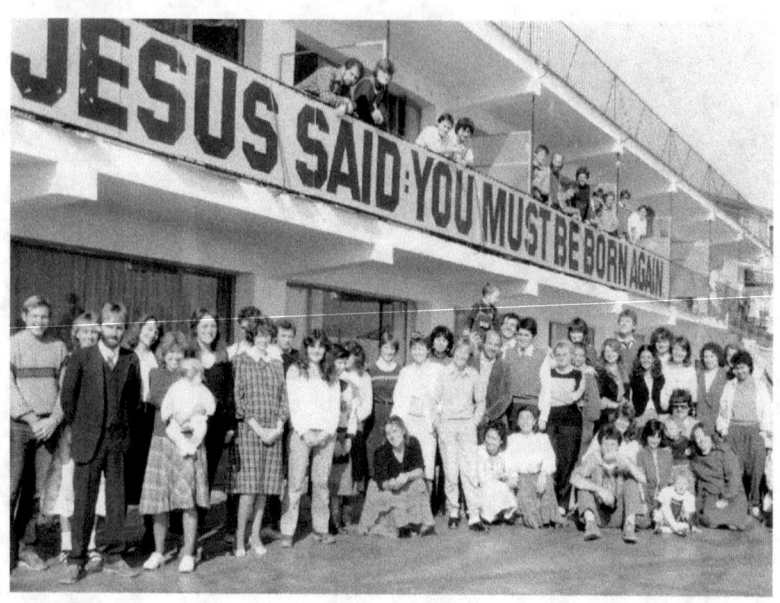

L'Hôtel Panorama

Une conférence avec d'anciens toxicomanes (sur l'estrade)

Leslie (une ancienne héroïnomane)

Dan et Rhoda

Dan et Rhoda avec leur fille Deborah

Une réunion à Séville

PHOTOS

La ferme d'Antequera avec des structures en dôme

Vue aérienne de la ferme d'Antequera

Daniel Lucero et le pasteur Dan à la ferme

L'église d'Antequera

La Communauté en 1985

La Réunion de 2014 devant l'église de Torremolinos

CHAPITRE DOUZE
SA FERME ET SON ÉCOLE

En mars 1976 et lors d'une soirée en famille, le pasteur Dan a partagé sa vision d'avoir une ferme sur laquelle faire venir des cultures pour répondre aux besoins alimentaires de la communauté. Barbara servait maintenant plus de soixante-dix invités pour les dîners en famille ce qui faisait 6 500 repas par mois. De plus, comme certains des jeunes, qui auparavant portaient des cheveux longs, ne connaissaient rien au travail manuel, Dan pensait que le travail agricole physiquement exigeant pouvait s'avérer thérapeutique. Il voulait un endroit où il pourrait former des jeunes, leur apprendre à travailler et à devenir autonomes. Dans la réunion de prière qui a suivi, l'idée fut présentée devant le Seigneur. Ils demandèrent à Dieu d'ouvrir les portes et de le faire selon Sa volonté.

Le premier jour où le pasteur Dan commença à chercher sérieusement une ferme, le Seigneur lui montra l'endroit de son choix : une propriété près du village d'Alhaurin El Grande, à une demi-heure de route de Torremolinos. Dan et ses enfants se tinrent la main au sommet de la colline surplombant la ferme et « par la foi » la réclamèrent pour Jésus.

Après cela, tout semblait mal tourner. Pendant plusieurs semaines, Dan et son avocat ont tenté de parvenir à un accord avec le propriétaire et son avocat sur la propriété. Deux fois, ils se sont tous réunis dans le bureau de l'avocat pour régler les intrications juridiques que cela présentait, mais à chaque fois, les négociations ont échoué. Finalement, Dan, confus et assombri par des doutes, a décidé de ne pas poursuivre ce site particulier. Il a commencé à chercher une autre ferme mais sans résultats.

Durant cette période incertaine, un des jeunes de la communauté reçut une parole du Seigneur, tirée de Nombres 14.8 : « *Si l'Éternel nous est favorable, il nous mènera dans ce pays, et nous le donnera: c'est un pays où coulent le lait et le miel.* »

Dan a alors cru que cette parole s'appliquait à leur situation actuelle. Recevant une confiance et un espoir renouvelés, il a repris les négociations avec le propriétaire. Bien que dès le début, le Saint-Esprit l'avait poussé à ne pas payer plus de 14 000 $ pour la propriété, lors de la précédente négociation, Dan avait accepté à contrecœur d'aller plus haut. Maintenant, pour la troisième fois, avec trois avocats et le propriétaire, il a tenté de parvenir à un accord. Personne, cependant, ne pouvait résoudre une formalité juridique qui était apparue : vraisemblablement, les propriétaires fonciers dont les champs entouraient la ferme Alhaurin, avaient, en priorité, les droits exclusifs de faire une offre d'achat de la propriété.

« Je suis désolé. » le propriétaire a dit à Dan. « Il se peut bien que vous ayez l'argent, mais vous ne pouvez pas avoir la terre à moins que tous les autres propriétaires fonciers abandonnent leurs droits de préemption. »

Découragé, Dan a quitté la réunion et est rentré chez lui. En chemin, cependant, Dieu a laissé tomber une parole de sagesse dans son cœur et lui a montré quoi faire. Le lendemain, un Dan déterminé est monté sur sa moto sous une pluie battante et a

CHAPITRE DOUZE: SA FERME ET SON ÉCOLE

rendu visite à tous les agriculteurs voisins. Il a présenté à chacun un document qu'il avait rédigé, indiquant qu'ils seraient prêts à renoncer à tous leurs droits d'achat sur la propriété en question. Miraculeusement, tous les propriétaires terriens l'ont signée. Ce fut alors un Dan heureux qui se réjouit devant le Seigneur. Les obstacles juridiques avaient été levés. Une fois de plus, il a offert au propriétaire le montant initial que Dieu lui avait montré, offre qui fut acceptée.

Toute la communauté a visité la propriété qui n'avait pas été exploitée depuis plusieurs années. Ils ont prié pour elle et ont ensuite célébré avec un pique-nique. Ils ont baptisé la nouvelle ferme « Sa Ferme ». À l'intérieur de ses limites, Sa Ferme comptait huit variétés d'arbres fruitiers, dont des citronniers et des orangers. Dan espérait qu'une grande partie de ces fruits pourraient être mis en bocaux et conservés pour l'hiver. Avec la pénurie de nourriture et la hausse des prix, il croyait que ce serait une partie essentielle du plan de Dieu pour l'orientation future de la communauté, lui permettant finalement d'être autonome.

La première chose à laquelle Dan a porté son attention était le problème de l'irrigation. Si la ferme devait produire des légumes pour répondre aux besoins de la communauté, il fallait trouver des ressources importantes en eau. Dans cette région d'Espagne, les étés étaient secs, avec parfois pas de pluie pendant six mois, toutefois avec un approvisionnement en eau suffisant, on pouvait produire deux récoltes par an.

Dan a choisi un endroit près de la petite rivière en contrebas de la propriété pour commencer à creuser un puits, mais ils n'ont trouvé aucune eau souterraine. Ensuite, ils ont essayé un endroit au sommet de la propriété. L'équipe a commencé à pelleter la terre, atteignant une couche d'argile verte en dessous. Au fur et à mesure qu'ils creusaient plus profondément, le sol devenait de plus en plus dur jusqu'à ce qu'un marteau-piqueur et un compresseur soient nécessaires. À dix mètres de profondeur, ils découvrirent un fossile de poisson.

« Il est probablement là depuis le déluge », remarqua Dan pince-sans-rire mais incapable de cacher sa terrible déception face au puits sans eau. Tout leur dur labeur n'avait rien donné. Et pour aggraver les choses, les fermiers voisins secouaient la tête devant cette démonstration de folie, déclarant qu'il n'y aurait pas d'eau à cet endroit.

« Seigneur, s'il te plaît, donne-moi une parole » a plaidé Dan, frustré. Toute la communauté chrétienne cherchait le Seigneur dans la prière au sujet de cette situation contrariante. Après une autre journée à ne trouver rien d'autre que des rocs, un Dan découragé ouvrit sa Bible à Ésaïe 35 (LSG). Les versets six et sept sautèrent des pages :

> *Le boiteux sautera comme un cerf,*
> *Et la langue du muet éclatera de joie.*
> *Car des eaux jailliront dans le désert,*
> *Et des ruisseaux dans la solitude;*
> *Le mirage se changera en étang*
> *Et la terre desséchée en sources d'eaux;*

Dan savait que Dieu avait parlé et il a partagé la bonne nouvelle avec la communauté : « Nous aurons bientôt de l'eau. » Au lieu de creuser plus profondément, Dan décida de forer un petit trou au centre du puits. La foreuse est descendue à huit mètres de plus, atteignant de l'argile encore plus dure qu'auparavant. Finalement, ils ont renoncé à creuser. Malgré l'échec apparent, Dan n'a pas perdu la confiance que Dieu avait placée dans son cœur.

De nombreuses semaines s'écoulèrent suivies de légères averses. Le puits a commencé à se remplir d'eau et, étrangement, même après l'arrêt de la pluie, il était resté presque plein. Dan a examiné le puits avec quelques-uns des garçons. « D'où peut bien venir toute cette eau ? » leur demanda-t-il, perplexe, face à l'étrange phénomène.

Dan a pompé toute l'eau du trou. Au fur et à mesure que le niveau diminuait, l'eau affluait pour reconstituer l'approvisionnement et continuait à se déverser dans le puits jusqu'à une profondeur de douze mètres. Plus tard, ils découvrirent que cette eau ne provenait en fait pas du puits mais du canal d'irrigation de leur voisin !

Des années plus tard, Dan et Rhoda visitèrent la ferme qui fonctionne maintenant comme un centre de réadaptation géré par Betel, une organisation chrétienne sœur basée à Madrid. Ils furent surpris de voir une grande piscine sur la propriété.

« Comment avez-vous obtenu de l'eau ? » demanda Dan émerveillé.

« Nous avons décidé de construire une maison pas loin de votre puits. Nous avons heurté un ruisseau souterrain qui traversait la fondation, alors nous avons fait une piscine à la place ! »

Bien que cela n'ait été découvert que des années plus tard, Dieu avait bien pourvu « *des ruisseaux dans le désert* ».

Pendant longtemps, Dan et Rhoda avaient été attristés par l'instruction médiocre que leurs trois enfants, Daniel Jr., Debbie et Becky, recevaient. Les coûts des écoles privées anglophones étaient exorbitants et l'immoralité sévissait dans les écoles publiques locales. Ils ne savaient que faire. Puis deux professeures, Carol et Barbara, sont venues voir Dan, l'air consterné. Toutes deux avaient été provisoirement embauchées pour enseigner les enfants d'un groupe de parents à Mijas, un village de montagne à environ une demi-heure de route de Torremolinos. Lorsque les parents ont découvert que les deux enseignantes étaient chrétiennes, le directeur de l'école a rédigé à la hâte une charte stipulant qu'aucune instruction religieuse ne pouvait être donnée et qu'aucune mention de Jésus-Christ ne pouvait être faite.

« Pasteur Dan, que devons-nous faire ? » ont demandé les enseignantes. « Nous ne pouvons pas accepter de ne pas parler du Christ. »

Dan était d'accord qu'elles ne devraient pas accepter de postes dans cette école. Puis une idée lui vint à l'esprit. Avec deux enseignantes américaines expérimentées, sans emploi mais qualifiées : *Pourquoi ne pas ouvrir notre propre école pour nos enfants ?*

Comme on était presqu'au mois d'août, ils ont commencé une recherche effrénée d'un bâtiment à louer pour une école. Bien qu'ils aient cherché dans les villages de Mijas et Arroyo de la Miel, ils n'ont rien trouvé de convenable. Toutes les portes étaient fermées. Puis, lors d'une réunion de prière du mercredi matin, Debbie Del Vecchio, onze ans, s'est approchée de son père. « Papa, pourquoi ne pas commencer l'école à la ferme ? » elle a chuchoté.

« Mais oui, pourquoi pas ? » Dan réfléchit, émerveillé que la sagesse soit sortie « de la bouche des nourrissons »[35].

Sa Ferme, cependant, n'avait aucune installation pour abriter une école. Construire une structure permanente semblait hors de question. Il n'y avait pas le temps pour engager un architecte pour dessiner les plans, et de plus, toute l'opération serait trop coûteuse. Puis Dan a découvert que les édifices en bois ne nécessitaient pas de permis de construire car ils étaient considérés comme des habitations temporaires. Aucun Espagnol sain d'esprit ne construirait avec du bois car il pourrit si facilement dans le climat de ce pays, mais Dan savait qu'avec un traitement approprié, il pourrait durer.

« Nous allons construire des cabanes en bois », a annoncé Dan à la communauté, « et chaque cabane sera une salle de classe. »

---

[35] Matthieu 21.16b : « Oui, leur répondit Jésus. N'avez-vous jamais lu ces paroles : *"Tu as tiré des louanges de la bouche des enfants et des nourrissons ?"* » (Segond 21)

CHAPITRE DOUZE: SA FERME ET SON ÉCOLE

Inexpérimentés mais volontaires, les jeunes hommes se sont tous mobilisés pour aider à la construction. Ne disposant que de moyens primitifs, ils roulaient la terre à la main à l'aide de grosses perches. Comme ils n'avaient pas les moyens d'acheter une bétonnière, même le béton nécessaire aux fondations était mélangé à la main. Lorsque la rentrée scolaire a commencé en septembre, les cabanes n'étaient pas encore terminées. Imperturbables, les quatre enseignantes (Carol, Barbara, Beth et Sue) ont chacune choisi leur propre oranger, disposé quelques chaises sous les branches parfumées et ont commencé à enseigner leurs cours. Les enfants ont adoré leur « salle de classe » extérieure unique.

Le pasteur Dan et quelques bénévoles de la communauté poursuivirent leur programme exténuant, souvent frustrés par le bois de qualité inférieure qu'ils étaient obligés d'utiliser. Au moment où les pluies ont commencé en octobre, Dan et ses jeunes assistants compétents avaient érigé les deux premières cabanes. La première, ils la nommèrent « Patience », car sa construction avait été un véritable test de leur patience. La deuxième, Dan l'appela « Persévérance », car il avait été tenté de tout lâcher et d'embaucher des ouvriers. La troisième cabane, qui avait été montée en moitié du temps que les autres, fut baptisée, à juste titre, « Paix ». Finalement, cinq autres cabanes furent terminées : Prudence, Providence, Prospérité, Promesse et Louange.

Même sans publicité, le Seigneur a envoyé dix-sept enfants à l'école, dont l'âge allait de la maternelle à la première année du secondaire. Les enseignantes, bientôt au nombre de huit, donnaient de leur temps de manière sacrificielle et ne recevaient aucun salaire. Par conséquent, aucun frais de scolarité ne fut facturé aux élèves.

Dès le début, l'accent sans compromis de cette école chrétienne était d'abord sur le culte, puis sur l'étude et le travail. Dan l'a baptisée « Son École ». Chaque matin commençait par la prière.

Après quatre ans, Son École a atteint un effectif régulier d'environ soixante-cinq élèves et était doté de quatorze enseignants à temps plein et à temps partiel. Les élèves venaient de Finlande, de Suède, d'Angleterre, d'Amérique et d'Allemagne, et de foyers mixtes espagnols-expatriés. Au cours des huit années que cette école chrétienne fut ouverte au grand public, littéralement des centaines d'enfants eurent l'occasion d'entendre l'Évangile et beaucoup acceptèrent Christ.

Pour répondre aux besoins grandissants de la communauté, Barbara avait généreusement troqué sa voiture contre une fourgonnette à neuf places qui fut rapidement surnommée « La Bestiole ». La fourgonnette est rapidement devenue célèbre dans tout Torremolinos. En fait, il était difficile de ne pas la remarquer, car des mentions de Jésus étaient peintes partout. Sur le capot avant, Barbara avait écrit « Jesus is Coming »[36] en grosses lettres rouges. Par erreur, elle avait mal orthographié « coming » avec deux lettres « m ».

« Mince, que dois-je faire ? » s'est-elle inquiétée après avoir découvert que la peinture ne pouvait pas être enlevée. Puis elle eut la brillante idée de transformer un des « m » en une grande flamme jaune et rouge. « C'est soit la flamme du Saint-Esprit, soit le feu de l'enfer », expliquait-elle aux observateurs curieux. « À vous de faire votre choix. »

Une fois par semaine, Barbara emmenait deux garçons au marché pour acheter de la nourriture pour « Son École » (qui comptait désormais cinquante enfants), pour le Café (qui hébergeait trente personnes) et pour les habitants de sa propre villa. Elle achetait tout en vrac et en faisait une grande pile : des sacs de pommes de terre, des oignons et des tomates. Finalement,

---

[36] « Jésus vient bientôt. » NDT.

CHAPITRE DOUZE: SA FERME ET SON ÉCOLE

l'inévitable se produisit : le plancher de la camionnette s'est effondré. La pauvre « Bestiole » avait également un essieu cassé que Stuart, le mécanicien de la communauté, a rafistolé du mieux qu'il a pu.

Barbara décida qu'il était temps d'acheter une plus grande camionnette. Elle avait un œil sur un Ebro vert, une camionnette haut de gamme très chère. Pour l'acheter, Barbara a vendu le studio qu'elle possédait en ville. Bien qu'elle ait perdu de l'argent dans l'affaire, elle reçut le montant exact nécessaire pour acheter la camionnette. Barbara était très fière de conduire « le Char de Dieu » comme elle l'appelait affectueusement. L'Ebro s'est avéré être une bénédiction pour la communauté.

« Nous avons besoin de votre fourgonnette aujourd'hui, Barbara », le pasteur Dan lui téléphonait souvent. « Merci. »

Bien que Barbara savait que son attitude était mauvaise, ces requêtes commençaient à l'ennuyer. Lorsqu'on lui a dit que sa camionnette serait nécessaire pour transporter les enseignants à Son École tous les jours pendant le trimestre, Barbara a fulminé. « Maintenant, je vais devoir prendre le bus partout où je dois aller. »

Une fois par semaine, Barbara se rendait dans un hôpital de Malaga. Dès qu'elle était devenue chrétienne, elle avait commencé à visiter les malades. Parce qu'elle avait passé tant de temps dans les hôpitaux lorsqu'elle avait contracté la tuberculose, elle se sentait très habituée à leurs couloirs. Cet hôpital était rempli de touristes d'âge moyen qui avaient développé des problèmes de santé pendant leurs vacances, généralement une pneumonie, des crises cardiaques ou des fractures. Portant son insigne « Jésus est Seigneur » à la vue de tous, Barbara a prié avec tous les touristes anglophones qu'elle a pu trouver. Maintenant, sans sa camionnette, elle a réalisé que ses visites à l'hôpital nécessiteraient cinq changements de bus aller-retour. Elle ne brûlait pas spécialement d'envie de faire ce « sacrifice » particulier.

Étrangement, après deux mois à utiliser le bus comme transport en commun, Barbara a découvert qu'elle appréciait les trajets. Presqu'immédiatement après qu'elle a expérimenté cette transformation de cœur, un membre de l'église lui a prêté une voiture. Après cela, Barbara ne s'est plus souciée de l'utilisation de sa camionnette, que ce soit avec ou sans elle.

Barbara avait plus de leçons à apprendre à « l'École de l'Humilité », comme la communauté aimait appeler avec ironie leur formation par le Saint-Esprit dans l'obéissance chrétienne. Les dîners en famille du vendredi soir, qui servaient maintenant quatre-vingts personnes, avaient traditionnellement lieu à la villa de Barbara avant la réunion du soir. C'était toujours un jour spécial pour Barbara. Elle passait sa matinée dans les champs à ramasser des fleurs pour décorer les tables à manger. Les mauvaises herbes étaient tout aussi belles et elle avait parfois du mal à faire la différence entre les deux.

« Eh bien, est-ce vraiment important ? » Barbara décidait joyeusement. « Je vais simplement les mettre tous ensemble et les dédier à Jésus. »

Un vendredi matin, le pasteur Dan a informé Barbara que le dîner serait servi après la réunion au lieu d'avant. Apparemment, les gros repas rendaient certaines personnes somnolentes, et quelques filles s'étaient plaintes que les portions généreuses les faisaient grossir. Tout le monde se servirait eux-mêmes désormais. Barbara était bouleversée par ce nouvel arrangement. Ce qui l'avait profondément vexée, c'était qu'elle ne serait pas à sa place habituelle en tête de table. Pendant trois jours, elle s'en prit à tout le monde. Finalement, dans l'intimité de sa chambre, elle tomba à genoux et demanda à Dieu de pardonner sa colère. Plus tard, Barbara, qui avait fait toute sa vie ce qu'elle voulait, a avoué au pasteur Dan : « En fait, si vous voulez vraiment savoir, je suis la personne la plus rebelle de toute la communauté ! »

Le pasteur Dan a ri. « Je crois bien que vous l'êtes ! »[37]

Lorsque la fourgonnette de Barbara n'a plus suffi pour répondre aux besoins de transport de Son École, Dan a décidé d'acheter un grand car scolaire. À Rhoda, il a suggéré d'utiliser l'argent qu'ils avaient reçu de la vente de leur « chalet de lune de miel » pour acheter ce véhicule coûteux : de l'argent qu'ils avaient économisé comme un « petit coussin pour l'avenir ».

Des années plus tôt, lorsque les Del Vecchio exerçaient leur ministère au Mexique, Dan avait suggéré de vendre leur « chalet de lune de miel ». Rhoda avait élevé vers Dieu cette question qui avait pesé si lourdement sur son cœur : « Père, tu sais que cette maison est un endroit où nous pouvons toujours revenir. Mais si tu veux que nous le vendions, alors ôte de mon cœur l'amour et l'inquiétude pour cette maison et donne-moi la foi pour l'abandonner. »

Alors que Rhoda lisait sa Bible, une écriture de Marc 10.29-30 sauta des pages, et elle la prit comme une promesse spéciale de Dieu pour elle:

Jésus répondit : « Je vous le dis en vérité, personne n'aura quitté à cause de moi et à cause de la bonne nouvelle sa maison ou ses frères, ses sœurs, sa mère, son père, [sa femme], ses enfants ou ses terres, sans recevoir au centuple, dans le temps présent, des maisons, des frères, des sœurs, des mères, des enfants et des terres, avec des persécutions et, dans le monde à venir, la vie éternelle. » (Segond 21)

La joie du don sacrificiel avait inondé le cœur de Rhoda. Elle avait alors été disposée à abandonner sa maison et à utiliser l'argent qu'ils avaient reçu de sa vente pour l'avancement de l'évangile.

---
[37] Fletcher, 43–44.

Maintenant, Dan suggérait à Rhoda d'utiliser la globalité de cette somme d'argent, leur « petit coussin pour l'avenir », pour le besoin immédiat d'un car scolaire. Elle était de nouveau disposée à faire cette offrande sacrificielle. Le Seigneur se montrerait en effet fidèle en multipliant leur don coûteux.

CHAPITRE TREIZE
CASA ÁGAPE

L'effort d'évangélisation parmi les Espagnols était principalement centré sur le port maritime animé de Málaga, la capitale de la province d'Andalousie. Là, dans le sous-sol de l'église Casa Ágape, Benito a fidèlement persévéré dans la formation de nouveaux convertis pendant cinq ans. Il leur a transmis tout ce que le pasteur Dan lui avait appris sur la Bible et la vie chrétienne pratique. Beaucoup de ces convertis, qui avaient été toxicomanes et délinquants, finiraient par devenir pasteurs, dirigeants et enseignants dans leurs propres églises. Certains ont ensuite dirigé des centres de désintoxication dans toute l'Espagne.

Chaque jour, Benito et sa jeune bande de disciples distribuaient des tracts dans une rue bondée de Malaga appelée Calle Sanchez Pastor. Désormais, les passants réguliers de cette rue reconnaissaient ces jeunes hommes insolites. L'un de ceux qui passaient fréquemment et s'arrêtaient pour bavarder était un toxicomane de vingt-cinq ans du nom de Luis.

Au cours des huit années précédentes, Luis avait été fortement impliqué dans le monde de la drogue et de la musique rock. Il avait joué dans un groupe rock bien connu dans toute la province d'Andalousie. Même s'il avait tout ce qu'il pouvait désirer -

célébrité, drogue, argent et filles - le jeune Espagnol trouvait que sa vie était assez vide et insatisfaisante.

Chaque fois que Luis se promenait dans la rue, « défoncé » comme d'habitude, Benito le saluait et lui parlait de Jésus. Luis faisait semblant de se moquer et essayait de lui offrir de la drogue, mais quelque chose dans les yeux et la voix de Benito attirait l'attention de Luis. Il était captivé par l'amour et la compassion qu'il y voyait. Pendant deux ans, Luis a continué à croiser Benito et sa bande hétéroclite de convertis. Ils lui prêchaient l'évangile avec ferveur, et il haussait toujours les épaules : « Oui, d'accord, mais ce n'est pas encore mon heure. »

Puis un jour où son groupe de rock et lui étaient à Séville, Luis a ressenti une douleur atroce à l'arrière de la tête. Il s'est senti malade et s'est précipité dans la salle de bain où il a vomi un horrible liquide noir. Terrifié, il a demandé à ses amis de le conduire à l'hôpital où il s'est évanoui. Lorsqu'il a repris connaissance, il était en soins intensifs, branché à toutes sortes de tubes et entouré de médecins portant des masques.

« Enfin, vous avez ouvert les yeux », l'un des médecins se pencha, l'inquiétude étant évidente dans sa voix. « Vous êtes dans le coma depuis deux jours. Savez-vous ce que vous avez ? »

« Non, » répondit Luis avec hésitation.

« Vous avez une méningite, la forme la plus dangereuse et la plus contagieuse. »

Après onze jours à l'hôpital, Luis retrouva ses forces, étonnant même les médecins qui ont alors programmé sa sortie. Le lendemain matin, cependant, Luis sentit la même douleur écrasante revenir. Alors qu'il était sur le point d'appeler le médecin responsable, une voix intérieure l'arrêta : *Rappelle-toi quand tu avais crié à Dieu quand tu étais enfant ? Fais-le encore maintenant.*

Luis se souvenait de Benito et du Dieu dont il parlait toujours. Certains de ses propres amis s'étaient déjà détournés de leur

CHAPITRE TREIZE: CASA ÁGAPE

ancienne vie de drogue pour suivre ce Dieu. Pouvait-il faire le même pas ? *Est-ce mon heure maintenant ?* Luis s'est interrogé, se demandant si la main de Dieu était en quelque sorte impliquée dans sa maladie. « Dieu, si tu existes, si tu es vrai », priait Luis, « alors guéris-moi, libère-moi, fais-moi sortir d'ici. Et je promets que je laisserai ma musique, ma drogue et mes amitiés, et je te suivrai. »

Quelques minutes plus tard, la douleur avait complètement disparu. Luis oublia tout de sa promesse à Dieu. Il quitta l'hôpital et prit un bus pour Malaga où il alla chercher de la drogue et ses amis à leur lieu de rencontre habituel, un bar appelé La Buena Sombra (La Bonne Ombre). Étrangement, aucun de ses copains n'était là. Déçu, il sortit du bar et se trouva soudain entouré de quatre chrétiens : Benito, Felipe, Paco et Vicente. Vicente était un vieil ami de Luis, d'Algésiras. Un mois auparavant, il avait donné sa vie à Jésus.

« Nous avons vraiment prié pour toi », Vicente l'a serré dans ses bras. « Nous avons même jeûné pour toi pour que Dieu te guérisse et que tu puisses être sauvé. »

À ce moment-là, Luis sentit la conviction de l'Esprit Saint lui disant : *Souviens-toi de ta promesse. Tu m'as dit que si je te guérissais, tu me suivrais. Je suis là. Ces personnes sont Mes disciples. Suis-moi.*

Deux jours plus tard, Luis a assisté à une réunion dans leur église à Málaga, Casa Ágape. Après que Felipe eut fini de prêcher, il a invité ceux qui voulaient accepter Jésus comme leur Seigneur et Sauveur à s'avancer. Profondément conscient de son propre péché, Luis se dirigea vers le devant de l'autel et Felipe pria avec lui. Luis demanda au Seigneur de lui pardonner et de le libérer de la drogue. À partir de ce moment-là, il n'a plus jamais fumé de cigarettes, bu ou pris de drogue. Il a laissé ses amis et le monde de la musique rock derrière lui. Peu de temps après, Luis emménagea dans la cave du sous-sol de Casa Ágape, rejoignant Benito et six autres convertis zélés. C'est là que sa transformation en disciple dans la vie chrétienne commenca sérieusement.

Sous la direction ferme de Benito et de son exemple constant, Luis grandit rapidement dans la foi chrétienne. Chaque matin à sept heures et demie, il se levait avec les autres pour commencer la journée par la prière. C'était une forme de discipline particulièrement dure pour Luis qui avait l'habitude de se coucher à six heures et demie du matin et de se lever un peu après midi. Son ancien mode de vie devait changer radicalement.

Le lendemain de sa conversion, Luis était dans la rue pour témoigner avec les autres chrétiens, distribuer des tracts et partager sa nouvelle foi. Benito ou Felipe étaient toujours à ses côtés pour le soutenir et l'encourager. Certains des anciens amis de la rue de Luis ont été étonnés du changement en lui et ils ont pris peur.

« Tu crois ce que ces gars-là prêchent, toi ? » ils se moquaient. « Tu es fou ! Tu retrouveras bientôt à la raison et puis tu reviendras vers nous. »

La grâce du Seigneur, cependant, a fortifié Luis, et il est resté à Casa Ágape pendant deux ans et demi, recevant une formation chrétienne et de disciple intense. Un véritable lien d'amour s'est tissé entre les huit jeunes hommes vivant au sous-sol de l'église. Bien que le soleil ne pouvait pénétrer jusque dans leurs quartiers sombres et humides, la lumière du Seigneur a dispersé les ténèbres, unissant les jeunes hommes dans une véritable fraternité. La plupart des futurs dirigeants de l'œuvre espagnole devaient émerger de ce sous-sol, des gens engagés à vivre des liens fraternels forgés dans la pauvreté, les difficultés et l'abnégation.

Souvent, pour le petit déjeuner, les jeunes gens ne mangeaient qu'une bouillie de farine et de lait, et quand il n'y avait pas d'argent, même ce maigre repas se réduisait à de la farine et de l'eau. Souvent, ils ne pouvaient se permettre qu'un seul repas par jour, généralement une soupe aux épinards et aux pommes de terre, mais leurs repas étaient toujours consommés dans la Présence presque tangible du Seigneur.

Les jeunes Espagnols vivaient avec un budget des plus réduits. Benito descendait régulièrement sur les quais et récupérait les poissons du jour qui n'avaient pas été vendus sur les marchés. Une fois, on lui a donné tellement de poissons qu'il a dû les suspendre à une corde à linge pour les faire sécher afin qu'ils durent plus longtemps. Cet après-midi-là, tous les chats du quartier étaient assis sous la corde à linge, bavant devant un tel festin.

Pendant ce temps, Benito et les autres apprirent à faire les poubelles, à économiser et à survivre. Cette vie simple et rude a formé chez les jeunes hommes un dévouement, une persévérance et un zèle immenses pour le Seigneur. Ils étaient prêts à tout abandonner, dont un style de vie confortable et hédoniste, pour servir le Christ. Gagner une âme devint leur but suprême. Être un vrai disciple du Christ devint leur ardent désir.

Chaque matin à la Casa Ágape, les jeunes, pleins de ferveur, se levaient pour prier. Après leur maigre petit-déjeuner, ils parcouraient de nombreux kilomètres jusqu'à la rue piétonne animée de Sanchez Pastor, au centre-ville de Malaga. Sur le trottoir, ils étendaient une couverture et étalaient des livres chrétiens, et là ils prêchaient et témoignaient aux foules qui passaient. Souvent, ils priaient : « Seigneur, donne-nous une âme aujourd'hui. Donne-nous une âme. »

Un jour, Diego[38] distribua un tract à deux jeunes femmes. Bien qu'il ne le sache pas à l'époque, elles étaient infirmières et l'une d'elles, Sofia,[39] prenait de la morphine. Sa copine avait tout tenté pour la faire arrêter. Avec un esprit ouvert, mais aussi avec une réserve prudente, les deux infirmières ont écouté Diego leur parler de la façon dont Jésus avait changé sa vie.

---

[38] Son nom a été modifié.
[39] Son nom a été modifié.

« Venez à notre réunion samedi soir », les a exhortées Diego. « Nous avons un festival de musique. » Pour ce qui était des festivals de musique, l'élément « musique » manquait quelque peu. Benito était le seul à savoir jouer de la guitare, et, même, il ne connaissait que trois accords.

« *Sí*, peut-être que nous irons », ont à moitié promis les filles.

Ce samedi soir, Diego attendait à l'arrêt de bus dans l'impatience de rencontrer les personnes qu'il avait invitées à la réunion. Il n'était pas sûr que les deux filles viendraient, mais il se réjouit quand il les vit descendre du bus. Les deux infirmières étaient assises au fond de l'église. Tandis que Benito prêchait, Diego priait en silence pour que le Seigneur touche leur cœur. Avant la fin de la réunion, ses prières furent exaucées alors qu'elles fondaient tous les deux en larmes. Après cette soirée, elles ont commencé à assister régulièrement aux réunions.

Peu de temps après, Diego se rendit compte qu'il tombait amoureux de Sofia. Cela l'inquiétait vraiment parce qu'il voulait seulement servir le Seigneur et rien d'autre. Il n'était pas sûr de pouvoir partager son cœur avec Jésus et une petite amie en même temps. À cette époque, Benito avait l'habitude de prêcher constamment sur le thème d'être des « eunuques pour le Seigneur » - c'était, bien sûr, jusqu'à ce que, lui-même, rencontre sa future épouse. Chaque fois que les pensées de Diego dérivaient en direction de Sofia, il les chassaient.

Un jour, Diego lut un proverbe dans sa Bible : « *La correction ouverte vaut mieux qu'un amour secret.* » [40] Dans cet esprit, il a abordé Sofia lors d'une réunion et l'a prise à part, avouant ses sentiments pour elle. Il était ravi quand elle a admis : « Je t'ai remarqué aussi. » Pendant les deux années suivantes, Diego traversa d'intenses souffrances avec leur relation sporadique.

---

[40] Proverbes 27.5 (La Bible Martin).

CHAPITRE TREIZE: CASA ÁGAPE

Sofia, qui avait vécu des traumatismes dans son enfance, avait du mal à se débarrasser de sa dépendance à la morphine.

À l'automne 1977, Anne-Marie remarqua Sofia à l'église et ressentit un fardeau pour la jeune femme. Il était évident qu'elle se droguait et qu'elle n'était vraiment pas en forme. « Ça vous dérangerait si j'emmenais Sofia vivre avec moi au Café ? » Anne-Marie a demandé au pasteur Dan qui a hoché la tête en signe d'approbation.

Dès le début, Anne-Marie s'est rendu compte qu'elle n'avait aucune idée de comment prendre soin d'une toxicomane. Sofia était l'une des premières toxicomanes accueillies par la communauté de Torremolinos, gens donc personne n'avait beaucoup d'expérience dans ce domaine. Parce qu'elle travaillait comme infirmière, Sofia avait facilement accès à la morphine. Elle rapportait la drogue au Café et s'injectait avec une aiguille, faisant exprès de laisser traîner le coton tige imbibé de sang. Cette provocation délibérée rendait Anne-Marie folle.

« Tu es en train de te détruire ! » Anne-Marie l'a confrontée avec colère.

Souvent, Anne-Marie fouillait Sofia à la recherche des drogues qu'elle cachait sur son corps. À une occasion, soupçonnant l'infirmière d'avoir fait rentrer de la drogue en cachette, elle fit irruption dans sa chambre et plaqua la jeune femme au sol. Pendant qu'un des garçons maintenait Sofia au sol, Anne-Marie la fouilla minutieusement. Sofia avait des sacs en plastique de morphine liquide enroulés autour de sa taille et fourrés dans les poches de son jean. Un à un, une Anne-Marie en colère sortit les sacs en plastique de ses poches tandis que l'infirmière se débattait et se tordait furieusement.

La pression de vivre avec une toxicomane rendit Anne-Marie humble. Atteignant sa limite, elle s'effondra au sol dans la salle de prière. Elle sentit un énorme fardeau pour Sofia et sentit que le Seigneur lui demandait : *Acceptes-tu Sofia ?*

Anne-Marie répondit immédiatement : « Non ! »

Est-ce que tu veux l'accepter ? la douce voix intérieure continuait à plaider.

Anne-Marie résista farouchement à cette voix calme, mais elle finit par céder. « Oui, je le veux ! » Elle savait que c'était la seule réponse qui plairait au Seigneur. D'une toute petite manière, elle se sentait comme Jésus devait l'avoir ressenti à Gethsémané, transpirant des gouttes de sang et luttant dans une prière angoissante quand il réalisa que la « coupe » qu'il devait boire signifiait prendre le péché du monde sur Lui et en être souillé. Pour Anne-Marie, cette expérience a conduit à une identification plus profonde avec le Christ et ses souffrances.

Plus tard ce même jour, après qu'Anne-Marie eut cédé au Seigneur, le pasteur Dan lui dit qu'il déménageait Sofia chez lui avec sa famille. Anne-Marie soupira de soulagement. En y réfléchissant, elle se rendit compte que Dieu n'avait pas permis que Sofia lui soit enlevée jusqu'à ce qu'il ait achevé son œuvre dans son propre cœur à elle en changeant son attitude et en la rendant disposée à faire sa volonté, quel qu'en soit le prix.

« Es-tu toujours amoureux de Sofia ? » Le pasteur Dan demanda à Diego lors d'une de ses visites à la Casa Ágape. Diego rougit et hocha la tête, craignant d'être réprimandé pour le comportement rebelle de la jeune femme. Étonnamment, le visage du pasteur s'adoucit. « Alors je pense que ce serait bien si tu venais la voir de temps en temps. Si elle a un ami, quelqu'un qui l'aime, quelqu'un comme toi, cela l'aidera. »

Deux mois après avoir emménagé dans la maison des Del Vecchio, Sofia s'engagea totalement envers Jésus comme son Seigneur. Les frères chrétiens de Casa Agape ont prié pour elle et elle a finalement été complètement délivrée de sa toxicomanie. Diego et Sofia se sont mariés.

Le peuple espagnol avait soif de la Bonne Nouvelle. Des églises furent créées à Cordoue, Séville, Fuengirola, Madrid et de nombreux autres endroits.

CHAPITRE QUATORZE
MIJAS

Lors de l'étude biblique d'un mardi matin, Carole et Barbara, enseignantes à Son École, informèrent le groupe qui était assemblé du grand besoin d'évangélisation à Mijas, la ville où elles vivaient. Bien que 12 000 personnes seulement habitaient le village, plus de 300 000 touristes le visitaient chaque année.

« Des centaines d'anglophones y ont acheté des villas », s'enthousiasmaient les enseignantes. « Et il n'y a aucun témoignage de l'Évangile. Ces gens ont besoin d'entendre parler de Jésus ! »

Au printemps, Barry et Sylviane prirent le bus jusqu'à Mijas, un village blanchi à la chaux perché dans les montagnes surplombant la Méditerranée, à environ une demi-heure de route de Torremolinos. Leur mission était « d'espionner le pays » et d'explorer les possibilités d'évangélisation. Après cela, pendant les deux années suivantes, des équipes évangéliques furent envoyées régulièrement pour témoigner dans la ville touristique pittoresque et y établir des groupes d'étude biblique de maison.

Ce village de montagne s'est avéré être un terrain rocailleux pour l'implantation de la Parole de Dieu. Ironiquement, bien que les premiers chrétiens du premier siècle aient trouvé refuge contre les persécutions dans les grottes autour de Mijas, la région était depuis longtemps devenue un bastion de la tradition « religieuse » plus païenne qu'authentiquement spirituelle. L'opposition contre les nouveaux croyants espagnols était intense. Tout le village se moquait d'eux et des gens étaient même recrutés et payés pour les traquer. Bien qu'un certain nombre d'Espagnols aient finalement été gagnés au Christ, sous cette forte pression, la plupart reculeraient ou entreraient dans la clandestinité.

Finalement, après deux ans de persévérance, la communauté établit une petite église bilingue à Mijas. Ils se rencontraient dans un hangar d'une pièce malheureusement inadéquat. Chaque fois qu'il pleuvait, les fidèles devaient endurer l'eau qui coulait à travers le toit, les laissant humides et froids. Il devenait de plus en plus évident qu'un lieu permanent plus approprié pour une église était désespérément nécessaire.

Finalement, un beau site panoramique surplombant la vaste côte méditerranéenne fut choisi pour être l'emplacement idéal pour un bâtiment d'église. Le coût du terrain semblait cependant astronomique : 11 500 $. En plus de ce montant, le pasteur Dan a estimé que le coût de construction d'un bâtiment d'église, même avec l'aide de bénévoles, serait d'environ 30 000 $ supplémentaires. Croire en Dieu pour qu'il fournisse cette somme énorme demandait une grande épreuve de foi pour la communauté qui était encore un groupe de croyants relativement jeunes.

Lors d'un culte du dimanche matin en février 1979, le pasteur Dan se sentit obligé de parler des besoins financiers pour l'achat de cette propriété. Normalement, il ne demandait jamais d'argent, mais dans ce cas, il estima qu'il devrait demander la totalité du montant. À la fin de son sermon, le Saint-Esprit lui a insufflé les mots *huit pains*. Il se souvint des pains et des poissons que Jésus avait bénis, rompus et multipliés.

« Les huit pains représentent les 800 000 pesetas dont nous avons besoin pour acheter cette propriété », déclara le pasteur Dan à la congrégation. « Chaque pain représente 100 000 pesetas. » Il a alors dirigé l'église dans la prière et a demandé des promesses ou des promesses de donner le montant requis dans un délai d'un mois.

De façon incroyable, en quelques minutes, aussi vite que les cartes de promesses pouvaient être comptées, 800 004 pesetas furent promises. Les touristes de visite dans la congrégation etaient stupéfaits. Une grande partie de l'argent avait été donnée par les jeunes de la communauté qui avaient sacrifié tout ce qu'ils possédaient. C'était l'esprit de sacrifice en action, l'esprit qui avait marqué cette communauté dès sa naissance.

En avril 1979, le pasteur Dan paya 825 000 pesetas en espèces pour la propriété. En préparation des fondations de la nouvelle église, il loua ensuite un bulldozer et la terre déblayée du site remplit 220 énormes camions.

L'église de Mijas a été construite sur un rocher solide. Alors que les jeunes hommes de la communauté émiettaient minutieusement la roche avec leurs pioches, ils constataient souvent que leur travail physique s'accompagnait d'un brisement intérieur de leurs attitudes.

L'une des personnes qui a fait cette découverte était Gordon, vingt-sept ans, un chauffeur de camion coriace et fougueux qui venait de l'Écosse. Le premier jour où il a travaillé sur les fondations de l'église, il a dû creuser un trou d'un mètre carré avec rien d'autre qu'un pic de terrassier. Alors qu'il martelait le rocher, il se retrouva à comparer, par une révélation du Saint-Esprit, le sol dur sous ses pieds avec son propre cœur dur.

Je suppose que le Seigneur essaie de me briser, pensa Gordon dans un éclair soudain de lucidité. *Tout comme j'émiette des morceaux de ce rocher, Il émiette la carapace dure de mon cœur, essayant de pénétrer à l'intérieur...*

Bien que Gordon ait donné sa vie au Seigneur quelques mois auparavant, il y avait beaucoup de mauvaises attitudes auxquelles le Saint-Esprit devait encore s'attaquer. Pour Gordon, cette première année de dur labeur passée à bâtir l'église était allée de pair avec une attitude intérieure qui se faisait plus douce. Pendant douze ans, Gordon avait été chauffeur de camion en Écosse et les cinq dernières années, il avait été accro à la drogue, y compris à la cocaïne, et sa vie avait basculé. Sa relation de longue date avec sa petite amie, Mairi, s'était désintégrée. Après avoir été arrêté pour drogue, il ne voulait rien de plus que s'éloigner de la ville de Dumfries.

C'est à ce moment qu'un ami, qui venait de rentrer de l'Église Communautaire Évangélique de Torremolinos, était passé le voir. Dans l'enthousiasme de sa foi toute neuve, l'ami avait partagé avec empressement son expérience avec Gordon. En moins d'un mois, Gordon avait également accepté le Christ et il était en route pour l'Espagne.

« Je m'arrêterai en chemin pour voir Mairi », avait prévu Gordon. « Je veux lui dire ce qui s'est passé. »

Mairi, 25 ans, enseignait l'anglais dans une école privée à Saragosse, dans le nord de l'Espagne. Lorsque Gordon est arrivée en novembre avec un sac de couchage dans une main et une Bible dans l'autre, elle fut choquée. « C'est juste une autre phase qu'il traverse », se moqua Mairi. « Je vais demander à des amis de le saouler et ça fera sortir de son esprit le christianisme et cette façon ridicule de penser ! »

Mais au lieu de cela, Gordon a persuadé Mairi de l'accompagner à Torremolinos pendant ses vacances de Noël. Dans la communauté, elle a vu le changement dramatique chez George et Lyn et chez d'autres amis de Dumfries et elle a été profondément convaincue. Après une semaine, une Mairi têtue finit par céder et

CHAPITRE QUATORZE: MIJAS

accepta le Seigneur. Cinq jours plus tard, à la fin de ses vacances, elle retourna à Zaragoza mais sans Gordon.

Gordon savait qu'il devait rester dans la communauté. Il n'était chrétien que depuis deux mois et avait déjà repris ses anciennes habitudes. Il s'est rendu compte que s'il devait grandir dans sa foi, il avait besoin soutien et de fraternité, d'enseignement et de formation aux mains d'un groupe solide de croyants. Pendant la première semaine, l'Écossais nerveux, aux cheveux blonds mi-longs et à la barbe rousse, a dormi sur le sol de l'église avec trois autres gars. À sa deuxième semaine, cependant, on avait mis un lit supplémentaire dans le garage de Barbara, et il y dormait avec huit autres jeunes hommes.

Dès le début, Gordon a été impressionné que les dirigeants de la communauté le confrontaient directement à ses problèmes. Il avait toujours pensé que les chrétiens n'étaient que des gens agréables avec de beaux sourires, mais dans cette communauté, ils l'ont corrigé et mis au pied du mur, le tout dans la sincérité de l'amour. Pour la première fois de sa vie, il a été forcé de se regarder honnêtement en face de lui.

Cinq mois plus tard, Mairi a quitté son poste d'enseignante à Saragosse, a pris ses cliques et ses claques et est retournée à Torremolinos. Elle arriva à l'église avec ses valises et frappa à la porte du bureau du pasteur. « Eh bien, voilà, je suis de retour, » annonça Mairi l'air dégagé. « Puis-je rester ici dans la communauté ? »

Le pasteur Dan a étudié la jolie écossaise qu'il avait considérée comme très rebelle et têtue lorsqu'il l'avait rencontrée à Noël. « Eh bien, je ne sais pas si nous vous voulons dans la communauté, » remarqua-t-il avec franchise.

« Quoi ? » Mairi s'exclama sous le choc. « Mais j'ai tout quitté pour venir ici ! » Elle n'arrivait pas à croire que le pasteur pourrait réellement la renvoyer.

« Bon », a cédé le pasteur Dan, « vous pouvez vivre chez Barbara et nous verrons comment ça va marcher. »

Mairi a emménagé donc à The Way Inn et a partagé le studio avec deux autres filles. Au début, elle était terrifiée par l'Anglaise typique de la haute société, avec sa posture droite et ses manières directes. Barbara maintenait un ordre et une discipline stricts dans sa maison. Mairi marchait avec « crainte et tremblement » autour d'elle. Au fil du temps, Barbara a amusé Mairi avec des histoires plein d'humour et peu à peu Mairi se découvrait de plus en plus chaleureuse envers elle.

Au début des années 1980, sur une promenade bordée de palmiers à Malaga, un jeune Suisse du nom de Bernard se balançait paisiblement dans le hamac qu'il avait tendu entre deux palmiers. Une pancarte qu'il avait clouée sur un palmier annonçait en quatre langues : « Hamac à vendre ». De temps en temps, un passant intéressé s'arrêtait pour s'enquérir du prix du grand hamac mexicain. Comme il n'était pas pressé de vendre, Bernard citait un chiffre élevé. Il était content de passer quelques jours à se balancer à l'ombre, passant le temps à gratter sa guitare classique.

« Ah, ça, c'est la vie », soupirait joyeusement Bernard, fier d'avoir su joindre les affaires au plaisir.

Après avoir obtenu son diplôme d'une école de commerce en Suisse, Bernard avait décidé de réaliser ses rêves de voyage autour du monde. Au cours des six derniers mois, il avait voyagé autour de la Méditerranée, passé des mois idylliques à se bronzer dans les îles grecques, à visiter les pyramides d'Égypte et à travailler en Israël. Il avait adoré la liberté que voyager avec un hamac lui offrait : dormir sur les plages, nager et faire ce qu'il voulait.

Pourquoi ne pas démarrer une entreprise de hamacs ? pensa-t-il avec enthousiasme. *Je pourrais voyager en Amérique du Sud et*

CHAPITRE QUATORZE : MIJAS

acheter des hamacs pour dix dollars, puis les revendre en Suisse pour cinquante dollars. Je vais vendre ce hamac puis retourner en Suisse et faire une étude de marché.

Lorsque les affaires à Malaga se sont avérées lentes, Bernard a fait ses valises et a vadrouillé le long de la côte jusqu'à Torremolinos, tout proche. Il a immédiatement trouvé un endroit idéal pour tendre son hamac devant un bar fermé de la rue piétonne principale de San Miguel. Il a accroché son annonce et s'est allongé dans le hamac pour attendre les clients potentiels. En fin d'après-midi, un couple belge de passage a décidé que le hamac serait le complément parfait à leur voilier. Ils se sont mis d'accord sur un prix qu'ils paieraient le lundi suivant.

Heureux de l'arrangement, Bernard a emballé son hamac et s'est promené dans San Miguel où il a acheté un cornet de crème glacée pour célébrer cela. Alors que, tout en haut de la rue, il se reposait sur la borne en pierre et savourait sa glace, une Australienne et un Anglais l'abordèrent.

« Nous sommes de la communauté chrétienne », commença Anita. « Nous avons une soirée musicale ce soir et nous aimerions t'inviter. Il y a beaucoup de chants et de la bonne musique, des guitares... »

« Des guitares ? » L'intérêt de Bernard s'était éveillé.

Lorsque Bernard accepta d'aller à la soirée musicale, Anita lui donna une carte avec un plan menant au Café. Alors que Bernard était toujours assis sur la borne et léchait sa glace, George et Lyn, un couple marié d'Écosse, vinrent lui parler. Plus d'un an auparavant et avant de rejoindre la communauté, ils fabriquaient et vendaient des marionnettes dans la rue.

« Ouais, je sais tout sur la soirée musicale, » grogna Bernard. Il se sentait gêné parce que sa glace coulait sur le côté de son cornet, et aussi parce que le couple lui parlait de Dieu, un sujet avec lequel il ne se sentait pas très à l'aise. « J'y serai », a-t-il dit, coupant court à la conversation.

Lors de la soirée musicale décontractée qui s'est tenue à l'intérieur du Café, Bernard a écouté le chauffeur de camion à la barbe rousse et au fort accent écossais, nommé Gordon, donner son témoignage pour la première fois. Le lendemain matin, Bernard a assisté à une étude biblique à l'église. Le pasteur Dan a parlé du « processus d'élagage » qui a lieu dans la vie d'un chrétien. Bernard ne comprenait pas un mot de ce qu'il disait. À la fin de l'étude, alors que tout le monde partait, Sylviane et deux autres filles se sont mises au piano et ont joué une chanson du répertoire classique. Bernard s'approcha pour écouter.

Sylviane leva les yeux vers le beau jeune brun et sourit. « Tu es chrétien ? » demanda-t-elle en français.

« Non, je ne le suis pas ! » a admis franchement Bernard. Mais sa question lui avait fait comprendre qu'il voulait le devenir.

Lors de la soirée en famille du vendredi à la villa de Barbara, Bernard est devenu convaincu que Dieu était au milieu d'eux. Au début, il avait adopté une attitude supérieure envers ces chrétiens. Il croyait que tous avaient des problèmes profonds comme la toxicomanie ou l'alcoolisme qui les avaient amenés à Christ. Après avoir discuté avec plusieurs personnes, cependant, il s'était rendu compte qu'elles venaient d'horizons très divers, tous différents en âge, en niveau d'études, en nationalité et en expérience. Pourtant, ils avaient tous une chose en commun : ils prétendaient avoir trouvé la vérité.

Il y a quelque chose que je ne comprends pas ici, s'émerveillait Bernard, reconnaissant une certaine paix qui emplissait leur vie. *Je veux ça aussi, moi, mais pas maintenant. Je vais d'abord créer mon entreprise.*

Bernard a décidé d'éviter les chrétiens après cela. Cependant, à la *pension* où il séjournait, le réceptionniste lui demanda de parler à un invité allemand atteint de tuberculose. Apitoyé pour le vieil homme malade, Bernard lui parla de l'église puis accepta de l'accompagner jusqu'à la porte d'entrée. Lorsqu'ils arrivèrent à l'église, Bernard repéra cinq autres Suisses entrant dans la réunion.

Je vais rester jusqu'à la fin de la réunion pour pouvoir leur parler après, décida Bernard. Ironiquement, dans la seconde moitié de la réunion, le vieil Allemand s'était glissé par la porte et Bernard se retrouva seul. À la fin de son message, Barry a demandé : « Qui veut devenir chrétien ? »

Bernard a soigneusement levé son bras à mi-hauteur, coude plié, signifiant qu'il voulait devenir chrétien mais pas tout de suite.

« Quiconque veut recevoir Jésus-Christ ce soir », a poursuivi Barry, « avancez donc ».

Bernard se retrouva à aller vers le devant. Barry a commencé à poser ses mains sur les épaules ou le haut de la tête de ceux qui étaient rassemblés près de l'autel et à prier pour chacun individuellement. Lorsqu'il est arrivé à Bernard, Barry ne dit rien, sauf pour lui donner deux écritures : « *... je ne mettrai pas dehors celui qui vient à moi.* » (Jean 6.37b, LSG) et « *... Si tu confesses de ta bouche le Seigneur Jésus, et si tu crois dans ton coeur que Dieu l'a ressuscité des morts, tu seras sauvé.* » (Romains 10.9, LSG). Lorsque Bernard finit de prier pour accepter le Christ, il savait avec une assurance absolue que Jésus était dans son cœur.

Cette nuit-là, alors qu'il restait éveillé dans son lit, il se demanda ce qu'il devait faire de son hamac. Il devait rencontrer l'acheteur belge le lendemain matin. *Je me suis promis que si je vendais le hamac, je quitterais Torremolinos.*

Il y a un moyen de contourner cela, le Saint-Esprit lui a fait comprendre. *Donne ton hamac. Donne-le à cet homme. De cette façon, tu n'es pas lié par les paroles de ta propre bouche.*

Le lendemain, Bernard se rendit au domicile du Belge. L'homme n'était pas là, alors Bernard laissa le hamac près de la porte avec un tract et un mot expliquant qu'il était devenu chrétien et qu'il l'invitait à l'église.

Pendant les trois mois suivants, Bernard a dormi sur le sol de l'église avec pas moins de douze autres jeunes hommes. La villa de Barbara et le Café étaient pleins à bloc. Pendant la journée, les matelas étaient rangés dans la salle de prière, mais la nuit, les gars les déroulaient et faisaient leurs lits. L'un choisissait de dormir près de l'autel, l'autre sous la croix. Bernard dormait sous l'orgue, et André le Géant, un gaillard d'un mètre quatre-vingt-dix, également originaire de Suisse, dormait dans l'allée, le seul endroit assez grand pour son corps. Parfois, le pasteur Dan arrivait tôt à l'église pour prier, et il devait marcher sur les matelas sur la pointe des pieds en se rendant à son bureau.

Bernard a été sauvé un dimanche, et le mercredi, André le Géant a finalement cédé et a accepté Jésus comme son Sauveur. « Seigneur, prends ma vie ! Prends tout ce que j'ai ! » André pleura sincèrement devant l'église. « Je veux te suivre. » Ce matin-là, après avoir rangé son matelas, André est allé chercher des vêtements dans son sac à dos et a constaté que le sac avait disparu. Toutes ses affaires avaient été volées. « Je suppose que le Seigneur a répondu à ma prière », a ri André jovialement.

En quinze jours, six Suisses romands furent sauvés, quatre autres de plus que Bernard et André. Ce fut le début d'une communauté francophone solide, une qui, finalement, comptera vingt-cinq personnes. Avec le temps, Bernard deviendrait leur pasteur, mais avant que cela ne se produise, le Seigneur opéra un « brisement » en lui, amenant sa volonté à se soumettre complètement à Lui.

Bernard, qui était habitué à une vie facile, vécut les premiers mois à travailler dur à l'église de Mijas et à la ferme d'Alhaurin comme des mois très difficiles. Sur le site de Mijas, il a aidé à monter les murs de l'église, passant des heures sous le soleil brûlant à mélanger le ciment à la main et à aider le pasteur Dan à poser les lourds blocs. À la fin de la journée, il était totalement épuisé.

Le « brisement » principal a cependant eu lieu à la ferme. Là, Bernard devait porter de lourdes caisses chargées de fruits jusqu'au sommet de la colline, labourer le sol, et pousser des brouettes remplies de terre. Bernard, qui avait le dos fragile, trouvait ce travail extrêmement pénible. « Seigneur, je suis prêt à faire ce travail », a-t-il prié. « Mais tu dois me guérir. » Lors du deuxième voyage de Bernard, il a pris la pelle et par la foi a commencé à charger la brouette. Après cela, son dos ne lui a plus fait mal.

Les garçons de Sa Ferme travaillaient dans les champs tôt le matin et souvent tard le soir. Quand il faisait trop sombre pour voir, les garçons voulaient s'arrêter, mais inévitablement Mike apparaissait avec une lampe à gaz et l'accrochait à un arbre. « Voilà, les gars. Allez, continuez. »

Lorsqu'ils devaient s'occuper de l'irrigation, les jeunes hommes devaient faire des quarts de nuit. Toutes les fermes de la région disposaient de six heures chacune pour canaliser l'eau qui coulait de la montagne vers leurs terres. Habituellement, Sa Ferme recevait son approvisionnement en eau la nuit. Après que Mike était informé de l'heure à laquelle attendre leur tour, il réveillait son équipe endormie, y compris un Bernard encore somnolent.

En mars, moins de trois mois après que Bernard fut devenu chrétien, Lyn, l'une des dames qui l'avait invité à la soirée musicale, mourut dans un tragique accident. Sa mort secoua toute la communauté, en particulier son mari, George, et ceux qui l'avaient connue depuis l'Écosse.

Bouleversée par la terrible nouvelle, Barbara réunit dans le salon tous ceux qui séjournaient dans sa villa. « J'ai quelque chose de triste à vous annoncer », commença Barbara, retenant ses larmes et racontant ce qu'elle avait entendu de Rhoda lors d'un appel téléphonique tôt le matin. « Hier soir, après la réunion ici, George et Lyn sont retournés au Café. Alors qu'ils traversaient la route principale, main dans la main, ils ont marqué un moment d'hésitation au milieu de la route. »

Barbara s'éclaircit la gorge et continua, tous les yeux dans la pièce rivés sur elle. « George a tiré Lyn par la main pour traverser avec lui, mais pour une raison quelconque, elle a lâché sa main et il a traversé seul. Alors que Lyn attendait que la voiture à sa droite passe, une voiture à sa gauche l'a heurtée, la projetant directement dans la trajectoire d'une voiture venant en sens inverse. » Barbara s'arrêta jusqu'à ce qu'elle reprenne le contrôle de ses émotions. « Quand George s'est précipité, elle a ouvert les yeux pendant un bref instant pour le regarder, puis elle est morte. »

Tout le monde dans la salle a pleuré. « Le Seigneur doit avoir ses raisons pour lui avoir enlevé la vie », a ajouté Barbara avec consolation. « Une minute, elle est vivante, et la minute d'après, elle est dans les bras de Jésus. »

Cette nuit-là, c'était lors de la réunion de prière du samedi, tout le monde s'assit tranquillement dans l'église. Certains avaient du mal à comprendre pourquoi cette tragédie s'était produite. Puis soudain, George, qui était devant à genoux en prière, a levé les bras en signe d'adoration et a commencé à louer le Seigneur. Là-dessus, l'Esprit de joie a semblé descendre sur le groupe en deuil, et tout le monde a éclaté dans un chant spontané qui s'est élevé vers le Trône Céleste.

« Je vois Lyn debout devant Jésus, » Barry raconta avec douceur la vision qu'il recevait. « Jésus et Lyn sont tous deux vêtus de robes blanches. Jésus tient dans ses mains quelque chose qui ressemble à de délicats arcs-en-ciel constellés de pierres précieuses. C'est absolument magnifique dans ses mains. Il la place maintenant comme une couronne sur la tête de Lyn. Elle s'est inclinée avec

CHAPITRE QUATORZE: MIJAS

révérence, admiration et émerveillement. Puis, d'un geste de la main vers Dieu le Père, le Seigneur Jésus dit : "Père, voici ta fille. Elle est Mon précieux Joyau, Mon Épouse." Jésus présente maintenant Lyn à Dieu le Père. Elle est vêtue de sa robe de justice et porte sa couronne de vie et de victoire. » [41]

Au même moment, le pasteur Dan était chez lui en train de travailler sur son sermon du lendemain pour le service commémoratif pour Lyn. Le Saint-Esprit déposa en lui les paroles d'Étienne telles que rapportées dans Actes 7 :

> « *Mais lui, rempli du Saint-Esprit, leva les yeux au ciel et vit la gloire de Dieu, et Jésus debout à la droite de Dieu. Alors, il s'écria : "Écoutez : je vois le ciel ouvert et le Fils de l'homme debout à la droite de Dieu."* » [42]

Les parents de Lyn se déplacèrent de l'Écosse à Torremolinos en avion pour les funérailles. Ils n'étaient pas chrétiens, mais leurs cœurs furent touchés par le Seigneur pendant le service. Après être retournés en Écosse, ils passèrent devant une église que leur fille les avait souvent exhortés à fréquenter, mais ils avaient toujours trouvé des excuses. Cette fois, cependant, lorsqu'ils passèrent devant cette église, ils purent tous les deux entendre la voix presque audible de Lyn les appelant à y entrer. Ils entrèrent et furent sauvés. Après cela, ils ont ouvert leur maison pour des réunions de jeunes. Lyn avait un jour fait remarquer à des amis de la communauté qu'elle avait deux grands désirs : être plus proche de Jésus et voir ses parents devenir chrétiens. Ses deux prières ont été exaucées.

---

[41] Barry était encouragé à continuer de laisser le Saint-Esprit se manifester dans des visions, des rêves et des révélations du Seigneur à travers les Écritures, selon ce qui est écrit : « *Ce sont des choses que l'œil n'a point vues, que l'oreille n'a point entendues, et qui ne sont point montées au cœur de l'homme, des choses que Dieu a préparées pour ceux qui l'aiment. Dieu nous les a révélées par l'Esprit. Car l'Esprit sonde tout, même les profondeurs de Dieu.* » (1 Corinthiens 2.9-10, LSG).

[42] Actes 7.55–56 (BDS).

En septembre 1981, Barbara quitta l'Espagne pour retourner en Angleterre. Deux ans auparavant, le Seigneur lui avait parlé pendant la nuit : *Je te renvoie dans ton pays, pas seulement pour m'adorer mais pour Me proclamer Seigneur et Roi.*

Barbara mobilisa les membres de la communauté pour repeindre sa villa. « Vous pouvez continuer à vivre ici jusqu'à ce qu'elle soit vendue », a-t-elle dit avec nostalgie aux six filles qui dormaient dans sa maison.

Barbara se sentait triste de quitter ce « refuge » que le Seigneur lui avait donné. Le Way Inn était chargé de souvenirs. Des centaines de jeunes de nombreux pays avaient franchi les portes de sa villa au cours des huit dernières années et elle avait fièrement servi des milliers de repas. Pour Barbara, ces années avaient été riches en dons abondants de Dieu, en de rares moments de chagrin (comme lors des funérailles de Lyn) et en d'innombrables moments de joie, dont sept mariages. Il serait particulièrement difficile de se séparer de certains membres de la communauté avec qui elle avait partagé un lien spécial.

Tout le monde a pleuré en embrassant Barbara et en lui faisant leurs adieux. Ils avaient appris à aimer cette maîtresse au style direct du The Way Inn, maintenant dans la soixantaine, avec ses manières de la haute société et son allure aristocratique. La communauté a reconnu la dette de gratitude qu'elle devait à cette Britannique excentrique pour ses années de service dévoué et de sacrifice. Si Barbara n'avait pas si généreusement ouvert sa propre maison à des hordes d'étrangers et de jeunes débraillés, de nombreux membres de la communauté ne seraient pas là. Elle leur manquerait beaucoup.

CHAPITRE QUATORZE: MIJAS

« Il y a un temps pour tout,
Un temps pour toute chose sous les cieux :
Un temps pour naître,
Et un temps pour mourir ;
Un temps pour planter,
Et un temps pour arracher ce qui a été planté… »[43]

---

[43] Ecclésiaste 3.1–2.

CHAPITRE QUINZE :
LA MAISON SUR LE ROCHER

Alors qu'une équipe d'évangélisation avait été envoyée dans le village de montagne de Mijas, une autre fut dépêchée vers la ville côtière voisine de Fuengirola. Là, sur la place principale, le groupe chrétien a chanté et joué des sketches et mimes de rue. Au printemps 1979, l'équipe de Fuengirola était si fortement impliquée dans l'évangélisation qu'elle y passait six jours par semaine, soit en témoignage de rue, soit en visites de maison en maison.

Le terrain spirituel s'avérait si fertile que le pasteur Dan décida qu'une base devait être créée à Fuengirola. Mo avait aperçu, à la périphérie de la ville, une grande installation abandonnée entourée d'un quart d'hectare de champs envahis par la végétation. Cet ancien restaurant-auberge était dans un état de délabrement affreux et avait besoin d'une énorme quantité de travail pour le rendre presqu'habitable. Dan confia à Mo la charge de cette tâche redoutable.

Lors de la réunion de prière de l'équipe de Fuengirola du mardi après-midi, Mo annonça : « Aujourd'hui, nous n'allons pas prier. Le pasteur Dan et moi avons vu cet endroit abandonné. Nous allons le réclamer pour le Seigneur et nous allons le nettoyer et y emménager. Voici une serpillière et un seau pour toi. Et pour toi, un balai. », déclara Mo, distribuant les effets de nettoyage assortis aux huit membres de l'équipe. « David, prends les cisailles. Tu pourras tailler la haie. »

David, un jeune Anglais et ancien musicien de rock, regarda Mo avec étonnement. « Dis-moi, Mo, c'est bien l'endroit qui se trouve sur la ligne de bus ? »

« Oui, c'est ça. »

« Alléluia ! » s'écria David avec étonnement. « En venant ici alors que je passais devant cet endroit, j'ai eu une forte impression que le Seigneur me disait : "Tu vas tailler la haie qui est là-bas cet après-midi.", et là, tu viens de me passer les cisailles ! »

Dans un acte de foi, le groupe de travail de huit personnes a parcouru la route avec leurs serpillières, leurs seaux et balais jusqu'à la propriété en ruine. Toutes les fenêtres et les portes étaient murées, sauf la porte principale dont le cadenas rouillé avait été brisé depuis longtemps par des vandales. Lorsqu'ils sont entrés dans la maison, l'équipe de travail a regardé autour d'eux avec dégoût. C'était absolument sale. Les vandales avaient vidé tout ce qui avait de la valeur, ne laissant derrière eux que des meubles cassés. La puanteur de l'urine était insupportable. À l'étage, les chambres étaient remplies de terre et de monceaux de gravats. L'air était chargé de nuages de poussière.

« D'accord, commençons », Mo a exhorté l'équipe de travail dont l'enthousiasme avait considérablement diminué après être entré dans le bâtiment désert. Ce premier jour, Mo tua un serpent, mais il s'est bien gardé de ne rien dire sinon les filles auraient couru pendant un kilomètre !

Pendant que les autres frottaient et nettoyaient l'intérieur, David examinait la cour. « C'est une jungle », a-t-il déclaré tristement. « Il me faudrait une machette pour tailler à travers tout ça. »

Pendant que l'équipe nettoyait l'installation abandonnée, le pasteur Dan a finalement retrouvé son propriétaire et a demandé la permission d'occuper les lieux tout en les protégeant ainsi de tout vandalisme. L'homme a accepté de discuter de la demande avec ses quatre frères, copropriétaires de la propriété.

« Je suis désolé », l'homme est revenu dire au pasteur Dan. « Mes frères sont totalement contre le fait que vous viviez dans cet endroit. J'aimerais vous le permettre, mais je ne veux pas me disputer avec mes frères. »

N'acceptant pas la défaite, le pasteur Dan a mobilisé toute la communauté pour prier et jeûner sur l'utilisation de la villa. Ils ont eu un moment de louange et de prière, s'en remettant simplement au Seigneur et lui faisant confiance pour glorifier son nom.

« C'est d'accord », a cédé le propriétaire lorsque Dan l'a recontacté, « vous pouvez rester jusqu'à la fin septembre, mais ensuite vous devez partir. »

La communauté baptisa sa nouvelle demeure *La Casa en La Roca*, ou « La Maison sur le Rocher »[44], se sentant inspirée par le sage constructeur en bâtiments de Matthieu 7. Le bâtiment était immense : vingt et une pièces, dont un salon et une salle à manger, pouvant accueillir une centaine de personnes. Bien que la communauté ait su qu'elle n'aurait le lieu que pour deux petits mois, elle a décidé de le réparer et de tout lui donner de ce qu'elle avait.

Les éléments pour meubler House on the Rock provenaient de diverses sources. Quelqu'un a donné une porte au groupe et quelqu'un d'autre a fait don de trois fauteuils et d'un réchaud à deux feux. Une femme qui tenait une épicerie fine a fait don d'un réfrigérateur, d'un rideau de douche, de serviettes et de housses de siège. Les jeunes ont fouillé dans les tas d'ordures et récupéré

---

[44] The House on the Rock dans le texte. NDT.

un lit, quatre matelas, des radiateurs électriques et, de cette source improbable, une télévision.

Un samedi, alors qu'ils travaillaient dans la maison, une Australienne, dont les enfants fréquentaient Son École, est entrée en courant par la porte d'entrée l'air visiblement affolé. « Je dois vider mon magasin d'occasion avant sept heures ce soir ! Est-ce que l'un d'entre vous pourrait m'aider s'il vous plaît ? »

David a accompagné la dame à son magasin et a aidé à charger tout le contenu de son magasin dans une camionnette de location. Ils ont conduit la camionnette de meubles vers un autre magasin d'occasion à Torreblanca où ils ont été accueillis par une femme élégante vêtue de noir et sirotant un martini. Elle évalua le contenu de la camionnette d'un œil critique.

« Mais, ma chère, celui-là est cassé », déclara la femme l'air méprisant. Elle pointa du doigt un autre meuble. « Et celui-ci a des éraflures. Et oh, je ne voudrais pas de ça dans ma boutique ! » La snob fit la dégoûtée à tout ce qu'il y avait dans la camionnette.

L'Australienne était hérissée de colère. « Eh bien, si vous ne l'aimez pas, je vais le donner ! » Avec défi, elle se tourna vers David. « Vous pouvez tout avoir ! Je préfère vous le donner à vous plutôt que de le vendre à cette femme ! » Outrée que cette femme chic considère ses meubles comme du « rebut », elle sortit en trombe de la boutique et dit au chauffeur de la camionnette : « Amenez-les à la Maison sur le Rocher ! »

Avant la fin de la journée, la Maison sur le Rocher avait acquis trois camionnettes de meubles et d'appareils électro-ménagers pour la somme symbolique de deux-mille-trois-cents pesetas, soit vingt-cinq dollars. Bien que certains d'entre eux, en effet, aient été du rebut, la plupart se sont avérés tout à fait utilisables.

Après trois semaines de dur labeur, la moitié de la Maison sur le Rocher a finalement paru habitable, et David et John y ont emménagé. Ils ont choisi l'une des douze chambres à l'étage et l'ont nettoyée. Ensuite, ils ont acheté une énorme chaîne et un cadenas pour s'enfermer la nuit : ils n'étaient pas désireux de partager leurs quartiers récemment rénovés avec des clochards ou d'autres sinistres étrangers. Après quelques nuits blanches dans une chaleur étouffante, David et John enlevèrent les briques qui barricadaient la fenêtre de leur chambre. Assez rapidement, ils ont non seulement eu une brise rafraîchissante, mais aussi un balcon avec vue.

Les jeunes qui ont finalement vécu à la Maison sur le Rocher devaient voir Dieu subvenir à leurs besoins, parfois de manière miraculeuse. Au cours de la première semaine, David et John ont découvert qu'ils n'avaient que juste assez d'argent pour payer le billet de train jusqu'à la réunion du vendredi soir, mais qu'il ne restait plus rien pour acheter de la nourriture. Ils ont compris qu'à moins que le Seigneur n'intervienne, ils devraient jeûner. D'une certaine manière, ils étaient ravis de voir comment le Seigneur pourvoirait : c'était une occasion de développer leur foi.

Une heure plus tard, un Anglais est venu à leur villa. « Je viens d'aller à Saint Anthony », a déclaré l'homme, faisant allusion à l'école anglaise privée d'à côté, « mais il n'y a personne. Je me demande si quelqu'un de l'école habite ici ? »

John et David secouèrent la tête. « Peut-être que nous pouvons vous aider ? », ont-ils proposé.

« J'ai une lettre d'un avocat espagnol que j'ai besoin de traduire en anglais », a expliqué l'homme.

« Je parle espagnol », a déclaré John. « Je vais vous la traduire. »

Pour ce travail de traduction, l'homme a payé trois cents pesetas, assez pour que les jeunes hommes achètent plusieurs repas. David et John[45] ont célébré et loué le Seigneur pour sa bonté. Ensuite, John est allé se baigner dans la Méditerranée. En revenant

---

[45] John et sa future épouse, Agnès, ouvriront plus tard une antenne dans la ville portuaire stratégique d'Algésiras.

de la plage, il a aperçu dans le caniveau quelque chose enroulée en boule : encore trois-cents pesetas ! Jean et David se sont réjouis de la provision du Seigneur et ont vécu comme des rois pendant les jours suivants.

Au début, la Maison sur le Rocher n'avait pas d'eau courante. Pour les douches, David et John allaient à la plage avec un morceau de savon et utilisaient les douches temporaires qui avaient été installées pour la saison touristique estivale. Malheureusement, toute la plomberie de la maison avaient été arrachée par des vandales. Tout ce qui pouvait être volé avait été volé : toilettes, lavabos, baignoires et réservoirs de récupération d'eau. Des tuyaux dépassaient des murs ; des trous béants et des briques brisées montraient clairement qu'il y avait eu des baignoires.

Se sentant comme Moïse, Mo se promenait dans la maison avec un bâton frappant chaque tuyau, chaque toilette et appareil de plomberie. « Qu'il y ait de l'eau ! » il ordonnait.

Heureusement, un plombier danois s'est porté volontaire pour aider à réparer le système de tuyauterie de la Maison sur le Rocher. Grâce à la fouille des dépotoirs, la communauté avait acquis des éviers et des toilettes. Lorsqu'un bâtiment fut en cours de démolition de l'autre côté de la route, ils reçurent la permission de prendre tout ce qu'il y avait d'utile, y compris une baignoire.

En septembre, alors que la communauté était censée quitter la Maison sur le Rocher, le pasteur Dan offrit un beau jambon fumé de Grenade au propriétaire pour montrer sa reconnaissance. « Nous sommes très reconnaissants de ce que vous avez fait pour nous », lui a dit Dan. « Voulez-vous que nous sortions maintenant ? »

Le propriétaire sourit. « Vous pouvez rester jusqu'en décembre. Si la villa n'est pas vendue d'ici là, je la ferai raser au bulldozer. Comme cela je n'aurai pas à payer d'impôts sur le bâtiment, seulement sur le terrain. »

Cependant, lorsque décembre est arrivé, le propriétaire a permis à la communauté de continuer à vivre dans sa villa. En fait, cet arrangement dura pendant cinq ans encore.

« Les détritus d'un homme sont le trésor d'un autre » devint un slogan populaire dans la communauté. Comme une routine régulière, les membres de la Maison sur le Rocher fouillaient les dépotoirs autour de Fuengirola, récupérant des objets que d'autres considéraient comme sans valeur et les transformant en objets de valeur. Ils avaient classé les décharges d'ordures « de une à cinq étoiles ». Un jour, dans une décharge « cinq étoiles », ils ont trouvé une salle de bain, une table pliante et un double lavabo.

Ils ont également mis en pratique le principe de « ne pas gaspiller pour ne jamais être dans le besoin ». En achetant des provisions en vrac, en maximisant les maisons et les véhicules et en partageant les talents et les compétences, ils ont pu réduire les dépenses inutiles. Les vendeurs du marché local leur donnaient gratuitement des morceaux de jambon, des saucisses, du poisson, du pain et des fruits. Ils sont devenus des as de l'économie en maximisant leurs ressources.

Qu'il s'agisse de trouver des meubles abandonnés, des maisons abandonnées ou même des personnes « abandonnées », la communauté chrétienne recherchait et récupérait ceux que d'autres avaient rejetés ou négligés. Par Jésus-Christ, ils ont restauré pour Sa gloire des vies humaines détruites et ils ont développé leur potentiel inexploité.

Depuis longtemps, les jeunes de La Maison sur le Rocher réclamaient un piano. Un jour, quelqu'un a remarqué une grande pancarte appuyée contre deux pianos dans la cour de l'école Saint-Antony d'à côté : « Prenez-les pour en faire du bois de chauffage ». Après une inspection plus approfondie, les pianos se sont avérés être des épaves irréparables, mais la communauté avait l'espoir de les récupérer.

« Allez, tu peux les réparer, David », s'est mis à l'exhorter un de ses compagnons.

« Tu plaisantes, non ! », répondit David avec mépris. En tant que musicien professionnel, il avait un certain dédain pour les instruments minables qui étaient maintenant entreposés dans la Maison sur le Rocher.

Avant de rejoindre la communauté, David avait travaillé pendant huit ans aux claviers, voyageant avec divers groupes dans toute l'Europe. Alors qu'il se produisait avec son groupe à la base navale américaine de Rota, il était allé à l'église et avait donné sa vie à Christ. Quelques mois plus tard, le pasteur de l'église de Rota et un évangéliste de passage ont invité David à faire le trajet de quatre heures et demie jusqu'à Torremolinos pour voir le pasteur Dan.

Bien que le pasteur Dan était à la ferme d'Alhaurin, les trois visiteurs restèrent à dîner au Café. David contempla le repas devant lui avec incertitude ; cela ressemblait à une bouillie rouge de tomates et de riz. Il picorait poliment dans son assiette, mais, plus tard, il fut reconnaissant que, sur le chemin du retour à Rota, les hommes s'arrêtèrent pour un vrai repas.

« Le Seigneur m'a parlé clairement », dit David aux deux hommes alors qu'ils roulaient. « Je suis censé retourner à Torremolinos et vivre dans la communauté. »

Le pasteur de Rota éclata de rire. « Eh bien, il va falloir t'envoyer des rations de hamburgers et de beurre de cacahuète pour te maintenir en vie ! »

David est retourné dans la communauté chrétienne en octobre. La première chose que le pasteur Dan lui a dit était de se faire couper les cheveux. David n'était pas content car il portait les cheveux longs depuis l'âge de treize ans et toute son identité, en

CHAPITRE QUINZE: LA MAISON SUR LE ROCHER

particulier en tant que membre d'un groupe rock, était liée à son apparence. Mais même s'il détestait se couper les cheveux, David s'est soumis à la suggestion du pasteur.

« Ce n'est pas assez court, » Pasteur Dan fronça les sourcils quand il vit David. « Coupe-les encore plus. »

Un autre domaine dont le Seigneur s'est occupé était la fierté de David dans ses capacités musicales. La première fois qu'il a joué du piano pendant la soirée musicale, le pasteur Dan a pris David à part. « Qu'est-ce que tu crois que tu es en train de faire-là ? Te donner en spectacle ? »

David le regarda avec surprise.

« Cesse de te tortiller », a averti le pasteur. « Tu attires trop l'attention sur toi. »

David était vraiment mystifié. Lorsqu'il jouait dans des groupes, il avait l'habitude de sauter de haut en bas au rythme de la musique, ayant l'air de s'amuser. Il pensait avoir considérablement atténué son jeu de scène, mais apparemment pas assez.

Dois-je simplement rester assis là comme un mannequin? se demanda David, perplexe.

Après cela, David a consciemment essayé de rester assis au piano, ce qui au début lui a donné un air raide, ennuyé et sérieux. Plus tard, en mûrissant, il devint très doué pour diriger une congrégation dans le culte, attirant leur attention sur la présence du Seigneur et non sur lui-même.

Les deux pianos ont pris la poussière pendant de nombreuses années à la Maison sur le Rocher, jusqu'à ce qu'un troisième ait été récupéré dans une école suédoise. Ce dernier instrument était en assez bon état, seuls les marteaux des trois dernières octaves étaient cassés. David a utilisé les pièces du piano en plus mauvais état pour le réparer, puis il a réparé le piano restant. La Maison sur le Rocher possédait maintenant fièrement deux pianos très jouables. Peu de temps après, un pianiste espagnol professionnel a apporté un beau piano à queue moyen à la Maison sur le Rocher. « Puis-je vous laisser mon piano pendant un an ? » demanda-t-il à David avec espoir. « Je n'ai pas d'autre endroit pour le remiser. »

Tandis que David caressait légèrement de ses doigts les touches, se délectant du son parfait du piano à queue, il se sourit à lui-même, citant l'Écriture : « comme n'ayant rien, et nous possédons toutes choses ». [46]

En 1981, lorsque David a demandé la bénédiction du pasteur Dan pour épouser Ullie, le pasteur lui a demandé comment il allait faire vivre son épouse. « Oh, le Seigneur pourvoira », marmonna-t-il, pensant qu'il avait l'air très « spirituel ».

« Pourquoi ne ferais-tu pas la publicité dans le journal local pour tes services d'accordage de piano ? » Le pasteur Dan l'a conseillé de sa manière pratique habituelle. Cette action a eu pour résultat des travaux rémunérés, ce qui a aidé David à subvenir aux besoins d'Ullie et de leur famille grandissante.

Un autre événement important s'est produit à la Maison sur le Rocher. Un jour, alors que le pasteur Dan y partageait un repas avec des membres de la communauté, le Saint-Esprit est tombé sur lui de telle manière qu'il s'est effondré sur la table. Les autres personnes présentes pensaient qu'il faisait une crise cardiaque, mais Dieu lui parlait très clairement, ses paroles résonnant en lui comme le tonnerre : *Je veux que la danse soit ajoutée à Mon culte.* Après cette direction, la communauté a introduit la danse dans les cultes ; pas une danse sauvage, mais une danse gracieuse et chorégraphiée de style hébraïque.

Sur une période de cinq ans, la communauté de la Maison sur le Rocher s'est diversifiée en de nombreux ministères (dont une table de littérature chrétienne, un groupe de théâtre de rue et un

---

[46] 2 Corinthiens 6.10b, LSG

groupe de danse), ainsi qu'en de micro-entreprises qui ont aidé les jeunes à subvenir à leurs besoins. (accordage de piano, reliure, céramique, fabrique d'établis, boulangerie et agriculture). Avant que la Maison sur le Rocher ne soit rasée au bulldozer à l'automne 1984, elle était devenue la maison de vingt-sept membres de la communauté et de près de trois cents animaux : cent cinquante lapins, cent poussins, dix-huit cochons, seize chèvres et une vache.

CHAPITRE SEIZE
L'HÔTEL PANORAMA

« Pasteur, il y a cet hôtel qui est abandonné en plein centre-ville », Anita a informé Dan. Anita, une Australienne vive et enjouée, vivait avec la famille Del Vecchio et aidait à prendre soin de leurs enfants. « Personne n'y habite. Il est dans un état de délabrement total. »

À ce moment-là, la communauté avait repris plusieurs propriétés, les rénovant avec peu d'argent, et y avait emménagé. Dan avait demandé à Anita son avis sur un autre hôtel qui enthousiasmait alors la communauté, mais elle lui fit plutôt considérer l'« Hôtel » Le Panorama. Plus tôt dans l'après-midi, alors qu'elle passait devant cet hôtel vide, elle avait fortement ressenti en elle-même la conviction que *ce site-ci* était pour la communauté et non *l'autre* site. « Je sens vraiment dans mon esprit que le Seigneur est dans tout ça », s'est-elle enthousiasmée. « Il est à nous! »

Le pasteur Dan était habitué à ce que ses « enfants » veuillent faire preuve de foi et revendiquer ceci ou cela pour le Seigneur. Ils étaient tous désireux de grandir dans la foi, mais manquaient souvent du discernement qui ne pouvait provenir que de l'exercice de leurs « muscles » spirituels. Il devait maintenir un équilibre entre encourager les nouveaux croyants et canaliser fermement leur croissance dans la sagesse et le bon jugement.

« Eh bien, peut-être, mais j'en doute. » Cela semblait trop difficile de s'attendre à ce que cet hôtel de six étages situé à seulement cinquante mètres de la principale rue piétonne de la Calle San Miguel, au cœur de Torremolinos, soit disponible. « Je vais y jeter un œil quand même », lui a-t-il promis.

Dan franchit les grilles de fer à l'entrée de l'hôtel abandonné, passa devant une piscine vide, et alla jusqu'à la vaste terrasse. Appuyé contre la balustrade en fer forgé, il inspecta la *playa* (plage) en contre-bas et les lointaines montagnes enneigées de la Sierra Nevada le long de la côte. La terrasse offrait la plus grande vue sur la Méditerranée de tout Torremolinos et était à la hauteur du nom de l'hôtel, « El Panorama ». Il appuya son visage contre les vitres sales de ce qui avait été autrefois son restaurant. Même dans son état sale et négligé, le pasteur pouvait voir que l'hôtel avait du potentiel. C'était certainement dans un endroit idéal, parfait pour atteindre les hordes de touristes et de routards qui passaient pour se rendre à la plage. Dan nota le numéro de téléphone jauni qui était affiché sur la fenêtre.

« Je suis désolé, mais je l'ai vendu il y a longtemps », a déclaré l'ancien propriétaire au pasteur lorsqu'il a composé le numéro. Dan a décidé de ne pas poursuivre l'affaire plus loin.

« Mais je crois vraiment que cet endroit vient du Seigneur », insista Anita avec une conviction inébranlable. En raison de la persévérance sans relâche de la jeune Australienne, Dan a recommencé à contrecœur à rechercher le propriétaire de l'hôtel. Le propriétaire actuel, a découvert Dan, s'est en fait avéré être une association de trois frères. Se sentant stupide, il est passé voir l'un des frères, un homme d'affaires prospère qui possédait plusieurs boutiques de cuir et de vêtements.

CHAPITRE SEIZE: L'HÔTEL PANORAMA

« Nous organisons une conférence nationale », a expliqué le pasteur Dan au propriétaire, qui a rencontré son regard avec froideur. « Les gens viendront de toute l'Espagne, et nous avons besoin d'un endroit pour les loger. »

L'Espagnol le regarda d'un air impassible.

« Si nous pouvions utiliser votre hôtel pour les héberger pendant quelques jours, nous vous en serions très reconnaissants. En échange », a proposé Dan, « nous nettoierions l'endroit pour le remettre en état pour pouvoir y vivre. »

« Non, je ne suis pas intéressé. » L'homme haussa les épaules et commença à se lever, signalant la fin abrupte de la conversation. Mais Dan, qui n'était pas du genre à abandonner sans se battre, ne pouvait pas être renvoyé si facilement; l'attitude d'indifférence du propriétaire l'irritait.

« Cela pourrait être à votre avantage ainsi qu'au nôtre. Nous sommes prêts à passer trois mois à nettoyer votre hôtel, et nous ne l'utiliserons que quelques jours. Nous sommes impliqués dans la réhabilitation des toxicomanes, et beaucoup de personnes qui viennent à cette conférence sont d'anciens toxicomanes. Si vous nous laissez avoir cette installation, ce serait une grande aide pour notre travail. »

« Je suis désolé, » l'interrompit le propriétaire, « mais la réponse est non. »

« Non ? » répéta Dan, soudain en colère d'une indignation « divine ». « Nous sommes là, des gens venant de nombreux pays différents pour aider le peuple espagnol, votre peuple ! Et vous, citoyen espagnol, avec un hôtel vide, vous ne faites rien ! Laissez-nous simplement le réparer et l'utiliser pendant quelques jours, puis nous vous le rendrons. »

L'homme baissa les yeux. L'éclat tonitruant de Dan avait dû toucher sa conscience, car il a marmonné : « Allez voir mon frère. »

Le frère de l'homme s'est avéré être le chef de la compagnie d'électricité. Calmement, Dan expliqua encore une fois pourquoi il voulait l'hôtel.

« Eh bien, tant que ce n'est que pour trois mois, » céda prudemment le frère. « Je vais vous donner un éclairage temporaire, et vous pouvez payer un tarif forfaitaire pour l'électricité. Mais assurez-vous de ne mettre personne dedans, sauf pour ces quelques jours. »

« Nous allons simplement maintenir un personnel réduit pour empêcher les squatteurs d'entrer », a répondu Dan, sachant que cela arrangerait le propriétaire d'avoir des personnes de confiance empêchant les vagabonds d'occuper les lieux. Déjà un squatter avait élu domicile dans cet hôtel vide depuis de nombreux mois.

Avec le consentement du propriétaire, le pasteur Dan a dépêché une équipe de travailleurs pour nettoyer et réparer la propriété négligée. « Pourquoi n'iriez-vous pas vivre à l'hôtel et le réparer ? » suggéra-t-il à Gus, George et Tom.

Après avoir visité les lieux, Gus, qui aurait la charge du câblage électrique et de la plomberie, était consterné. « Cinquante salles de bain ! » gémit-il. Pour l'Australien, la perspective de remettre les cinquante salles de bains de l'hôtel Panorama en état de marche était stupéfiante. De plus, le pasteur Dan l'avait prévenu que tout devait être réglé pour la conférence des pasteurs dans trois mois. Gus secoua la tête avec incrédulité. « Regardez tout le travail ! »

Gus, qui était électricien de métier, était également devenu le plombier de la communauté. Alors qu'il travaillait sur la Maison sur le Rocher et Ebenezer, Gus avait servi d'assistant à un plombier danois et acquis une expérience utile, mais la plupart de ses connaissances avaient été acquises sur le tas et par tâtonnements. Avec une expérience minimale dans la soudure et l'assemblage de tuyaux, Gus est allé de salle de bain en salle de bain dans l'hôtel, essayant de diagnostiquer le problème dans chaque cas. De

CHAPITRE SEIZE: L'HÔTEL PANORAMA

nombreuses toilettes, baignoires et robinets ont dû être remplacés ou manquaient complètement. En fouillant dans toute la ville à la recherche de ces articles sanitaires nécessaires, Gus a trouvé des toilettes et des baignoires en parfait état dans des tas de gravats. À la casse, il a acheté des robinets qui, ironiquement, étaient les originaux que les voleurs avaient volés à l'hôtel et vendus à la casse.

Alors que Gus travaillait sur la plomberie et le câblage de l'hôtel, il se décourageait parfois. En tant qu'électricien, il se sentait raisonnablement confiant de remplacer l'ancien câblage par du neuf, mais la plomberie était un véritable test de persévérance pour lui. Il était souvent confronté à des problèmes qu'il ne savait pas comment les résoudre, mais il savait que le pasteur Dan comptait sur lui pour les résoudre de toute façon.

« On travaille à fond et on déménagera très probablement le mois prochain », a grommelé Gus après une journée particulièrement éprouvante. « On ne peut sûrement pas garder un hôtel au cœur de Torremolinos très longtemps. C'est un terrain immobilier situé dans un endroit exceptionnel ! »

Malgré son manque de foi dans le fait qu'ils seraient autorisés à rester à l'hôtel, Gus a obstinément persisté avec la plomberie. Finalement, quand il eut vérifié et revérifié les tuyaux, Gus ouvrit le débit d'eau, priant avec ferveur pour qu'aucun des tuyaux n'éclate. Les trois jeunes hommes se sont précipités de pièce en pièce à la recherche de fuites, mais étonnamment, ils n'en ont trouvé que quelques-unes.

« Gloire au Seigneur ! » ils ont soupiré avec reconnaissance.

Pour la quatrième conférence annuelle des pasteurs en septembre 1982, la communauté a pu accueillir trois cents personnes dans les locaux nouvellement rénovés. Dans chaque chambre de l'hôtel de six étages, les membres de la communauté avaient empilé autant de lits superposés qu'ils pouvaient, assemblant des lits couchettes à trois étages. Ils avaient récupéré de vieux draps, des lits et des matelas, qui leur avaient été donnés par des hôtels, de la vaisselle, qui venait de restaurants généreux, et des meubles qui venaient des dépotoirs, ramassant tout ce qu'ils pouvaient trouver. Gus, un as de la récupération, avait même réussi à réparer la laveuse et la sécheuse industrielles rouillées de l'hôtel à partir de restes de vieilles machines à laver qu'il avait trouvées. Ainsi, la communauté avait réparé, aménagé et meublé l'hôtel, avec peu d'argent et beaucoup d'ingéniosité.

Beaucoup de temps et de travail avaient été consacrés à la restauration de l'hôtel Panorama, mais comparé au coût exorbitant de louer un local, même pour les quelques jours de la conférence, cela valait la peine. Pendant la conférence, la communauté a nourri quotidiennement plus de 650 personnes autour de tables sur la terrasse panoramique de l'hôtel. Le pasteur Dan était si satisfait des installations de l'hôtel qu'à la fin de la conférence, il a de nouveau abordé le propriétaire. « Nous sommes tellement satisfaits de l'hôtel que nous aimerions continuer à l'utiliser. Est-ce possible ? »

Le propriétaire avait été impressionné par les efforts diligents de la communauté chrétienne. « Je vous donne encore trois mois. »

Une fois les trois mois écoulés, Dan a rendu visite au propriétaire, cette fois avec un gâteau au chocolat sortant du four pour montrer l'appréciation et la gratitude de la communauté.

« D'accord », sourit le propriétaire entre deux bouchées. « Encore trois mois. »

À chaque visite et prolongation ultérieures, une relation très amicale s'est développée entre le pasteur et l'homme d'affaires. Au bout de trois ans, le propriétaire a finalement dit à Dan : « Écoutez, je ne prévois pas que nous utiliserons l'hôtel avant les deux ans et demi à venir. Vous pouvez le garder jusque-là. »

La communauté a gardé l'hôtel Panorama pendant six ans presque gratuitement, ne payant rien pour l'eau et seulement une redevance mensuelle minimale pour l'électricité. Sur place, ils avaient une salle à manger, une cuisine entièrement équipée, une piscine, une école, un supermarché et 280 lits. La communauté a utilisé l'hôtel pour organiser des conférences nationales, pour loger les membres de l'équipe et pour former de nouveaux chrétiens. Dans tout cela, ils ont vu la provision miraculeuse de Dieu.

Comme El Panorama était situé près de la rue piétonne animée de Torremolinos, San Miguel, des milliers de touristes passaient quotidiennement devant en direction de la promenade de la plage en contre-bas. Pour atteindre ces vacanciers, la communauté a ouvert un « Café » où ils offraient rafraîchissements et desserts. Les jeunes ont chanté et témoigné à ceux qui y faisaient un saut.

Surplombant la plage bondée de la célèbre Costa Del Sol en Espagne, un panneau de quinze mètres de long sur la terrasse de l'hôtel Panorama proclamait avec audace aux adorateurs du soleil les paroles ci-dessous : « JESUS A DIT : VOUS DEVEZ NAITRE DE NOUVEAU »[47]. Au cœur de cet endroit où les hédonistes s'adonnaient au plaisir, la communauté évangélique a osé lever l'étendard de Jésus-Christ. C'était le dernier endroit où l'on s'attendait à trouver un témoignage aussi fort, mais « *là où le péché a abondé, la grâce a surabondé* ».[48]

---

[47] Jean 3.7: « *Ne t'étonne pas que je t'aie dit: "il faut que vous naissiez de nouveau."* » (LSG).
[48] Romains 5.20b (LSG).

TROISIÈME PARTIE
DES GRENIERS POUR LA MOISSON

CHAPITRE DIX-SEPT
UNE MERVEILLE GÉODÉSIQUE

Mon Dieu, comment pouvons-nous construire une église qui ne coûtera pas beaucoup d'argent ou qui ne prendra pas beaucoup de temps à construire ? C'était la prière muette constante dans le cœur du pasteur Dan. Le travail parmi les Espagnols se multipliait si rapidement que le besoin d'un grand lieu de réunion devenait critique.

L'église Communautaire Évangélique de Torremolinos était maintenant pleine à craquer avec des Espagnols assis aux fenêtres, débordant par les portes d'entrée et remplissant la salle de prière et la cuisine latérales. Chaque fois que Dan prêchait dans l'église de Malaga, Casa Ágape, il pensait que le sol allait s'effondrer. Deux cent cinquante personnes étaient serrées dans l'espace suffocant. Les fenêtres devaient rester fermées car, sinon, les enfants du quartier jetaient des chaussures, des balles et des tomates à travers.

Il était évident que l'église espagnole était devenue trop grande pour le local de Casa Ágape. Le pasteur Dan a reconnu qu'ils avaient besoin d'un bâtiment plus grand, mais comment pourraient-ils s'en procurer un ? Bien que l'Espagne jouissait désormais d'une plus grande liberté religieuse, le pays n'était toujours pas si ouvert que les écoles ou les salles auraient pu être utilisées régulièrement pour les services religieux. Louer donc un bâtiment n'était pas une considération pratique. La perspective de construire une église similaire à celle de Torremolinos ou de Mijas, avec tout le temps, l'argent et le travail qu'il fallait compter, n'était pas réalisable.

« Nous avons besoin de plus d'espace, mais nous n'avons ni terrain ni argent. » Frustré, Dan revenait sans cesse sur ces réalités.

Le pasteur Dan voulait une structure qui pourrait être érigée par des non-professionnels et être économiquement réalisable. Elle devait être considérée comme temporaire et ne nécessitant donc pas d'honoraires d'architecte ou de permis de construire, choses qui étaient notoirement difficiles à obtenir en Espagne. Elle devait être construite sur un terrain loué et, au cas où la congrégation serait obligée de déménager, être démantelée et remontée à un autre endroit. Il a demandé à Dieu de lui donner une idée pour qu'il puisse construire sans argent, sans constructeurs et sans permis de construire, un pur miracle !

Alors qu'il réfléchissait au problème, Dan a commencé à griffonner sur des bouts de papier. « Comment puis-je construire une structure sans piliers ? » s'est-il demandé, puisant dans toute son expertise en entreprise en bâtiments pour résoudre le problème. Il esquissait diverses plans rudimentaires, mais finissait toujours par jeter les dessins peu satisfaisants à la poubelle.

Un jour, une idée lui vint. Il plia deux feuilles de papier ensemble pour se conformer à l'image qu'il avait dessinée, une image qui ressemblait à une grange allongée. En examinant son modèle en papier, il a commencé à s'enthousiasmer. « Ces brides latérales donneront la résistance structurelle nécessaire », a-t-il calculé en analysant son modèle alors que l'enthousiasme grandissait avec sa découverte. « Maintenant, quel serait le meilleur matériau pour construire ? »

Sa première pensée était pour la fibre de verre. Un membre de sa congrégation possédait une usine de panneaux solaires qui fonctionnait avec ce matériau. Lorsque Dan a rendu visite au jeune homme, le Canadien hollandais l'en a dissuadé. « N'utilisez pas de fibre de verre. C'est très cher et peu pratique. Pourquoi n'essayez-vous pas le fibrociment ? »

Le pasteur Dan et quelques garçons de la communauté ont alors construit un moule et l'ont apporté à une usine pour le faire pulvériser. À l'aide d'un pistolet spécial, du ciment mélangé à des morceaux de fibre de verre a été pulvérisé sur le moule pour donner une couleur mat. Le moule est alors devenu très lourd et encombrant, et il a fallu six hommes pour le soulever. Alors qu'ils tentaient de le soulever, le moule s'est fissuré à cause du poids énorme.

Nullement découragé, Dan a expérimenté toutes sortes de mélanges : n'importe quel type de poudre, de colle ou de pâte qu'il pouvait trouver. En tant que constructeur en bâtiments, Dan connaissait les matériaux nécessaires pour avoir des rapports d'élasticité et de contraction-expansion égaux. Si ces exigences n'étaient pas respectées, la structure se déformerait. Au final, il est revenu à sa vision originelle de la fibre de verre mais renforcée avec de la colle polyester. Au bout de près d'un an, Dan et ses assistants (notamment Helmut, l'Allemand) avaient également conçu de nouveaux moules, surmontant le problème des angles à quatre-vingt-dix degrés par des extrémités amovibles.

Dans une usine qu'ils avaient louée à Málaga, Dan et ses assistants de la communauté ont érigé les deux premières pièces moulées, en les boulonnant ensemble au sommet. Dan était ravi de cette réalisation, jusqu'à ce qu'ils retirent l'échafaudage et que les pièces s'affaissent, les brides se pliant sous le poids. Sans un mot à personne, Dan tourna les pieds et partit. Après près d'un an d'expérimentation épuisante, la modélisation a été un échec total.

Profondément déçu, le pasteur Dan est retourné au bureau de son église et est tombé à genoux. Il ne pouvait prier : son cœur était trop lourd pour former des paroles. Pendant toute une année, il avait été obsédé par une pensée incessante : *quels matériaux puis-je utiliser pour construire ces églises ?* Et maintenant, juste au moment où il pensait qu'ils avaient enfin découvert la bonne combinaison, l'expérimentation avait été un échec désastreux. Alors qu'il s'agenouillait près du canapé, il se souvint soudain d'un sac d'un matériau poudreux ressemblant à de l'amiante, qui traînait sur le sol de l'usine.

Que se passerait-il si cette substance était mélangée à du polyester ? S'est demandé Dan. *Cela renforcerait-il les brides ?*

Le lendemain, Dan se précipita à l'usine et mélangea de la résine de polyester avec la mystérieuse substance poudreuse qu'il avait trouvée dans le sac abandonné. Cela formait une pâte très légère mais volumineuse. Ne perdant pas de temps, mais n'y prêtant pas trop d'attention non plus, Dan a négligemment jeté le mélange sur le moule. Dans les heures qui ont suivi, il revint pour constater que la substance avait durci comme de l'acier.

« Alléluia ! » s'exclama Dan, se réjouissant qu'enfin Dieu l'ait conduit à l'ingrédient clé qui manquait.

En juin 1981, la première église préfabriquée faite d'un mélange insolite de fibre de verre, de colle polyester et de poudre légère a été érigée à Palma del Rio. Il avait une façade en brique et un sol carrelé et pouvait accueillir confortablement 250 personnes. Et cela ne coûta qu'environ 10 000 $! En septembre, la deuxième église préfabriquée a été érigée à Alhaurin El Grande sur le chemin de Sa Ferme, le centre de désintoxication pour hommes. Le Seigneur ajoutait tellement d'âmes à leurs églises espagnoles que le besoin de lieux de réunion plus grands continuait de croître.

Les églises préfabriquées étaient peu coûteuses, rapides et faciles à ériger. Théoriquement, Dan a pensé qu'une église pouvant accueillir deux cents personnes pourrait être moulée à l'usine en deux mois, puis, en deux semaines, érigée sur un terrain loué. Bien

CHAPITRE DIX-SEPT: UNE MERVEILLE GÉODÉSIQUE

que le prix de la construction représentait une fraction du coût d'une église en dur, Dan n'était pas satisfait. Pour réduire les coûts de construction, Dan s'est à nouveau concentré sur la poudre légère. À sept cents pesetas le kilo, c'était un composant très cher.

« Il doit bien y avoir un matériau similaire moins cher », a insisté Dan. Il a demandé à la société qui lui vendait la poudre de demander à ses conseillers scientifiques si une substance équivalente existait.

« Non », la réponse est revenue. « Il n'y a pas de substitut. »

Il y en a un, dit une voix dans l'esprit de Dan, une voix qui ne voulait pas se laisser étouffer. *Trouve-le.*

Dan a contacté un ami à Barcelone qui travaillait dans une entreprise chimique. Miraculeusement, après une recherche méthodique, cette personne a découvert un matériau importé d'Allemagne appelé K-3, un déchet d'une usine métallurgique. Dan a mélangé cette nouvelle substance avec du polyester, et à sa grande surprise et joie, il a trouvé que cela fonctionnait de manière identique à la première substance. Heureusement, cela ne coûtait que cent pesetas : une fraction du coût de l'autre substance !

Dan est devenu encore plus ambitieux. Il avait entendu parler d'un dôme géodésique en Chine que les chrétiens avaient construit, et il a décidé que c'était exactement ce que l'église de Malaga devrait avoir : un dôme géodésique ! Avec son esprit d'artiste, il a esquissé un dôme avec des structures allongées qui sortaient de lui comme des rayons partant du centre d'une roue. Cette structure nécessitait l'assemblage de pièces octogonales, pentagonales et hexagonales.

« Le seul problème, » se demanda un Dan perplexe, c'est : qui peut résoudre les équations mathématiques complexes ? »

Il a confié le problème à Mo qui avait une expérience des ordinateurs. « L'idée est de construire une église pouvant accueillir un millier de personnes, en utilisant un dôme géodésique comme le moyeu d'une roue, et les structures d'église, dont le modèle existait déjà, s'étendant comme des rayons », a déclaré Dan à un Mo surpris. « Je te laisse le soin de travailler les détails mathématiques. »

Avec courage et foi, Mo a entrepris cette tâche extrêmement complexe et difficile. Il avait deux problèmes principaux: le premier était de concevoir la structure des pièces formant la surface du dôme, et le second, de trouver la méthode pour joindre le dôme géodésique à la structure d'église dont on avait déjà le modèle. Il a commencé à expérimenter divers modèles, travaillant seul sur le problème. Enfin, ayant désespérément besoin d'aide et d'inspiration, il s'est tourné vers un autre membre de la communauté, Bob.[49] Il emmena Bob dans son bureau qui était couvert de modèles de dômes en carton de toutes formes et de toutes tailles.

« C'est pour faire quoi, tout cela ? » Les yeux de Bob s'écarquillèrent d'étonnement. C'en était trop pour sa curiosité et cela l'a tellement saisi qu'il s'est engagé à long terme dans le « projet du dôme ».

Mo et Bob, qui se sont avérés posséder des capacités mathématiques étonnantes, ont commencé à calculer sérieusement la construction du dôme, passant des mois penchés sur une calculatrice de poche à se lire à voix haute des chiffres. Enfin, ils ont fabriqué leur premier modèle en fibre de verre. À leur grand désarroi, ils avaient commis de terribles erreurs de calcul. Ils ont prié pour la sagesse du Seigneur et leur deuxième modèle a été un succès. Ils ont érigé la mini structure de près de deux mètres dans le jardin derrière la Maison sur le Rocher, ce qui a fait sensation parmi les habitants de Fuengirola.

Au printemps, Paul, le menuisier de la communauté, a commencé la grande tâche de fabriquer les pré-moules en bois pour ces formes hexagonales et pentagonales insolites. C'était le

---

[49] Bob et sa femme, Julie, finiront par être les pasteurs de l'église de Torremolinos.

cauchemar d'un charpentier car il n'y avait pas un seul angle droit à trouver nulle part. Très vite, les pièces finies ont été envoyées à l'usine pour construire les moules en fibre de verre.

Alors que les pièces du dôme géodésique préfabriqué étaient en train d'être moulées dans l'usine, Dan cherchait une propriété convenable sur laquelle ériger l'église. Il s'est rendu compte qu'une grande partie des terrains des villes espagnoles étaient destinés à des zones vertes telles que des parcs, mais généralement, faute de fonds, ces « zones vertes » finissaient par devenir des dépotoirs.

« Málaga doit avoir des zones comme celles-ci », a expliqué Dan. Il a rédigé une pétition demandant 2 500 mètres carrés pour une église et 6 000 mètres carrés pour un parc, qu'il a présentée au maire de Malaga. Le conseil municipal de Malaga a approuvé son projet d'ériger un bâtiment amovible qui pourrait être utilisé pour des réunions, des mariages et d'autres activités sociales.

Le maire a ordonné à un conseiller de trouver un terrain convenable. Le fonctionnaire, cependant, avait peu d'enthousiasme pour le projet et a glissé la pétition sous une pile de documents officiels. Chaque fois que Dan lui rendait visite pour lui demander s'il avait trouvé une propriété, le fonctionnaire secouait paresseusement la tête. « Revenez le mois prochain », disait-il dans sa meilleure interprétation de *mañana, mañana* (demain). Après que cet échange stérile se fut poursuivi pendant plusieurs mois, Dan a finalement coincé l'homme pour qu'il promette une date précise. « Revenez en septembre », a déclaré le responsable. « Nous aurons une propriété pour vous d'ici là. »

Mais quand Dan s'est présenté au jour indiqué, le fonctionnaire a haussé les épaules. « Désolé, nous n'avons toujours rien trouvé. »

Dan était indigné. Après un an de retard, il a explosé en espagnol et a exprimé sa frustration. Paradoxalement, le fonctionnaire a montré un nouveau respect pour le pasteur en colère. « Allez voir cet homme », lui a-t-il conseillé en lui donnant le nom d'un autre responsable du gouvernement.

Lorsqu'il a rencontré ce fonctionnaire, Dan a demandé à voir les plans de la ville. On avait récemment réorganisé les zones constructibles de Málaga : l'orange indiquait les zones pour les préoccupations sociales et le vert, les zones pour y mettre des parcs. Alors que Dan examinait les plans de la ville, il savait qu'il recherchait l'impossible : une section de terrain délimitée par des zones orange et vertes côte à côte.

« Voilà, c'est ça ! » Dan entoura un point sur la carte avec son crayon. Remarquablement, il avait été zoné exactement comme il l'avait demandé dans la pétition : 2 500 mètres pour les besoins sociaux et 6 000 mètres pour les parcs. C'était aussi le quartier au sujet duquel Dan avait senti que Dieu lui parlait, à seulement cinq minutes à pied de la vieille église, Casa Ágape. L'emplacement était idéal.

« C'est l'endroit ! » déclara-t-il, fermement convaincu que Dieu s'était choisi et réservé cette propriété particulière. Dan a présenté au conseil municipal de Malaga une demande officielle pour ces 9 600 mètres carrés, et elle fut approuvée. L'église serait autorisée à utiliser le terrain à condition qu'elle crée un parc qui comprendrait une aire de jeux et un court de tennis, et qu'elle l'entretienne pendant dix ans.

Alors que la construction du Tabernacle de Malaga commençait, un autre miracle s'est produit. Dan n'avait pas pu obtenir de permis de construire au début car personne n'avait jamais vu une structure comme celle-ci. Mais, sans permis de construire, ils ne pouvaient pas avoir accès à l'électricité ou à l'eau. Dieu a alors accordé à Dan la faveur du directeur de la compagnie d'électricité. Cet homme leur a permis de casser cinquante mètres de trottoir avec un marteau-piqueur pour connecter leurs câbles électriques au courant de la ville. Ils ont

CHAPITRE DIX-SEPT : UNE MERVEILLE GÉODÉSIQUE

obtenu de l'eau de la même manière, par l'intermédiaire d'un conseiller municipal qui voyait d'un œil bienveillant leur travail.

Puis un autre obstacle surgit. Malaga avait été frappée par l'une des pires sécheresses qu'elle ait connues depuis des années, et la nappe phréatique de la ville était très basse. L'eau était sévèrement rationnée. Cela a créé un problème considérable pour les travailleurs bénévoles qui avaient besoin d'une grande quantité d'eau pour mélanger le béton des sols dallés et des terrains de tennis. Sous la direction de John, le paysagiste, les membres de la communauté venaient de planter dans le parc des graines d'herbe, d'arbres et d'arbustes valant des milliers de pesetas. Si ces graines n'étaient pas constamment arrosées, elles dépériraient.

« Si vous utilisez l'eau, nous vous infligerons une amende pouvant aller jusqu'à un million de pesetas ! » a prévenu la police.

« Que pouvons-nous faire ? » a agonisé Dan. « Nous avons désespérément besoin d'eau ! » Comme toujours face à des problèmes impossibles, il s'en remettait au Seigneur. Il sentit comme si on lui disait de commencer à creuser pour trouver de l'eau sur la propriété. « Essayez donc cet endroit là-bas. » Dan a dirigé ses volontaires vers un endroit près du fossé de drainage. Les garçons ont commencé à creuser avec foi, malgré la sécheresse et sans savoir où se trouverait la nappe phréatique.

À moins d'un mètre de profondeur, la terre est devenue humide. À deux mètres, ils ont trouvé de l'eau ! Après avoir creusé un peu plus et installé une pompe en profondeur, ils ont eu assez d'eau pour irriguer le jardin et terminer toute la construction. En fait, ils avaient tellement d'eau qu'ils ont été en mesure de l'acheminer généreusement jusqu'au site de construction d'une école à côté. Les voisins des appartements voisins faisaient la queue avec leurs seaux pour obtenir de l'eau pour faire leur vaisselle et utiliser les chasses d'eau de leurs toilettes. Le partage de leur abondante réserve d'eau naturelle est devenu un formidable témoignage de sa bénédiction pour la communauté environnante.

Les voisins ont regardé avec une fascination émerveillée l'étrange dôme géodésique « venu de l'espace » érigé pièce par pièce. Ils n'avaient rien vu de tel. Chaque pièce préfabriquée a été vissée à la pièce adjacente, laissant les pièces inférieures lâches afin qu'elles puissent être revissées lorsque toutes les pièces ont finalement été assemblées.

Que se passera-t-il lorsque nous arriverons au sommet ? Et si la dernière pièce ne s'emboîte pas ? Dan s'inquiétait, passant de nombreuses nuits blanches à tourner et retourner dans sa tête des scénarios potentiellement désastreux. Il craignait que même si la pièce convenait, son propre poids la tirerait vers le bas.

Pièce par pièce, l'église en forme de dôme a été érigée, jusqu'à ce qu'elle soit enfin prête pour la pose de la couronne. Le cœur en suspens, Dan regarda la dernière pièce être poussée jusqu'au plafond et mise en place. Miraculeusement, cela correspondait parfaitement à l'écart. « Ça va au millimètre près ! » s'exclama-t-il joyeusement.

Après un an d'expérimentation et sept autres mois de travail, *El Tabernáculo*, le grand local de mille places, devenait enfin une réalité. « Nous bâtirons ces églises dans tout le pays ! » Dan s'enthousiasmait, sa vision ne cessant de s'élargir.

En plus de sa forme futuriste inhabituelle, il convient de noter que le Tabernacle de Málaga a été construit en grande partie par des marginaux de la société : anciens toxicomanes, anciens détenus et autres en « marge » de la société normale. Outre les problèmes liés à la casse ou au vol d'outils, le pasteur Dan avait dû relever le défi supplémentaire de travailler avec des personnes qui n'étaient pas habituées au travail manuel. Souvent, il avait retroussé ses manches et leur avait montré la façon correcte de faire les choses.

CHAPITRE DIX-SEPT : UNE MERVEILLE GÉODÉSIQUE

« Voilà comment on utilise une houe. » Le pasteur s'était lancé dans l'œuvre, dirigeant ses ouvriers volontaires par son exemple infatigable. « C'est comme ça qu'on utilise une truelle. » Il prenait alors l'outil des mains d'un ancien héroïnomane complétement perdu, lui montrant patiemment la bonne manière.

Lorsqu'il se sentait frustré à cause de sa main-d'œuvre non qualifiée, Dan devait se rappeler : « Je ne bâtis pas des églises… Je *bâtis* des hommes ! »

Le pasteur Dan était beaucoup plus intéressé à édifier de vrais disciples de Jésus-Christ qu'à édifier des monuments religieux.

Le 30 août 1983, le maire de Malaga et autres dignitaires publiques vinrent inaugurer le nouveau Tabernacle. Alors que le maire tentait de sortir de sa limousine, une foule en colère a bloqué son entrée dans l'établissement, dénonçant férocement la ville pour avoir cédé le terrain à une église protestante. Lorsque Dan a essayé de montrer le parc au maire, la foule s'est mise à vociférer et à lui hurler ses protestations. Malgré les cris et les jurons, cet homme à l'esprit noble, un fervent catholique, a prononcé un excellent discours, leur souhaitant la bienvenue dans la ville.

Le dimanche, au *Tabernáculo* nouvellement inauguré, six cents personnes ont participé à la Table du Seigneur, formant le plus grand service de communion de l'histoire de la nation. Le Tabernacle pouvait accueillir un millier de personnes et était assez grand pour tenir des conférences nationales. Grâce à ces conférences et au puissant ministère des cassettes de Dan, le réveil spirituel s'est répandu dans de nombreuses régions d'Espagne.

Aujourd'hui, le Tabernacle de Málaga occupe un bien immobilier de premier ordre dont la valeur a énormément augmenté. Le conseil municipal entretient le parc, les courts de tennis et l'aire de jeux pour enfants. En plus d'un centre de rééducation, une station RKM est installée dans l'établissement et diffuse la Bonne Nouvelle dans toute la région.

CHAPITRE DIX-HUIT
DES OMBRES

« ... C'est ainsi que la parole du Seigneur croissait en puissance et en force. » (Actes 19.20 Segond, LSG)

Le travail parmi les Espagnols se multipliait à un rythme phénoménal, dépassant de loin la croissance parmi les internationaux. Alors que la communauté internationale avait autrefois fourni « l'échafaudage » nécessaire à l'église espagnole « encore enfant » en les interpellant par leur exemple ardent, les chrétiens espagnols avaient maintenant mûri jusqu'à atteindre « l'âge adulte » spirituel. Ils ont alors volé de leurs propres ailes et ont ouvert de nouvelles actions missionnaires d'évangélisation dans diverses villes du pays. On avait érigé des églises préfabriquées à Palma del Rio et à Alhaurin El Grande sur la route qui mène à Sa Ferme.

En tant que missionnaire, Dan avait toujours travaillé vers son objectif de voir l'église espagnole devenir une église qui se propage, se gouverne et se soutient, le tout par elle-même. Et il voyait maintenant cela se réaliser. La plupart des dirigeants espagnols qui émergeaient avaient été formés par Benito dans le sous-sol de Casa Ágape. Dan avait encouragé ces jeunes hommes à se lancer dans la foi, à diriger des églises et à ouvrir des centres de désintoxication pour toxicomanes.

En 1981, Benito et sa femme ont déménagé dans la ville pittoresque de Grenade, célèbre pour son château mauresque, l'Alhambra. Dans leur petit appartement, ils ont commencé à tenir des réunions informelles, et bientôt leur maison était tellement pleine de monde qu'ils ont été obligés de se réunir dans une salle qu'ils louaient.

En raison de la vision que le pasteur Dan avait transmise aux pasteurs espagnols d'ouvrir des centres de désintoxication dans tout le pays, Benito a commencé à chercher un endroit approprié pour une telle entreprise. Pendant un an et demi, il a cherché en vain, mais pendant cette période de frustration, il s'est toujours senti ramené à un endroit particulier : une usine d'huile d'olive abandonnée. Deux vieilles dames et leur colonie de chats occupaient les lieux. Lorsque ces femmes excentriques ont finalement quitté la propriété, Benito et sa femme ont emménagé, revendiquant l'usine par la foi.

Quelques mois plus tard, le directeur de la banque qui possédait la propriété a contacté Benito. Lorsque Benito a expliqué le but de leur ministère, la réhabilitation des toxicomanes et de ceux qui avaient décroché de la drogue, des gens de Grenade, le directeur de la banque lui a accordé la permission d'occuper le bâtiment aussi longtemps qu'il en aurait besoin.

Benito a appelé son nouveau centre *El Buen Samaritano* (le Bon Samaritain) et a rapidement eu, confiés à ses soins, de nombreux toxicomanes en réhabilitation. Benito et sa femme ont consacré leur temps et leur attention aux besoins de ces toxicomanes, « vivant simplement pour que les autres puissent simplement vivre ». Ils croyaient que les chrétiens sont appelés à se conformer au Christ, non seulement dans leurs attitudes intérieures de cœur, mais aussi dans un style de vie radical dans son expression.

CHAPITRE DIX-HUIT: DES OMBRES

Pendant deux ans et demi, Luis avait reçu une formation dans le sous-sol de Casa Ágape, prenant de plus en plus conscience d'un désir intense de prêcher l'évangile. Il avait toujours présents à l'esprit, les exemples de dévouement du pasteur Dan et de Benito. Il voulait suivre leurs traces pour devenir un serviteur du Seigneur.

Un jour, Luis a été invité à donner son témoignage dans une église des Asturies au nord de l'Espagne. Quand il revint, à sa grande surprise, il avait le fardeau de prier à la fois pour les Asturies et pour une certaine jeune chrétienne qui allait dans cette église. Finalement, il a parlé au pasteur Dan de ce fardeau.

« Je suis sûr que ta place est là-bas », lui a conseillé le pasteur Dan. « Pourquoi n'y vas-tu pas ? »

Luis regarda son pasteur, interloqué. « Comment ? »

« Eh bien, par la foi, bien sûr », sourit le pasteur Dan.

« Mais je n'ai pas d'argent », répondit Luis d'un ton faible.

« Alors demande à ton Père… ton Père céleste. »

Luis a calculé qu'il pourrait vivre pendant trois mois sans aucun salaire. « Si dans trois mois Dieu ne me montre rien dans les Asturies, je reviendrai ici. »

Luis est donc allé à Oviedo, la capitale de la province des Asturies, et a dormi toutes les nuits sur un banc de l'église. Bien qu'il ait commencé à prêcher dans les universités et à montrer des films évangéliques, il ne se passa pas grand-chose. Il était également frustré et fatigué parce qu'il conduisait presque tous les jours trente kilomètres pour rendre visite à sa petite amie dans la ville portuaire de Gijón.

« J'ai entendu dire que tu dormais sur un banc de l'église », lui a dit un jour un frère chrétien qui l'avait abordé.

« *Si. Claro* », a répondu Luis.

« Eh bien, j'ai un appartement dans lequel tu peux vivre. »

« Il se trouve où ? » Luis a demandé l'air intéressé.

« Gijón. »

« Alléluia ! » Luis s'est écrié avec enthousiasme, croyant que la volonté de Dieu avait bien été confirmée. Alors, Luis a déménagé à Gijón et a partagé avec ce même frère son désir d'ouvrir l'appartement aux toxicomanes qui voulaient se libérer de leur toxicomanie.

« J'ai quelque chose de mieux encore, » offrit généreusement l'homme. « J'ai un local dans un immeuble commercial que tu peux aménager et utiliser comme centre de réadaptation. »

Bien qu'il n'y ait pas eu beaucoup de travail de fait parmi les toxicomanes en cet endroit, une église solide est née sur les lieux. Deux ans plus tard, Luis et son groupe de croyants ont déménagé dans un établissement plus grand. La vision d'un centre de désintoxication n'avait pas été oubliée; en fait, elle se faisait plus forte. Luis savait qu'il serait préférable que ce centre soit situé à la campagne, et il gardait toujours un œil attentif à la recherche d'un endroit approprié. Un jour, alors qu'il conduisait, une certaine villa a attiré son attention.

Demande qui en est le propriétaire, le pressa une voix intérieure.

Mais c'est une maison moderne tellement belle, protesta silencieusement Luis. *Personne ne va me la donner.*

Cependant, Luis n'a pas eu la paix jusqu'à ce qu'il recherche le propriétaire. Le propriétaire s'est avéré être un client de l'usine dans laquelle il travaillait. Pour subvenir aux besoins de sa femme et de son enfant, Luis devait travailler des demi-journées. Il connaissait ce client et a décidé de l'aborder.

« Je suis intéressé par cette maison que vous possédez », a commencé Luis. « J'aimerais y mettre des toxicomanes en réadaptation. Envisageriez-vous de me la donner gratuitement ? »

L'homme haussa les épaules. « D'accord. D'accord. »

Luis était abasourdi.

CHAPITRE DIX-HUIT : DES OMBRES

Le rêve de Luis d'un centre de réhabilitation pour toxicomanes s'est réalisé. Il devint très connu dans les Asturies comme le seul centre de rééducation de tout le nord de l'Espagne, de Santander à la Galice. Dans la ferme tranquille loin de l'agitation de la ville, les anciens toxicomanes étaient occupés à des taches et à élever des vaches, des cochons, des poulets et des lapins. En l'espace de deux ans, le centre a accueilli onze jeunes hommes, parmi lesquels quatre qui, et Luis en était convaincu, avaient un désir profond et sincère de servir Dieu.

Lorsque le centre a démarré, Luis a démissionné de son travail à l'usine. Il s'est rendu compte qu'il ne pouvait pas mener de front la responsabilité du travail du centre, le guider à son plein potentiel et occuper un emploi dans le monde, alors par la foi il a donné sa démission. Lorsque le pasteur Dan avait envoyé Luis dans les Asturies, il lui avait donné un conseil empreint de sagesse que Luis n'oublierait jamais : « Lorsque tu reçois un salaire », avait conseillé Dan au jeune pasteur, « tu es alors limité par ce salaire. Mais quand tu vis par la foi, tu peux tout avoir, selon ta foi. »

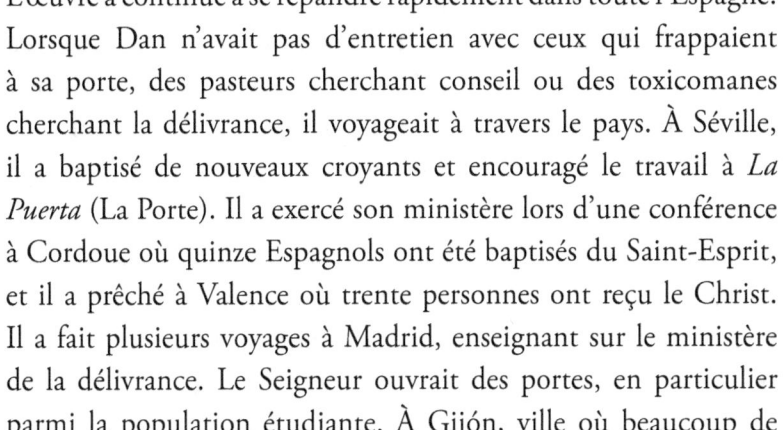

L'œuvre a continué à se répandre rapidement dans toute l'Espagne. Lorsque Dan n'avait pas d'entretien avec ceux qui frappaient à sa porte, des pasteurs cherchant conseil ou des toxicomanes cherchant la délivrance, il voyageait à travers le pays. À Séville, il a baptisé de nouveaux croyants et encouragé le travail à *La Puerta* (La Porte). Il a exercé son ministère lors d'une conférence à Cordoue où quinze Espagnols ont été baptisés du Saint-Esprit, et il a prêché à Valence où trente personnes ont reçu le Christ. Il a fait plusieurs voyages à Madrid, enseignant sur le ministère de la délivrance. Le Seigneur ouvrait des portes, en particulier parmi la population étudiante. À Gijón, ville où beaucoup de Roms avaient faim de Dieu, trois réunions ont eu lieu en une journée. Lorsque « Christ Is the Answer »[50] est arrivé en Espagne avec une tente de deux mille places, les communautés espagnoles ont travaillé avec ce ministère dans de formidables campagnes d'évangélisation à Coín, Alhaurin, Mijas, Fuengirola, Marbella et Malaga. Les réunions de rue, avec théâtre et danse hébraïque, ont attiré de grandes foules tout l'été.[51]

Pendant que Dan visitait les églises espagnoles, d'autres montaient la garde à Torremolinos et dans d'autres villes voisines de la côte. Paul et Janet, parents de la petite Sarah de trois mois, veillaient sur la communauté internationale. Paul (d'Angleterre) et Tom travaillaient dans la salle de radio jusque tard dans la nuit, envoyant plus de cinq mille cassettes par an. Jack, le directeur de « Son École », supervisait quinze enseignants et soixante élèves. À Marbella, Mark et Jeff géraient une petite communauté et un Café dans « The Gospel House », un local prêté gratuitement de manière miraculeuse. Ils organisaient sept réunions d'enfants par semaine dans les rues avec, lors d'une réunion, plus d'une centaine d'enfants et de parents qui vinrent.[52]

En 1982, la communauté internationale avait rénové sept propriétés, dont l'hôtel Panorama de six étages et la luxueuse villa El Pinillo de deux étages et quatre salles de bains. La communauté reprenait des grosses villas abandonnées et les transformait en centres de réhabilitation pour s'occuper des personnes dépendantes de la drogue ou de l'alcool. Dans la mesure du possible, ses membres ont rendu les maisons aux propriétaires en meilleur état que lorsqu'ils les avaient trouvées.

Dan avait contacté les propriétaires d'El Pinillo, qui vivaient au Maroc, et les avait informés que la communauté s'occupait de leur maison, mais ils n'avaient pas répondu. La propriété avait

---

[50] « Christ Est la Réponse » NDT.
[51] Rick Medrington, "La Obra," *The Standard*, janvier 1982, 2.
[52] Medrington, "Community News," *The Standard*, janvier, 1982, 4–5.

CHAPITRE DIX-HUIT: DES OMBRES

un beau jardin et une piscine. Au troisième étage se trouvait un espace semblable à une « chambre haute » où ils pouvaient prier. Bernard était responsable des vingt garçons vivant dans la « Maison du Père », comme ils appelaient cette villa somptueuse. L'immense salon accueillait facilement les réunions « en famille » du vendredi soir.

« Pourquoi ne pas déplacer les gars d'El Pinillo et y mettre les filles ? » Le pasteur Dan a suggéré à Anne-Marie, un jour, au bureau de l'église. Dernièrement, tellement de jeunes femmes étaient arrivées dans la communauté qu'il y avait une grave pénurie de logements pour elles. Ils accueillaient aussi de plus en plus de femmes toxicomanes.

« Nous pourrions avoir un groupe mi-espagnol et mi-international », pensait Dan à haute voix. « La seule question est : qui va diriger une telle maison ? »

Anne-Marie s'arrêta de taper et leva les yeux vers le pasteur. À l'expression de son visage, elle savait à qui il pensait. « Je suppose que c'est moi, » fit-t-elle observer d'un ton sec.

« Eh bien, je ne vois vraiment personne d'autre », a souri le pasteur Dan. « Après tout, vous parlez français, anglais et espagnol. »

À Pâques, Anne-Marie et son équipe de jeunes espagnoles et internationales s'installèrent dans les quartiers luxueux d'El Pinillo, la villa immense et vaste qui était auparavant un élégant restaurant. Rapidement, elles ont accueilli également des toxicomanes et des alcooliques qui voulaient se libérer de leurs habitudes.

Après avoir travaillé toute la journée au bureau de l'église, Anne-Marie devait ensuite faire face aux problèmes qui s'étaient développés pendant la journée à El Pinillo. Les filles se battaient entre elles et elle était souvent appelée à régler leurs différends. Comme si cela ne suffisait pas, elle essayait aussi de passer du temps avec Paul, l'Anglais avec qui elle était fiancée.

L'un des cas les plus difficiles pour tester le leadership d'Anne-Marie était une alcoolique et toxicomane espagnole d'un peu moins de trente ans, Maria Eugenia. Elle a désigné Mara, une Espagnole de Madrid, comme son « ombre », une responsabilité qui impliquait d'être 24 heures sur 24 avec la femme dans le besoin pendant qu'elle souffrait du sevrage. Avec le temps, Maria Eugenia est devenue une croyante chrétienne mature.

À Los Boliches, près de Fuengirola, la communauté avait découvert une autre grande villa abandonnée : la vaste villa Torreblanca au sol en marbre. La villa de Torreblanca appartenait à un fonctionnaire corrompu du gouvernement qui avait fui le pays, laissant tout derrière lui, y compris une voiture dans le garage.[53] La villa était incroyablement luxueuse, avec des salles de bains en marbre massif. Des vandales avaient commencé à le dépouiller, en démontant les portes et les tuyaux en cuivre. Après avoir d'abord informé la famille du propriétaire à Madrid, Dan a acheté des portes d'occasion et installé des serrures. Les voisins qui surveillaient la propriété étaient heureux que les chrétiens nettoient, réparent et occupent la villa.

Au début, Dan a transformé la villa de Torreblanca en maison de retraite pour personnes âgées et a placé le Dr Pablo, un chirurgien cubain, et sa femme, Isabel, une infirmière, en charge. Alors qu'ils attendaient des documents pour entrer aux États-Unis en tant que réfugiés politiques, le pasteur a invité le couple et leurs trois enfants à vivre dans la villa et à s'occuper des personnes âgées. Avec la contribution des pensions de retraite des personnes âgées, la maison de retraite est devenue autonome. Pablo et sa femme ont tous deux reçu le baptême du Saint-Esprit et ont été formés

---

[53] Ironiquement, l'ancien propriétaire avait été le Directeur de l'Information et du Tourisme, ce même département que tant d'hôtels craignaient qu'il ne ferme leurs établissements s'ils autorisaient une église à se réunir dans leurs locaux.

comme de puissants ouvriers pour le Seigneur avant de partir pour l'Amérique.

« Nous allons déplacer les personnes âgées de Torreblanca à l'hôtel Panorama », a déclaré un jour le pasteur Dan à Mara. L'emplacement de la maison de retraite s'était avéré trop éloigné pour les vieilles personnes qui y résidaient car elles souhaitaient s'impliquer davantage dans la communauté. Le pasteur a décidé que ce serait parfait pour les besoins des toxicomanes en rétablissement.

« Nous allons ouvrir un centre de désintoxication pour filles dans la villa Torreblanca », a déclaré le pasteur Dan à Mara, « et je veux que vous en soyez la responsable. »

La jeune Espagnole fut bouleversée d'avoir été choisie pour une telle responsabilité, mais ayant acquis une expérience inestimable en tant qu'« ombre » à El Pinillo, elle releva le défi. Armée d'un balai, d'une serpillière et d'un seau, elle a emménagé seule et a passé une semaine à nettoyer la villa récemment évacuée, avec ses sols en marbre rouge, ses murs en plâtre blanc et ses hauts plafonds avec poutres apparentes. À la fin de la semaine, Mara a reçu une toxicomane de Barcelone qui a emménagé dans les locaux fraîchement nettoyés pour être « suivie par une ombre » pendant qu'elle traversait le difficile processus du sevrage de la drogue.

Au début, Mara était la seule chrétienne de la maison, étant « l'ombre » elle-même de une à quatre jeunes femmes. En juin, Maria Eugenia et Nuri ont emménagé à Torreblanca et Mara était heureuse de leur compagnie et de leur soutien. À présent, Maria Eugenia, une ancienne toxicomane alcoolique et toxicomane, avait tellement mûri spirituellement qu'elle était prête à lutter dans la prière et à être une « ombre » elle-même.[54] Nuri, également ex-toxicomane, vivait dans la communauté depuis un an et tout le monde pensait qu'elle avait été réhabilitée. Hélas, quelques

---

[54] Par la suite, Maria Eugenia devint un pilier de l'église à Antequera.

semaines plus tard, alors qu'elle rendait visite à sa fille, elle fut tentée d'essayer l'héroïne une fois encore et mourut d'une overdose.

Après quelques mois, Torreblanca est devenue un centre de désintoxication qui fonctionnait et une communauté de filles très unies. Se levant à sept heures, tout le monde déjeunait puis assistait à une réunion de prière à huit heures. C'était le point culminant de la journée - un moment de partage, de renouvellement des relations, de prière pour la guérison et de demande de pardon les unes envers les autres. Puis les jeunes femmes s'occupaient de leurs tâches ménagères, cousaient des coussins et des rideaux, peignaient des meubles. Après le déjeuner, elles devaient lire leur Bible pendant une heure et demie, puis terminer leurs taches.

Le Centre de Réhabilitation de Torreblanca s'est agrandi pour accueillir en moyenne dix-huit femmes, y compris des toxicomanes et leurs « ombres ». Alors que certaines toxicomanes ne sont restées que le temps du sevrage, d'autres sont restées pendant des mois, recevant une base solide dans l'Évangile. Idéalement, les toxicomanes étaient encouragées à rester dans la communauté pendant deux ans.

À cette époque, le pasteur de l'église de Fuengirola, Pacha, était aussi le pasteur des femmes de Torreblanca. Tous les dimanches matin et certains soirs, des cultes ont eu lieu dans la villa Torreblanca avec les résidentes et la congrégation espagnole dont les membres ont toujours été utiles et favorables à l'œuvre de réhabilitation. Le salon était immense et pouvait contenir 150 personnes. La communauté a eu l'usage de la villa de Torreblanca pendant six ans.

Il y a eu une jeune femme qui était venue dans la communauté chrétienne pour être libérée de l'esclavage de la dépendance à la drogue. C'était une jeune héroïnomane irlandaise du nom de Leslie…

CHAPITRE DIX-HUIT: DES OMBRES

Dans une villa de Mijas, la jeune fille de vingt-quatre ans était allongée dans son lit, s'injectant de l'héroïne dans les veines. Des marques d'aiguilles marquaient ses coudes, ses poignets et ses chevilles. Quand elle entendit qu'on l'appelait, elle retira l'aiguille de sa main et la jeta frénétiquement avec la cuillère sous le drap. « Entrez, » répondit-elle aussi nonchalamment que possible.

Gene, un ami de la famille, a ouvert la porte. Les yeux inquiets, il étudia la jeune femme décharnée, aux cheveux blonds entortillés en tas sur le dessus de sa tête, la peau d'un jaune maladif dû à l'hépatite. Son regard tomba sur son poignet ; avec horreur, il vit du sang couler de sa veine.

Gene a passé le reste de la journée en état de choc. *Cela n'a rien à voir avec moi*, pensa-t-il. Mais sa conscience ne cessait de le reprendre, *tu dois faire quelque chose* ! En plusieurs fois, sur la route de Coín, il avait remarqué un panneau avec ce message « Aide Aux Toxicomanes », sans savoir qu'il faisait allusion au centre de réadaptation chrétien basé à Sa Ferme à Alhaurin. Maintenant, ce panneau réapparaissait sans cesse dans son esprit. *Peut-être que Leslie pourra y trouver de l'aide*, pensa-t-il avec espoir.

Il est retourné à la villa pour confronter la mère de Leslie à la vérité sur la dépendance de sa fille. « Mais Leslie a décroché de l'héroïne depuis un an », a insisté sa mère avec indignation. Elle n'avait aucune idée que sa fille, bien que malade au lit avec une hépatite, se faufilait hors de la maison la nuit pour acheter la drogue aux gitans[55] du coin.

« Leslie, viens ici ! » ordonna Gene alors que la fille échevelée émergeait de la salle de bain. « Tu continues toujours de te shooter, n'est-ce pas ? »

---

[55] Maintenant appelés Roma, ils forment « un groupe ethnique de personnes traditionnellement itinérantes originaires du nord de l'Inde, mais vivant à l'époque moderne dans le monde entier, principalement en Europe. » (britannica.com/topic/Rom).

« Qu'est-ce que tu veux-tu dire ? » Leslie cherchait à gagner du temps, mais elle savait que sa supercherie était terminée.

« Allons, Leslie, regarde ta main ! » Gene a imploré. « Je peux voir les marques d'aiguille. Elles sont récentes. »

Leslie a éclaté en sanglots, puis sa mère a su que c'était vrai. « Pourquoi ne me l'as-tu pas dit ? »

« Maman, j'ai pleuré toutes les larmes de mon corps pour le dire à quelqu'un, mais personne ne peut rien faire ! » Puis, reprenant ses esprits, Leslie dit. « Il n'y a aucun espoir pour moi, aucun espoir pour les accros à l'héroïne ! »

Après que Gene leur eut parlé du panneau qu'il avait vu près de l'autoroute, Leslie a haussé les épaules. « En ce qui me concerne, je suis une cause perdue. J'attends juste le moment où je mourrai d'une overdose comme tout le monde. »

« Nous devons essayer cet endroit », a insisté sa mère. « Tu ne peux pas baisser les bras ! »

Leslie savait qu'ils étaient tous les deux au courant des nombreuses fois où elle avait sincèrement tenté de se débarrasser de son habitude... et avait échoué. Cet après-midi-là, Gene a contacté le pasteur Del Vecchio.

« Je suis désolé, » soupira le pasteur Dan, « mais nous n'avons pas de place. » Comme Gene, découragé, se retournait pour partir, le pasteur a cédé. « Amenez-la ici ; nous aurons une conversation de toute façon. »

« Allez, habille-toi », a dit Gene, l'air heureux, à Leslie. « Nous allons voir ce pasteur. » Affaiblie par l'hépatite, la jeune toxicomane obéit.

Née à Dublin, Leslie était la dixième de douze enfants et a grandi sur une grande propriété. Après la séparation de ses parents, elle a déménagé avec sa mère en Espagne.

CHAPITRE DIX-HUIT : DES OMBRES

« À l'âge de quatorze ans, j'ai découvert la drogue : le haschich, le speed et l'acide », raconte Leslie. « À seize ans, j'ai goûté à la cocaïne et j'ai quitté l'école. A dix-huit ans, j'ai essayé l'héroïne pour la première fois. Je suis tombée très amoureuse de cet Espagnol, un trafiquant de drogue, et nous sommes tous les deux devenus accros à l'héroïne. Finalement, j'ai déménagé dans les Caraïbes et j'ai travaillé pour une entreprise de création de vêtements et de colliers. On m'a donné un logement gratuit, une voiture gratuite et une toute nouvelle garde-robe tous les trois mois. Il y avait tellement de luxe, mais je n'avais pas la seule chose que je désirais vraiment : l'amour. »

Leslie est retournée en Europe pour chercher « l'amour ». Au lieu de trouver l'amour, cependant, elle a retrouvé l'héroïne. Après avoir vécu plus d'un an avec sa mère à Fuengirola, elle a eu un grave accident de voiture, l'un des six qu'elle a eus en deux ans. Son bassin était écrasé, ses côtes brisées et elle avait une hémorragie interne. Alors qu'elle était allongée sur son lit d'hôpital, elle se demandait si elle remarcherait un jour. Pour la première fois, elle a crié à Dieu, lui demandant de la guérir, et elle a promis que s'il la laissait marcher, elle ne reprendrait plus jamais d'héroïne. Toutefois, après que l'hôpital l'eut laissée sortir, des amis qui prenaient des drogues sont venus rendre visite à Leslie et l'ont shootée.

« Dès que j'ai pu marcher, j'ai jeté mes béquilles et je suis redevenue totalement accro à l'héroïne. Je savais que j'avais fait une promesse à Dieu, mais je savais aussi que par mes propres forces j'étais incapable de la tenir, cette promesse. Cette fois, j'ai vraiment plongé la tête la première dans la destruction. Je m'injectais de l'héroïne dans les veines cinq ou six fois par jour et j'étais accro deux fois plus qu'avant. »

« Je menais une vie complètement double. Le matin, avant même de me laver le visage, je prenais la voiture pour aller chez les gitans et je les réveillais, les suppliant de me fournir de l'héroïne pour ne pas ressentir de manque. Je me souviens de moments où je passais par un grand supplice. Je me sentais vide et je n'avais plus conscience de quoi que ce soit sauf que j'avais besoin de ma dose. C'était comme un désespoir animal de trouver cette drogue et je cherchais partout, et à fond, tout ce qui pouvait être vendu, mis en gage ou échangé contre de la drogue. »

L'habitude de Leslie lui était de plus en plus difficile à cacher et il devenait impossible de payer la quantité d'héroïne qu'elle consommait, même en la volant. Elle était rongée par la culpabilité et la honte.

« Quand j'ai attrapé mon hépatite, j'ai su une fois de plus que la fin était proche et je l'ai voulue de tout mon être, mais mon cœur implorait la délivrance. Pendant que ma mère dormait, je me faufilais hors de la maison et je rampais littéralement vers les gitans pour obtenir de l'héroïne. Je me shootais tout simplement là avec n'importe quelle aiguille que je pouvais trouver, généralement une aiguille cassée dans le tas d'ordures. »

Le pasteur Dan a accepté de prendre Leslie dans la communauté. Il a regardé l'héroïnomane découragée aux cheveux blonds ébouriffés qui lui tombaient dans les yeux et a dit: « Dans trois semaines, tu seras une personne différente. »

Leslie est arrivée à l'hôtel Panorama, le teint rendu jaune par l'hépatite, et si maigre qu'elle pouvait faire rentrer trois pulls dans sa jupe. Elle n'avait que la peau sur les os. Elle partageait une chambre avec Jan, une jeune Anglaise qui devait être son « ombre ».

Pendant les sept premiers jours et les sept premières nuits de sevrage, Leslie n'a pas dormi. Pour ne pas réveiller les autres filles, elle s'asseyait sur le sol de la salle de bain, fumant cigarette sur cigarette et écrivant. Elle ne croyait pas en Dieu, mais elle savait que tout le monde dans la communauté semblait très conscient

CHAPITRE DIX-HUIT: DES OMBRES

de ses besoins. La toxicomane savait que quelque chose était différent, alors elle a commencé à poser des questions aux gens. Leurs témoignages la fascinaient. Tout le monde disait la même chose : elle devait « ouvrir son cœur » à Jésus, mais elle n'avait aucune idée de ce que cela signifiait.

Enfin, la veille de Noël, alors qu'elle était assise sur le sol de la salle de bain, elle s'est écriée : « Oh Jésus, si tu es là, j'ouvre mon cœur. Je l'ouvre de la manière dont on doit l'ouvrir, et je te demande de bien vouloir entrer. S'il te plaît, montre-moi que tu es vivant ! » Leslie sentit un amour qui s'écoulait sur elle et elle sut soudain que Dieu l'aimait.

Pendant les deux premières semaines dans la communauté, Leslie avait pris de la codéine et des somnifères à cause de la douleur atroce dans son dos et de sa hanche et de son genou déformés. Ensuite, le pasteur Dan a ordonné que tous ses médicaments lui soient retirés, expliquant à la jeune fille qu'elle était psychologiquement accro aux pilules. « Maintenant, tu dois prier », lui dit-il.

Cette nuit-là, au lit, Leslie a prié en silence, *Dieu, je suis désolée que tu doives me faire descendre si bas pour obtenir toute mon attention, car maintenant j'ai vraiment besoin de toi. Je suis prête à te laisser me montrer qui tu es vraiment.*

Dans la même seconde, Dieu s'est révélé à Leslie. Il lui a montré l'immensité de sa puissance et de sa gloire, et juste à côté de cela, une petite pilule blanche insignifiante qu'elle avait réclamée à cors et à cris. Leslie était dans une terrible agonie : « Je déteste te menacer, mon Dieu, mais je dois être honnête. Si demain je me réveille avec la douleur, tu sais que je ne pourrai pas rester ici. Je vais m'enfuir et trouver de la drogue et des pilules, parce que je ne peux pas exister sans quelque chose. »

Lorsque Leslie s'est réveillée le lendemain matin, elle a immédiatement su qu'un miracle s'était produit : pour la première fois en trois ans, elle n'avait rien pris pour s'endormir. Sa première pensée a été *Oh, la douleur*, mais ensuite elle a réalisé qu'elle ne ressentait aucune douleur. Elle s'habilla et se fit une tasse de thé, puis elle s'arrêta au milieu de la pièce. Un sourire idiot traversa son visage. « Non, ce n'est pas possible. » Elle se toucha le dos puis leva sa jambe en l'air. « Non, ça ne peut pas être vrai ! »

Leslie fit des allers-retours dans la pièce, étonnée de ne ressentir aucune douleur. En admiration, elle monta les escaliers menant à la terrasse de l'hôtel surplombant la Méditerranée et sauta de joie. Après deux ans à marcher en boitant, l'Irlandaise de vingt-cinq ans pouvait désormais marcher normalement.

Comme le pasteur Dan l'avait prophétisé, trois semaines après avoir vécu dans la communauté, Leslie était en effet une personne différente. Jésus-Christ l'avait libérée de son besoin d'héroïne et de drogue. Il avait commencé un voyage très long mais réel avec elle, un processus de guérison de l'esprit brisé de Leslie, la délivrant de la tristesse, de la honte et du désespoir.

Jésus-Christ libère bien les captifs.

CHAPITRE DIX-NEUF
ANTEQUERA

« Je suis Joseph, votre frère, celui que vous avez vendu à destination de l'Égypte. Maintenant, ne vous tourmentez pas et ne soyez pas fâchés contre vous-mêmes de m'avoir vendu pour que je sois conduit ici, car c'est pour vous sauver la vie que Dieu m'a envoyé ici avant vous. » (Genèse 45.4b–5, Segond 21)

À la fin des années 1970, Dieu, par son Esprit, a fait comprendre à Dan qu'il aurait un ministère en Espagne similaire à celui de Joseph dans la préservation de la vie. Le Seigneur l'avait dit très clairement : *Prépare des greniers pour le temps de famine à venir.* Dan avait considéré cela comme une directive à la fois naturelle et spirituelle. Dans le domaine naturel, il avait encouragé les fermes et les centres de distribution alimentaire afin de nourrir les affamés grâce aux fruits de la terre. Mais il croyait aussi qu'une « famine » spirituelle consistant à ne pas être nourri de la Parole de Dieu arrivait.

Dan a été appelé à former des hommes et des femmes qui seraient fidèles à la Parole de Dieu, qui ne seraient pas séduits par de fausses doctrines ou les idées des hommes. Les « greniers » sont ces hommes et ces femmes qui sont formés et capables de retenir la semence de la Parole pour enseigner aux autres. Les champs sont murs et prêts pour la moisson, mais des nuages d'orage s'amoncellent à l'horizon.

Le pasteur Dan conduisait le long de la route de montagne sinueuse jusqu'à ce qu'il arrive à une vue panoramique surplombant la vallée d'Antequera. Dans la vallée luxuriante en contre-bas, il pouvait voir des kilomètres de terres agricoles fertiles et, au loin, la ville d'Antequera. Depuis de nombreuses années, il croyait que la communauté devait acheter une autre ferme pour en faire un centre de désintoxication. Ils avaient déjà leur premier centre de réhabilitation à Alhaurin el Grande qui était autrefois Son École. Là, les toxicomanes suivaient un programme discipliné, se levant tôt pour s'occuper des animaux de la ferme ou pour travailler dans le verger avec ses douze types d'arbres fruitiers. Dans l'atmosphère paisible de la campagne, entourée de collines et de bosquets en fleurs parfumées, les toxicomanes ont appris à vivre les uns avec les autres et à connaître Dieu. Le matin, ils assistaient à une étude biblique et le soir, ils écoutaient une cassette d'enseignement ou assistaient à une réunion. Beaucoup devinrent chrétiens et, après une période de trois ou quatre mois, devinrent souvent eux-mêmes des « ombres ». Leur foi nouvelle, leur travail quotidien et leur responsabilité, qui allait s'agrandissant, tout cela a servi à promouvoir leur réhabilitation et leur rétablissement.

Dan pensait qu'une ferme plus grande amènerait la communauté un peu plus loin pour atteindre l'objectif de devenir autonome et auto-suffisante. Alors qu'il descendait dans la vallée, il remarqua avec joie que la terre autour de lui semblait en effet prometteuse. Il n'avait pas pensé à regarder autour de la région d'Antequera, mais un membre de la communauté lui avait dit que le Seigneur lui avait donné la vision d'une flèche qui volait de Torremolinos à Antequera.

J'ai une ferme à Antequera. Warwick avait partagé avec le pasteur Dan ce qu'il croyait que le Seigneur lui avait clairement fait comprendre. *Une ferme avec un puits.*

Les membres de la communauté étaient souvent passés par Antequera pour se rendre au Portugal où ils devaient se rendre tous les trois mois pour faire tamponner leur passeport et renouveler leur visa touristique. Dans la foi, le pasteur Dan s'était rendu à Antequera pour voir par lui-même, faisant confiance au Seigneur pour le conduire à la ferme de Son choix. Il s'est arrêté sur l'accotement de la route et a demandé à deux hommes qui travaillaient dans le champ devant une grande ferme laitière. « Connaissez-vous une ferme à vendre par ici ? »

« *Si.* » Ils hochèrent la tête. « Il y en a une juste en bas de la route. Nous allons vous montrer. »

Les deux hommes sont montés dans leur voiture et Dan les a suivis jusqu'à une ferme à deux kilomètres de là. Dan s'étonnait toujours de à quel point les Espagnols étaient gentils et amicaux. Ils faisaient tout leur possible pour l'aider, lui, un parfait inconnu, et ils n'avaient rien à y gagner. Alors qu'il conduisait, le Saint-Esprit est descendu sur Dan avec puissance et il luttait pour retenir ses larmes. Il a entendu la voix intérieure de Dieu : *Mes anges te conduisent.* Dan avait la confirmation claire dans son esprit que Dieu le guidait effectivement vers la ferme exacte qu'il avait préparée pour eux.

Alors que Dan examinait la ferme d'environ dix hectares avec sa grande hacienda[56] blanchie à la chaux et sa cour intérieure fermée, il sentit un enthousiasme grandir dans son esprit. Il pouvait imaginer des toxicomanes travaillant avec leurs mains dans les champs alors qu'ils passaient par l'étape agitée et

---

[56] Bâtiment de ferme.

hyperactive du sevrage de la drogue, ou *mono*, comme l'appellent les Espagnols. Ici, dans la campagne paisible, ils seraient loin des pressions et des tentations de la ville, loin de leurs amis et des dealers drogués. Dan pensait que cette ferme serait parfaite pour faire pousser des cultures et élever des animaux domestiques afin de rendre le centre de désintoxication autonome et de répondre aux besoins alimentaires de la communauté. Antequera elle-même était idéalement située entre les villes de Cordoue, Palma del Rio, Grenade, Malaga et Séville où se trouvaient les autres églises et centres de désintoxication. Dan a noté que le nom de la ferme semblait significatif : *Casería Realenga* voulait dire « appartenant à la couronne ».

La ferme était en ruines. Les bâtiments avaient plus de deux cents ans et il y avait des rats partout. Sans se laisser abattre, Dan a rencontré les quatre propriétaires et a commencé à négocier le prix d'achat. Toutefois, lorsqu'il a réalisé le montant qu'ils demandaient, il était atterré.

« Vingt millions de pesetas ! » Dan gémit. « Où allons-nous trouver l'argent ? » La somme était un chiffre colossal pour la communauté : son plus grand test de foi pour la provision de Dieu à ce jour. Pendant les quatre années suivantes, Dan a gardé, brûlante dans son cœur, la vision de la ferme. Pour lever les fonds nécessaires pour acheter la ferme d'Antequera, Dan a prêché en Angleterre, en Amérique, en Allemagne et en France, et il a reçu huit millions de pesetas en cadeaux et offrandes pour son achat. *Mais ce montant représentait moins de la moitié de ce qui était nécessaire !*

« Rhoda, nous allons devoir vendre notre maison », a conclu Dan. Ce n'était pas une décision facile. Après beaucoup de prières et de questionnement intérieur, Dan et Rhoda étaient parfaitement d'accord sur le fait que l'offrande sacrificielle pour la ferme devait être la maison dans laquelle ils vivaient.

La famille Del Vecchio était reconnaissante pour sa maison de style espagnol à Churriana, avec ses arches, son patio, son jardin et sa vue panoramique. Du côté sud-est, ils pouvaient voir la Méditerranée dans une direction et les montagnes dans l'autre. Ils avaient subdivisé le grand terrain attenant à leur propriété en quatre sections afin de cultiver des arbres fruitiers dans une section et des vignes dans une autre, d'élever des poulets dans la troisième et des veaux dans la quatrième. On avait souvent demandé à Rhoda de choisir entre acheter quelque chose de nouveau pour sa propre famille ou acheter une autre vache pour la communauté, le résultat étant généralement une nouvelle vache !

Pour Rhoda, la décision de vendre leur maison pour aider à payer la ferme de désintoxication d'Antequera avait été un dur combat. Pendant treize ans, elle et Dan avaient vécu dans cette maison, élevant leurs quatre enfants et sept colleys ; elle y était devenue extrêmement attachée. Dan étant si souvent absent pour visiter les églises à travers l'Espagne qui étaient issues de leur ministère qu'elle avait trouvé un certain réconfort dans la sécurité de leur maison. Pour Rhoda en particulier, la perte de leur maison bien-aimée avec ses précieux souvenirs était un sacrifice coûteux.

« Avant de vendre cette maison », a déterminé Rhoda, « il faut qu'on se réunisse encore une fois en tant que famille. »

Rhoda a téléphoné à ses deux enfants aînés qui vivaient maintenant aux États-Unis et leur a demandé de rentrer à la maison l'année suivante. Dan Jr., vingt et un ans, travaillait à New York et n'était pas allé en Espagne depuis deux ans, tandis que Deborah, vingt ans, était en première année dans une université chrétienne du sud. Rhoda avait hâte de les voir tous les deux. Pour elle, la vente de leur maison marquait la fin définitive de leur enfance.

« Ce serait une grande injustice que de vendre leur maison sans les consulter », a supposé Rhoda. « Ils devraient être là pour m'aider à emballer leurs affaires. »

Fin mai, Deborah a surpris ses parents par une visite et a passé un bon moment à rattraper le temps perdu avec sa jeune sœur, Becky, qui vivait toujours à la maison. Une semaine plus tard, Rhoda a entendu un taxi s'arrêter. Une silhouette a fusé à travers la porte et lui a brandi une douzaine de roses rouges au visage. Et, soudainement, elle sentit autour d'elle l'étreinte des bras de Daniel, son fils. Alors que les enfants nettoyaient leurs placards et rangeaient leurs affaires, ils passèrent tous un merveilleux moment à rire et à se remémorer le passé.

Les Del Vecchio vendirent leur maison et, de manière sacrificielle, versèrent au fonds pour acheter la ferme les huit millions de pesetas qu'ils avaient reçus. Ils avaient une grande paix à l'idée d'emménager dans le sous-sol de l'église de Mijas. Située en haut d'une montagne surplombant une vallée en contrebas et la Méditerranée, leur nouvelle demeure offrait une vue spectaculaire, de l'air frais, de la solitude et, mieux encore, une absence de circulation.

En août 1984, le prix de la ferme d'Antequera avait suffisamment baissé pour permettre à Dan de l'acheter en espèces, pour l'équivalent de 100 000 dollars. Les membres de la communauté, qui vivaient déjà avec des budgets réduits, avaient également fait un don sacrificiel à la cause. Dan avait observé que ce ne sont généralement pas les riches qui soutiennent l'œuvre de Dieu mais, le plus souvent, les gens ordinaires, les pauvres même, qui donnent de manière sacrificielle. Ce sont les « petites pièces des veuves »[57] qui forment les plus grandes contributions.

---

[57] Luc 21.1-4 « *Jésus, ayant levé les yeux, vit les riches qui mettaient leurs offrandes dans le tronc. Il vit aussi une pauvre veuve, qui y mettait deux petites pièces. Et il dit: "Je vous le dis en vérité, cette pauvre veuve a mis plus que tous les autres; car c'est de leur superflu que tous ceux-là ont mis des offrandes dans le tronc, mais elle a mis de son nécessaire, tout ce qu'elle avait pour vivre."* » (LSG).

Au cours de la première étape de leur réhabilitation, les toxicomanes étaient admis au centre de réhabilitation communautaire de Sa Ferme à Alhaurin El Grande. Là, ils étaient aidés par ceux qui avaient eux-mêmes été délivrés. Ces « ombres » surveillaient leur sevrage, les soutenaient et intercédaient pour eux dans la prière. Cependant, avant qu'un toxicomane puisse être réintégré avec succès dans la société, une deuxième étape de réadaptation est souvent nécessaire : l'apprentissage d'un savoir-faire ou d'un métier utile. Parce que de nombreux toxicomanes n'avaient pas de formation professionnelle à leur sortie des centres, ils avaient du mal à trouver un emploi. Par expérience, le pasteur Dan avait observé que dans de tels cas, ces jeunes risquaient de retomber dans leurs anciennes habitudes.

Dan envisageait que cette nouvelle ferme à Antequera constituerait la deuxième étape de la réhabilitation des toxicomanes : un lieu où les héroïnomanes pourraient apprendre des métiers et des savoir-faire utiles. Ici, non seulement ils pouvaient acquérir des compétences agricoles, mais aussi d'autres métiers tels que la plomberie, la soudure, la menuiserie, la mécanique et l'électricité.

La ferme d'Antequera est devenue un centre d'activité florissant. Sur la propriété, un puits artésien profond déversait des milliers de litres d'eau claire et froide pour irriguer la terre. Les jeunes de la communauté ont construit un grand réservoir pour retenir l'eau, installé un chauffe-eau solaire et posé une canalisation allant du puits au corps de ferme, sur une distance de plus de sept cents mètres. Au début, ils ont dû utiliser l'ancienne méthode d'inondation pour arroser les champs, mais plus tard, ils ont pu acheter un système d'irrigation moderne. Finalement, l'ancienne ferme a été rénovée et de nouveaux bâtiments ont été construits. Cinquante personnes vivaient à la ferme, certaines avec leur famille.

Le couple écossais, Gordon et Mairi, a déménagé avec leur jeune famille dans la ferme d'Antequera où Gordon a supervisé l'œuvre de réhabilitation. Élever des enfants en Espagne présente des défis particuliers. La naissance de leur fille dans une clinique de Malaga avait été compliquée par un accouchement par le siège, non couvert par leur assurance. Heureusement, le pasteur Dan avait donné un veau à Gordon lorsqu'il s'occupait de la mini-ferme de leur maison, et le jeune père avait vendu ce veau pour payer l'anesthésie. Ils avaient été tenus de fournir toutes leurs propres fournitures médicales pour la naissance, y compris des langes, de l'iode et même une pince pour serrer le cordon ombilical !

Lorsque leur deuxième enfant est né, Mairi était partie cueillir du maïs dans les champs tôt dans la journée. Pour vérifier que son fils en bas âge prenait du poids, Mairi le pesait régulièrement sur la balance à lapins de la ferme. Leur petite fille adorait la ferme et s'asseyait souvent sur une botte de foin, regardant les cochons fouir la terre, les chevreaux donner des coups de tête ou bien son père traire les vaches.

La communauté a installé un dôme géodésique sur la ferme, comme celui érigé pour l'église de Malaga, pour le stockage de la paille. Comme le dôme était fait de panneaux démontables, Dan n'avait pas trop réfléchi à l'endroit où il était placé. Après le montage du local de stockage, un inspecteur des travaux publics a visité la ferme.

« On ne peut rien construire à moins de cinquante mètres du centre de la route », a-t-il dit solennellement à Dan, se référant à un règlement du code du bâtiment.

L'inspecteur a sorti son mètre ruban et a mesuré la distance entre le centre de la route et le dôme de stockage. Il y avait une forte tension dans l'air. S'il s'avérait que la distance à l'emplacement de la structure était inférieure de quelques centimètres à ce qui était légal, ils allaient devoir la démolir. Lorsque l'inspecteur atteignit le dôme, il fut stupéfait de constater qu'il se trouvait exactement à cinquante mètres et deux centimètres du centre de la route ! Poussant un soupir collectif de soulagement, la communauté rendit gloire à Dieu pour ce miracle. Plus tard, ils ont transformé ce dôme de stockage de paille en une église !

Au début, la charge financière du centre de réadaptation d'Antequera était en partie supportée par des allocations du gouvernement qui soutenaient certains des anciens toxicomanes en leur offrant du travail à l'extérieur de la ferme. Un jeune homme, qui travaillait pour la ville et était chargé de monter des scènes et des systèmes de sonorisation pour des groupes de rock, a confié à Dan : « Je n'en peux plus. Je suis obligé de faire trop de choses qui vont à l'encontre de ma conscience. »

Le pasteur n'a pas pu dormir pendant quelques nuits, luttant intérieurement contre cette préoccupation. Même si les allocations du gouvernement aidaient à maintenir la ferme en activité, Dan a pris une décision ferme. Il est allé voir le maire. « Y a-t-il autre chose que ces hommes peuvent faire qui ne salisse pas leur conscience ou qui n'aille pas contre ce qu'ils croient ? »

« Quand ils obtiennent le poste, ils doivent faire tout ce qu'on demande. »

Après cela, Dan a renoncé à s'associer au plan social du gouvernement. La communauté a cherché des idées novatrices de Dieu pour soutenir l'exploitation de la ferme.

« Dieu nous donnera des idées si nous sommes prêts à sortir des sentiers battus et à risquer de faire quelque chose de différent », Dan a encouragé la communauté. Il croyait qu'au lieu de demander de l'argent, ils devraient rechercher des idées novatrices de Dieu.

Des années plus tôt, Dan avait importé des États-Unis des semences de maïs doux pour en faire des cultures. À cette époque, en Espagne, le maïs n'était considéré que comme culture fourragère pour porcs et poulets, impropre à la consommation humaine. Les membres de la communauté avaient vendu le maïs doux aux endroits des rues où il y avait des feux de circulation et des marchands de fruits, l'introduisant progressivement dans les marchés commerciaux. Finalement, Dieu a ouvert les portes des chaînes de supermarchés et des camions réfrigérés sont arrivés pour transporter le maïs vers les centres de distribution nationaux. Le maïs doux est devenu une importante source de revenus annuels pour le soutien financier de la ferme d'Antequera.

Grâce à une offrande de 15 000 $ reçue d'une dame de l'église de Torremolinos, Dan avait acheté dix vaches Holstein « frisonnes » de race pure, importées d'Allemagne, qui étaient de merveilleuses vaches laitières. Le troupeau de la ferme s'est finalement multiplié jusqu'à compter 150 têtes de bétail. Son cheptel était parmi les meilleurs d'Espagne car ses vaches étaient inséminées artificiellement par les taureaux les plus prisés au monde. Cinquante vaches laitières produisaient mille litres de lait par jour. Les bénéfices des ventes de lait ont permis de réduire les énormes dépenses de fonctionnement liées à la gestion du centre de réadaptation. La communauté a « nagé » dans le lait pendant les vingt années suivantes !

Dan visitait fréquemment la ferme d'Antequera pour vérifier que tout fonctionnait bien. Un ex-alcoolique était occupé à rénover les principaux quartiers d'habitation de l'hacienda. Lorsque, au début, Dan avait permis à cet homme de rester, il n'avait aucune idée qu'il était un si bon travailleur en bâtiments. Le pasteur Dan a également été impressionné par un autre Espagnol, un ancien héroïnomane, qui était formé pour prendre en charge l'exploitation quotidienne de la ferme. Il était chargé de la traite, des vaccinations et de l'élevage des vaches. Le pasteur Dan croyait fermement que l'un des moyens de réhabiliter ces toxicomanes était de leur redonner confiance en eux en leur faisant confiance. Au fur et à mesure qu'on leur confiait des responsabilités croissantes, ils ont progressivement appris à se faire confiance et à croire en eux-mêmes.

Les anciens toxicomanes réhabilités ont été de formidables témoins pour les citoyens d'Antequera. Ils ont eu des occasions incroyables de partager leurs témoignages dans les bases militaires, dans des écoles de formation de pilotes à proximité et dans les écoles de la région, témoignant à près de trois mille jeunes âgés de douze à vingt-cinq ans.

Lors de la Conférence des pasteurs de 1985, l'auditorium de neuf cents places du Palacio del Congreso était bondé de participants enthousiastes. Des chrétiens espagnols de tout le pays étaient arrivés à Torremolinos pour un temps d'enseignement et de fraternité. Le pasteur Dan, maintenant dans la cinquantaine, a traversé dignement l'estrade jusqu'à la table d'honneur, suivi de Benito, Felipe, Luis et d'autres pasteurs espagnols qui avaient mûri sous son ministère. Avec une autorité tranquille, il s'adressa à la foule devant lui, prêchant sur la « Gloire de Dieu », le thème de la conférence de cinq jours. Comme toujours, il a mis au défi les chrétiens de se consacrer totalement, à donner leur vie dans un service de tout cœur au Seigneur des Seigneurs.

Vers la fin de la conférence, le pasteur Dan a appelé tous ceux qui avaient été libérés de la toxicomanie depuis six mois ou plus à venir sur la plate-forme. Près de deux cents jeunes ont envahi le devant de l'auditorium au son d'applaudissements assourdissants. La foi en Jésus-Christ avait libéré ces toxicomanes et changé leur vie, et toute la gloire était rendue à Dieu.

Vers la fin des années 1980, le travail en Espagne était passé à quarante-deux églises, diverses missions d'évangélisation et plusieurs centres de désintoxication à travers les nations, impliquant plus de deux mille personnes. L'Église Communautaire Évangélique de Torremolinos des débuts, avec sa congrégation internationale, s'était multipliée en églises sœurs espagnoles à Alhaurin El Grande, Fuengirola, Riogordo, Grenade, Gijon, Séville, Huelva, Vitoria, Palma del Rio, Barcelone et bien sûr Malaga avec son dôme géodésique insolite. Des stations missionnaires avaient poussé à Algésiras, Arroyo de la Miel et Villafranca de los Barros.

Des fermes et des centres de désintoxication avaient été créés à Alhaurin El Grande, Fuengirola (« Torreblanca »), Torremolinos, Malaga, Grenade (« Le Bon Samaritain »), Antequera (« Asociación Remar » appelée plus tard « Asociación Real Rehabilitación de Marginados »), Gijon et Vitoria. Des centres de traitement ont également été ouverts à Barcelone et à Amposta.

Après des années d'opposition et d'intimidation, le pasteur Dan a constaté que son ministère, en particulier parmi les toxicomanes, recevait les faveurs du gouvernement socialiste d'Espagne. La dépendance à l'héroïne était devenue un horrible fléau chez la jeunesse espagnole et les autorités cherchaient désespérément des solutions. Douze sénateurs de Madrid ont visité les centres de traitement chrétiens pendant trois jours et Dan leur a témoigné de l'œuvre de Dieu chez les jeunes. Chaque semaine, on devait refuser des dizaines de toxicomanes des centres de réhabilitation. Il n'y avait tout simplement pas assez d'espace ou de travailleurs pour répondre à la demande écrasante.

Un toxicomane qui était venu à la ferme d'Antequera pour se réadapter était un criminel violent et un trafiquant de drogue. Lui et son frère avaient terrorisé leur ville natale, entrant dans des boîtes de nuit, brisant des bouteilles et poignardant des gens avec des éclats de verre brisés. Pour ses crimes, Antonio aurait dû passer huit ans en prison, mais Dan avait écrit une lettre en sa faveur, demandant la commutation de sa peine. Le tribunal avait accepté de ne pas l'envoyer en prison pendant sa rééducation. Après un mois de vie à la ferme, cependant, Antonio était fatigué de la discipline stricte et voulait partir.

Je vais déclencher une bataille, décida-t-il. *Alors ils me vireront d'ici* !

Avant qu'il ne puisse exécuter son plan, Dan avait remarqué que les dents de devant de l'homme étaient pourries. Le pasteur le prit à part, tendant la main au jeune homme de vingt-trois ans avec un instinct paternel. « Antonio, tu es jeune encore. Il faut qu'on soigne tes dents. Va chez le dentiste. Je paierai tout ce qu'il faut faire. »

Le propre père d'Antonio l'avait abandonné quand il avait cinq ans. Il avait survécu en dormant dans des bâtiments déserts, en vendant de la drogue et en volant. Dan a reconnu que le jeune homme avait besoin non seulement d'une réhabilitation, mais aussi d'une figure paternelle dans sa vie, si importante pour les jeunes hommes et jeunes femmes qui venaient à la ferme.

Après avoir fait l'expérience de cette compassion comme celle d'un père, Antonio a commencé à changer. À la ferme, il a été sauvé et rempli du Saint-Esprit, et plus tard, Dan a célébré son mariage avec Cristina. Antonio est maintenant pasteur d'une église à Huétor, une ville de dix mille habitants, dirigeant l'église qui connaît la croissance la deuxième plus rapide parmi les églises affiliées aux communautés évangéliques d'Espagne.

Le pasteur Dan est tellement encouragé par le fait d'être témoin de la puissance de transformation de Dieu en action et des miracles qu'il accomplit dans la vie des gens. Les dépendants à l'héroïne qui arrivent au centre de réhabilitation d'Antequera, émaciés et affaiblis par des années de dépendance, reprennent des forces physiquement et mentalement à la ferme. Ils apprennent de nouveaux savoir-faire et sont formés pour être des disciples du Christ. Le travail acharné, l'air frais, le soleil et la chaleureuse communion dans l'Esprit renouvellent et réforment des vies brisées.

La ferme est également utilisée chaque année pour des camps de jeunes, des retraites de prière et des retraites de dirigeants, ainsi que pour fournir une église à la communauté et aux habitants de la ville d'Antequera.

La vision de Dan pour la ferme d'Antequera (où la communauté pourrait à la fois être auto-suffisante et fournir de la nourriture en cas de besoin ou de persécution) a inspiré son enseignement révolutionnaire sur « Les Quatre Saisons de l'Église ». Il a enseigné que les églises traversent des cycles ou des saisons. La première saison est le printemps, l'évangélisation ; le second est l'été, la formation de disciples ; et le troisième est l'automne, le travail social. Une fois que les croyants sont devenus des disciples, ils peuvent se lancer dans tous les types de travail social imaginables, servant dans les hôpitaux, les écoles, les prisons, les programmes d'alimentation et les programmes de désintoxication. La quatrième saison est l'hiver : devenir autonome. Les chrétiens formés et engagés forment une formidable force de travail, dotée de toutes sortes de talents et de compétences professionnelles. En ouvrant des entreprises communautaires, une église peut devenir un corps autonome.

Dan trouve vraiment miraculeux la manière dont Dieu bénit une semence (une idée) et la multiplie pour nourrir un monde qui se meure, qui a besoin à la fois de nourriture naturelle et de la Parole de Dieu, le Pain de Vie.[58]

---

[58] « Dieu donne une idée, une semence, et la bénit et la multiplie pour bénir le monde… Il l'utilisera pour nourrir un monde mourant qui a besoin du pain de vie ainsi que des semences naturelles. » (Daniel Del Vecchio, *El Manto de José* , 144–145).

CHAPITRE VINGT
L'ONCTION

« L'esprit du Seigneur, l'Éternel, est sur moi, car l'Éternel m'a oint pour porter de bonnes nouvelles aux malheureux ; il m'a envoyé pour guérir ceux qui ont le coeur brisé, pour proclamer aux captifs la liberté et aux prisonniers la délivrance, pour consoler tous les affligés, pour publier une année de grâce de l'Éternel. » (Ésaïe 61.1-2a, LSG)

En raison de l'augmentation de l'abus de substances et d'alcool en Espagne, la communauté a ouvert neuf centres de réadaptation au fil des années. La plupart des jeunes qui arrivent dans les centres de réadaptation trimballent avec eux une histoire tragique de toxicomanie et d'autres comportements autodestructeurs. Leur retour à la bonne santé comprend un soin porté à leurs besoins spirituels. Ces communautés thérapeutiques ne sont pas seulement destinées au traitement des dépendances, mais aussi à la formation chrétienne et à la formation au ministère. Les centres offrent un foyer dans lequel les principes et les pratiques de la vie chrétienne peuvent être enseignés dans une atmosphère d'amour et où, ceux qui ont abandonné leur vie au Seigneur, peuvent être véritablement transformés en disciples.

En vivant ensemble en communauté, les membres apprennent les disciplines de la vie chrétienne : la prière, la lecture de la Parole, la soumission à l'autorité, l'autodiscipline, la gestion du temps et le zèle. Ils apprennent à être prévenants, à porter les fardeaux les uns des autres, à travailler sans salaire pour l'amour de Dieu et du prochain, et à développer des talents et des vocations. Les attitudes sont corrigées et le caractère chrétien formé. Dans ces centres, la croissance spirituelle peut s'accélérer.

Sous la supervision de leaders expérimentés, les anciens toxicomanes apprennent à entretenir des relations solides et saines. Vivant avec des pères, des mères, des frères et des sœurs spirituels, ils apprennent à s'aimer et à se respecter. C'est un moment vital de préparation pour le mariage et le ministère de même que pour la réconciliation avec les parents biologiques, les conjoints, les frères et sœurs et autres. La sécurité émotionnelle et la stabilité que procure la vie avec des personnes qui se soucient vraiment d'eux sont véritablement transformatrices.

Prendre soin des toxicomanes aux prises avec des besoins émotionnels intenses et des problèmes personnels a poussé la communauté à s'occuper de la personne « entière », répondant au besoin de guérison émotionnelle et de guérison des souvenirs. Beaucoup de ceux qui viennent dans les centres de réadaptation pour obtenir de l'aide ont subi des traumatismes infantiles, notamment des violences verbales et sexuelles.

Dans les premières années de son ministère, le pasteur Dan avait prié pour des guérisons physiques et avait été témoin de nombreux miracles. Après son opération faciale et la naissance de son fils David, une nouvelle direction dans le ministère a commencé à émerger : la guérison émotionnelle. Ce ministère, reçu comme un don, est venu à Dan de manière inattendue, mais il a cru que c'était en quelque sorte lié à la douleur émotionnelle et au traumatisme qu'il avait vécus après son opération et la naissance de son fils trisomique.

Dan s'est rendu compte que, lorsque Jésus a décrit son ministère, il a lu dans Ésaïe 61 : « Il m'a envoyé pour guérir ceux qui ont le coeur brisé, pour proclamer aux captifs la délivrance, et aux aveugles le recouvrement de la vue, pour renvoyer libres les opprimés. » (Luc 4.18b, LSG).

Jésus était venu pour guérir les cœurs brisés. Pour Dan, « le cœur brisé » parlait d'expériences qui brisent le cœur des gens : déceptions dévastatrices, blessures et traumatismes. En tant que pasteur, il a constaté que de nombreuses personnes souffraient de souvenirs d'enfance troublants et de mauvaises relations avec leurs parents, en particulier leurs pères. Ils portaient en eux une douleur profonde. Le ministère de guérison des émotions de Dan semblait tout simplement évoluer de façon naturelle. Un jour, alors qu'il priait avec un membre de la communauté, l'homme est tombé par terre, pleurant et parlant à son père comme s'il était un garçon de sept ans. Il revivait un souvenir d'une époque où son père avait voulu qu'il lutte avec un enfant brutal et tyran d'école et défende ses droits.

« Non, papa, je ne peux pas faire ça ! »

Dan a vu le Saint-Esprit agir sur le jeune homme, révélant d'abord un souvenir traumatisant puis guérissant ce domaine de sa vie. C'était une œuvre souveraine du Seigneur. Dan n'avait rien à voir avec ce qui se passait.

Une autre fois, il a vu le Saint-Esprit venir sur une jeune femme et lui révéler le souvenir blessant de son père la tenant sous un robinet d'eau froide, lui demandant de s'excuser d'avoir menti.

« Non, papa, je n'ai pas menti ! »

« Je ne fermerai pas le robinet tant que tu n'auras pas avoué avoir menti. »

Désormais, Dan avait appris à se tenir à la « place » du père ou de la mère et à prononcer des paroles de guérison : « C'est bon, ma chérie, je te crois. » Le Saint-Esprit a travaillé dans le cœur de cette femme pour guérir son souvenir douloureux.

Pendant qu'il étudiait la Bible, Dan a observé qu'avant que Jésus ne guérisse l'infirme à la piscine de Béthesda, il lui avait d'abord demandé s'il voulait être « guéri ».

« Jésus, l'ayant vu couché, et sachant qu'il était malade depuis longtemps, lui dit : Veux-tu être guéri ? » (Jean 5.6, LSG)

De nombreux pasteurs pensent que lorsque quelqu'un reçoit Jésus-Christ comme son Sauveur, son salut est complet. Mais bien qu'elle renaisse spirituellement, une personne n'est pas nécessairement « guérie » *instantanément* dans son corps physique et dans son âme (son esprit et son cœur), ou guérie de traumatismes passés. La guérison émotionnelle nécessite un ministère spécial. Dan a enseigné à ses pasteurs comment exercer un ministère dans ce domaine, et ceux qui ont vécu dans des communautés associées à son travail en Espagne ont particulièrement compris son importance. La guérison des souvenirs peut commencer par des expériences dès six mois dans l'utérus, lorsque l'être humain en développement reçoit des impressions, telles que des sentiments d'acceptation ou de rejet.

« Quel est votre premier souvenir ? » demandait-il souvent lorsqu'il priait avec un individu. Ensuite, il invitait la présence guérissante du Christ dans cette situation. Lorsqu'il priait avec un groupe, il énumérait parfois les années, en commençant à l'âge de trois ans, puis en continuant d'année en année. Au fur et à mesure qu'ils revenaient en arrière vers des souvenirs douloureux vécus à cette époque, certaines personnes pleuraient, criaient ou devenaient violentes.

Lorsqu'ils exercent un ministère de guérison émotionnelle, les pasteurs peuvent avoir à faire face à des démons qui sont entrés dans la vie d'une personne à cause d'un traumatisme. L'un des noms du diable est Béelzébul[59], ou « Seigneur des mouches ». Là où il y a une blessure à l'âme, les démons peuvent être impliqués comme des « mouches attirées par l'infection ». En plus des réponses émotionnelles normales, des expériences traumatisantes extrêmes peuvent ouvrir la porte d'entrée à des esprits démoniaques, tels qu'un « esprit de peur » ou un « esprit de colère ».

Dan a vu des centaines de personnes délivrées de l'esclavage des mauvais esprits par la puissance du Saint-Esprit au nom de Jésus. Lui-même a dit : « *Mais, si c'est par l'Esprit de Dieu que je chasse les démons, le royaume de Dieu est donc venu vers vous.* » (Matthieu 12.28, LSG). Jésus est venu « *guérissant tous ceux qui étaient sous l'empire du diable, car Dieu était avec lui* » (Actes 10.38b, LSG). Il est venu pour détruire les oeuvres du diable et délivrer les captifs de Satan.

Avec l'expérience, le pasteur Dan et ses pasteurs ont appris à discerner la différence entre la guérison des émotions et l'activité démoniaque. À Madrid, Dan a observé quatre hommes tenant un homme qui agissait comme s'il était possédé par un démon, se cognant la tête contre le sol. Alors que Dan regardait l'agitation, il a discerné que l'homme n'avait pas de démon, mais plutôt un problème émotionnel. Au-dessus du tumulte, Dan a crié à l'oreille de l'homme tourmenté : « Je pardonne à mon père ! Je pardonne à mon père ! »

L'homme est immédiatement devenu paisible et s'est calmé. Dan a découvert que le pardon est d'une importance vitale pour la guérison émotionnelle. Il a écrit un livre sur ce sujet crucial qui est disponible en espagnol.

---

59 Luc 11.15 : Cependant, quelques-uns dirent : « *C'est par Béelzébul, le prince des démons, qu'il chasse les démons.* » (Segond 21)

« Le but de Dieu dans la rédemption n'est pas seulement de nous restaurer dans la communion avec lui-même, mais de restaurer nos personnalités déchues », enseigne Dan. Comme le Bon Samaritain[60] qui a versé de l'huile et du vin sur les blessures du voyageur roué de coups, Dieu a compassion des croyants : le vin du sang de Jésus qui purifie les âmes du péché et l'huile du Saint-Esprit qui les réconforte et les restaure. Comme l'auberge de la parabole de Jésus, l'Église offre un lieu de protection et de réhabilitation. « Le pouvoir de la croix à guérir ne s'arrête pas à la guérison spirituelle de l'homme, mais il doit pénétrer dans le corps et chasser la maladie, de même que dans l'âme et guérir les émotions et les souvenirs. »[61]

« La guérison émotionnelle est-elle scripturaire ? » Dan avait ses propres doutes au début, jusqu'à ce que son attention soit attirée sur un cas clair de guérison des émotions et des souvenirs dans l'Évangile de Jean. Après l'arrestation de Jésus par les autorités et alors qu'il se réchauffait au feu de charbon de bois dans la cour du grand prêtre, Pierre trahit Jésus pour se protéger : « Je ne connais pas cet homme ! » Interrogé à trois reprises, il avait nié être l'un des disciples de Jésus.[62] (Jésus l'avait prévenu qu'avant que le coq ne chante, Pierre le renierait trois fois.)[63] Réalisant ce qu'il avait fait, une vague de culpabilité submergea Pierre.

« Pleurant abondamment, Peter s'enfuit dans la nuit, un homme brisé profondément honteux, profondément blessé par son échec... Et chaque fois qu'il entendait le simple chant d'un coq ou apercevait des gens blottis autour de leurs feux de charbon de bois, il entendait sa propre voix nier et maudire... »[64]

---

[60] Luc 10.30–34.
[61] "The Pastor's Message," *The Standard*, janvier 1982, 6.
[62] Jean 18.15–27.
[63] Jean 13.38.
[64] "The Pastor's Message," *The Standard*, janvier 1982, 6.

CHAPITRE VINGT: L'ONCTION

Après la mort de Jésus, Pierre et quelques-uns des autres disciples sont retournés à la pêche. Au bord de la Galilée, Jésus ressuscité leur apparut alors qu'ils étaient dans leur barque. « *C'est le Seigneur !* » Jean s'est écrié[65]. Pierre se jeta à l'eau et nagea jusqu'au rivage où Jésus se tenait à côté d'un feu de charbon de bois. Dan note qu'un « feu de charbon de bois » n'est mentionné que deux fois dans le Nouveau Testament : ici, et une fois auparavant, à l'extérieur du palais du souverain sacrificateur, où Pierre s'était réchauffé et avait nié connaître Jésus.

« Lorsque Pierre vit le feu et sentit sa chaleur, il fut de nouveau transporté vers la scène qui était si indélébilement gravée dans sa mémoire... Jésus lui demanda trois fois : "M'aimes-tu ?" Jésus lui donnait l'occasion de se racheter. Pour chaque malédiction et reniement cinglant, Jésus retirait de lui une simple confession d'amour. Toute émotion douloureuse était effacée et remplacée par une émotion positive plus profonde et plus puissante. Les blessures ont commencé à guérir, l'horrible souvenir a été apaisé par la belle expérience de la vraie communion avec Jésus vivant.

« Combien d'entre nous peuvent dire que nous n'avons pas de souvenirs qui nous hantent constamment, apportant avec eux de la douleur ou des remords ? ... Nous devons permettre à Jésus de se frayer un chemin dans notre passé. Nous devons l'amener dans les zones douloureuses de nos souvenirs et lui demander, dans la prière, d'être avec nous là-dedans. Peut-être cela nous aidera-t-il à le visualiser se tenant là, souffrant avec nous, ou bien, si c'est nous qui avons infligé la douleur, à le voir nous pardonner à cause de son amour.

« La guérison émotionnelle s'effectue en ayant de fortes émotions d'amour et de pardon, sous la puissance et la direction du Saint-Esprit qui efface les blessures béantes qui ont été laissées dans l'esprit et le cœur. Si, comme c'est souvent le cas, nous avons

---

[65] Jean 21.7.

été meurtris par le rejet, ce que nous devons faire, c'est pardonner et accepter la personne qui nous a rejetés... » [66]

« Quand Jésus nous a dit d'aimer nos ennemis, c'était plus pour nous que pour eux. Lorsque nous sommes disposés à pardonner à ceux qui nous ont jugés, à accepter ceux qui nous ont rejetés et à aimer ceux qui nous ont blessés, Dieu peut commencer à nous guérir émotionnellement. »

« L'une des émotions les plus profondes et les plus destructrices est la culpabilité. Cela ne peut être guéri qu'en connaissant la puissance du sang de Christ pour nous pardonner et nous purifier. Parfois, les conseils d'un chef spirituel sont utiles. Si nous sommes sous la condamnation, nous avons besoin de quelqu'un qui puisse administrer le médicament du réconfort à travers les promesses de la Parole. "Je ne te condamne pas non plus, va et ne pèche plus." »

« Toute guérison découle de la croix car c'est là que la malédiction a été enlevée de l'humanité et placée sur le substitut qui était sans péché... » [67]

Jésus a proclamé : « *Le voleur ne vient que pour dérober, égorger et détruire ; moi, je suis venu afin que les brebis aient la vie et qu'elles soient dans l'abondance.* » [68]

---

[66] "The Pastor's Message," *The Standard*, janvier 1982, 6
[67] "The Pastor's Message," *The Standard*, janvier 1982, 8.
[68] Jean 10.10 (LSG).

CHAPITRE VINGT-ET-UN
L'AMÉRIQUE DU SUD

« La religion pure et sans tache, devant Dieu notre Père, consiste à visiter les orphelins et les veuves dans leurs afflictions, et à se préserver des souillures du monde. » (Jacques 1.27, LSG)

Il y a de nombreuses années, Dieu avait parlé à Dan en Espagne : *Je ferai de toi un père de plusieurs nations*. Dieu ne lui avait pas dit qu'il était déjà père. Il avait dit : « *Je ferai de toi un père.* » Dan a découvert que c'était un processus, parfois déchirant. Au cours de ses décennies de ministère, il a souffert de nombreuses expériences poignantes et des conflits douloureux avec des membres des communautés qu'il a dirigées, et même avec ses propres enfants.

Lorsque David est né trisomique au début des années 1970, Dan avait d'abord eu du mal à l'accepter, mais Dieu lui avait rappelé : « *Quiconque reçoit un petit enfant comme celui-ci en mon nom me reçoit* » (Matthieu 18.5). Ces paroles avaient changé la perspective de Dan. À partir de ce moment, il reçut son fils comme *envoyé du Christ*. Dieu a aidé Dan à ressentir de l'amour et de la compassion pour son propre fils et pour les autres enfants. Chaque enfant est spécial.

Dieu a mis un lourd fardeau sur le cœur de Dan pour les enfants des rues abandonnés, les nécessiteux et les orphelins du monde entier. Dans les années 1960, alors qu'il exerçait son ministère au Mexique, il avait vu des milliers d'enfants dormir dans les rues, utilisant du carton pour les lits et des journaux pour les couvertures. À l'époque, il avait éprouvé une certaine compassion pour eux, mais il ne les avait pas *vus* comme il commençait à les *voir* maintenant.

Le Seigneur a montré à Dan que l'évangile le plus pur est d'aider les veuves et les orphelins. Le Saint-Esprit a gravé Proverbes 31.8-9 (LSG) sur son cœur :

Ouvre ta bouche pour le muet,
Pour la cause de tous les délaissés.
Ouvre ta bouche, juge avec justice,
Et défends le malheureux et l'indigent.

Défendre la cause des malheureux et des indigents est devenu l'appel clair et net de Dan. Il l'a reçu comme un ordre de Dieu de parler pour ceux qui n'ont pas de voix, qui sont incapables de se défendre eux-mêmes. Dans les années 1990, il se passionna pour aider les enfants des rues, son cœur se brisant pour ces gamins démunis. Le Seigneur a ouvert des portes pour s'occuper de ces enfants en Amérique centrale et en Amérique du Sud.

À Buenos Aires, la capitale de l'Argentine, sept mille enfants vivaient dans la rue, perdus et affamés. Dan était consterné de voir des enfants, certains n'ayant que cinq ans, renifler de la colle dans des sacs en plastique et courir comme s'ils étaient fous. Il a vu des enfants manger dans des poubelles, essayant de combler la faim dans leur estomac et le trou béant dans leur cœur. Certains se sont tournés vers la drogue. Personne ne se souciait d'eux. Personne ne les aimait.

CHAPITRE VINGT-ET-UN : L'AMÉRIQUE DU SUD

Le cœur de Dan est devenu lourd d'un fardeau pour ces enfants qui luttaient pour survivre dans la rue et qui etaient désespérés d'oublier leurs problèmes et la terrible douleur dans leur cœur. Ils étaient méprisés, rejetés, abandonnés. Il a découvert qu'ils étaient souvent maltraités, violés et assassinés par des dépravés sexuels. Parfois, notamment en Colombie, ces enfants des rues étaient pourchassés et tués.

Le pasteur Dan a été invité par certains pasteurs à parler à Buenos Aires dans une réunion qu'il n'oubliera jamais. Dan a partagé son fardeau pour les enfants des rues négligés avec 1 200 dirigeants réunis de toute l'Amérique centrale et du Sud. Il a crié à Dieu avec l'une des prières les plus déchirantes de sa vie :

« Oh mon Dieu, fais-leur entendre le cri de ces millions d'enfants qui vivent en danger ! »

L'Esprit du Seigneur est descendu avec puissance sur ces dirigeants. Ils se sont unis dans la prière. Un gémissement s'éleva, puis des sanglots et ce gémissement s'éleva jusqu'au ciel. Le Seigneur a touché le cœur de ces pasteurs et beaucoup sont retournés dans leur pays pour ouvrir des œuvres de miséricorde. À la suite de ce rassemblement, d'autres ministères d'aide aux enfants des rues ont vu le jour, notamment au Brésil.

Des pasteurs de Buenos Aires ont prêté à Dan une ferme pour répondre aux besoins des enfants des rues. Il a fait venir deux jeunes hommes d'Espagne pour aider au ministère et a commencé à accueillir des enfants abandonnés. Ils ne pouvaient pas les emmener directement de la rue à la ferme. Premièrement, ils ont dû passer par une procédure légale. Souvent, cela pouvait prendre un mois à ses avocats pour s'assurer que ces enfants n'avaient pas de foyer. Dan a demandé aux pasteurs de trouver des familles dans leurs églises qui accepteraient d'accueillir un enfant pendant que la paperasse était en cours de traitement. Un pasteur, qui a ensuite rendu visite à Dan en Espagne, a partagé que l'accueil de ces enfants sans abri a transformé son église.

Dan a emmené un garçon de la rue au restaurant pour manger.

« Crois-tu en Dieu ? » lui demanda le jeune garçon, ne sachant pas que Dan était pasteur.

Surpris, Dan a répondu : « Bien sûr. »

« S'il n'y avait pas eu Dieu, je serais déjà mort », confia sobrement le garçon.

Dan n'était que trop conscient que ces enfants des rues étaient voués à une mort précoce. Très peu d'entre eux vivaient au-delà de l'âge de quinze ans. La nuit, ils dormaient dans des lieux publics comme des gares routières ou ferroviaires pour des raisons de sécurité. En Argentine, ils ne sont pas tués par la police, mais par des prédateurs sexuels.

Finalement, Dan a acheté en Argentine une belle ferme de dix hectares environ et a construit une maison pour les garçons de la rue. Pendant cette période, il passait six mois en Espagne et six mois aux États-Unis. Pendant qu'il vivait en Amérique, il s'envolait pour l'Argentine pendant un certain temps, laissant Rhoda s'occuper de leurs vaches dans leur propre ferme en Géorgie. Cet arrangement a duré environ cinq ans jusqu'à ce que Dan remette le travail argentin aux églises nationales.

La situation des enfants des rues en Colombie était encore pire. À Bogotá, Dan a entendu parler d'enfants âgés d'à peine huit ans vivant dans des égouts souterrains sous la ville. Quand il y avait des inondations, ces égouts se remplissaient d'eau, et les enfants se noyaient comme des rats. Il a lu l'histoire d'un catholique qui descendait dans les tunnels pour aider ces enfants misérables qui vivaient dans l'obscurité sans lumière.

Que font les évangéliques ? s'est demandé Dan. Il a essayé d'éveiller les églises à leur devoir envers les pauvres, mais il a constaté qu'il n'y avait généralement aucun intérêt pour les *désechables*, ou « jetables ».

Les « jetables » en Colombie fumaient du *bazuco*, un dérivé de la cocaïne. Les enfants reniflaient de la colle pour se défoncer parce que c'était moins cher que les narcotiques. Il a trouvé tragique que ces parias aient besoin de prendre des substances psychotropes pour anesthésier leur faim et leur douleur. À partir de Proverbes 31.6-7 (LSG), Dan a acquis une nouvelle compréhension de leurs besoins et de la façon dont la société les a généralement écartés : « *Donnez des liqueurs fortes à celui qui périt, et du vin à celui qui a l'amertume dans l'âme ; qu'il boive et oublie sa pauvreté, et qu'il ne se souvienne plus de ses peines.* »

Au lieu de « liqueur forte », Dan a pensé que ces mots pourraient être remplacés par *bazuco*, cocaïne ou héroïne. « Donnez du *bazuco* à ceux qui périssent et de la drogue à ceux qui ont de l'amertume. Qu'ils *reniflent de la colle* et oublient leur pauvreté et ne se souviennent plus de leurs peines. » Dan, bien sûr, n'était pas d'accord avec ce moyen cruel de traiter convenablement les âmes brisées.

Dan et quelques pasteurs espagnols ont recueilli 20 000 $ en dons pour soutenir ceux qui s'occupaient de ces enfants qui vivaient sous terre. À Bogotá, il a rendu visite à une organisation caritative de renommée mondiale qui collecte des fonds pour aider les enfants dans le besoin. La secrétaire du directeur lui a fait visiter leurs installations. Le quartier général occupait un bâtiment de quatre étages, rempli de personnel de bureau et d'ordinateurs.

« Mais, où sont les enfants ? » demanda Dan.

Le secrétaire a révélé qu'ils ne géraient pas de refuges ou d'orphelinats. Plus tard, Dan a découvert que cet organisme de bienfaisance fonctionnait davantage comme une agence financière, prêtant de l'argent aux petites entreprises à des taux inférieurs à ceux des banques commerciales. Déçu, Dan a rendu visite à un autre organisme de bienfaisance bien connu pour savoir comment cet organisme répondait aux besoins des enfants vulnérables des rues. Après que le directeur lui eut dit qu'ils avaient distribué des millions de dollars de semences aux agriculteurs, Dan l'a pressé : « Mais, que faites-vous pour *ces enfants* ? »

« Nous leur donnons une tasse de chocolat chaud une fois par semaine », a-t-il répondu, l'informant que cette action de sensibilisation avait lieu dans la rue la plus dangereuse de Bogotá. Sans se laisser décourager, Dan et sa fille, Deborah, se sont portés volontaires pour distribuer des tasses de chocolat chaud.

« Nous devons faire quelque chose pour aider ces enfants », a résolu Dan, profondément touché par leur sort.

Pendant la journée, les gens vivant dans la rue poussaient une charrette pour ramasser des canettes, des bouteilles et de la ferraille ou tout ce qu'ils pouvaient vendre. La nuit, ils se couvraient de bâches et dormaient dans leurs charrettes dans des terrains abandonnés. Dan est délibérément sorti dans la rue pour parler avec les sans-abri.

« La police m'a tiré dessus. », a confié un homme en montrant au pasteur les blessures de sa main.

« La police passe la nuit avec des mitrailleuses », lui a dit un autre. « Ils nous tuent pendant que nous dormons. »

Tragiquement, ils ont dit à Dan comment, après les heures de travail, la police ciblait intentionnellement les enfants des rues parce que les policiers sont payés un certain montant par tête. Les enfants abandonnés qui mendient ou volent pour gagner leur vie, sont considérés comme de la « vermine ».

Dan a trouvé une magnifique maison dans la ville de Bogotá qui serait parfaite pour abriter des enfants démunis. La propriétaire, une chrétienne, a exigé que le pasteur fournisse quatre garants pour s'assurer que le loyer serait payé.

« Je paierai le loyer d'avance pour une année entière », proposa-t-il, ne sachant pas où, lui, en tant qu'étranger, trouverait de tels garants. Mais cela ne lui suffisait pas, à elle. Heureusement, Dan a été invité à parler dans plusieurs des grandes églises de Bogotá et a trouvé quatre garants. Il a loué quelques chambres dans la belle maison.

Alors que Dan et des pasteurs espagnols en visite prêchaient dans un parc voisin, ils ont rencontré une fillette de douze ans qui avait été poignardée à la jambe. Elle vivait dans la rue et n'avait pas de famille. Comme elle ne pouvait pas marcher, ils l'ont portée jusqu'à ce refuge. La jeune fille, qui se méfiait des étrangers, avait insisté pour que son ami, un jeune garçon, les accompagne pour sa protection. Lorsque Dan et Deborah les ont amenés à la maison, la propriétaire a fait un ramdam.

« Nous ne voulons pas d'enfants des rues ici ! » argumenta-t-elle avec véhémence.

Dan était choqué. Cette femme était censée être l'une des intercesseuses les plus notables de Bogotá. Il était stupéfait qu'elle ait refusé de laisser entrer ces deux gavroches. Dan considérait les enfants des rues comme les plus proches du cœur de Dieu.

Lorsque Dan a prêché dans une autre grande église à Bogotá, Deborah et lui ont amené cette fille et ce garçon qui vivaient maintenant avec eux. Avant de se lever pour s'adresser à l'assemblée de mille personnes, Dan a remarqué une agitation à l'entrée de l'église et s'est demandé ce qui l'avait causée.

« Ils ont jeté dehors ma chair »[69], lui a dit solennellement le garçon après la réunion.

Qu'est-ce que ça peut bien vouloir dire? se demanda Dan, peu familier avec l'expression espagnole.

---
[69] Ils ont jeté dehors quelqu'un comme moi. NDT

Deborah, qui avait été témoin de ce qui s'était passé, expliqua qu'un pauvre homme en haillons était entré dans l'église et s'était assis. Il n'était pas ivre, ne mendiait pas ni ne faisait quoi que ce soit pour perturber le culte. Son seul défaut était d'être un abject, un « jetable », une épave. Deux diacres avaient saisi ce pauvre homme par les bras et les jambes et l'avaient jeté sur le trottoir.

Ironiquement, Dan avait prêché ce matin-là sur le passage biblique du livre de Jacques qui exhorte les chrétiens à ne pas traiter différemment les riches et les pauvres parmi eux. Dan, qui avait été bien accueilli par les riches de cette église, a émis l'hypothèse : *que se passerait-il si je me laissais pousser la barbe et que je dormais dans la rue pendant deux semaines ? Si je revenais ensuite dans cette église où je suis honoré et respecté, me mettraient-ils à la porte ?*

En Colombie, la guerre entre la guérilla des FARC[70] et l'armée durait depuis plus de trente ans. Les barons de la drogue avaient forcé les agriculteurs de la campagne à cultiver de la cocaïne. S'ils refusaient, ils pouvaient être tués, mais s'ils coopéraient, ils pouvaient être arrêtés par des soldats du gouvernement. Pris au piège entre deux forces opposées, de nombreux agriculteurs avaient fui vers la ville. Ils vivaient dans des cabanes en carton à la périphérie de Bogotá, une zone connue sous le nom de *cinturón* (ceinture). Sans compétences professionnelles, les filles finissaient souvent par se prostituer pour survivre.

Dan s'est lié d'amitié avec un ancien commandant de la guérilla qui s'était converti. Ensemble, ils se sont aventurés dans

---

[70] Les FARC, ou les Forces armées révolutionnaires de Colombie - Armée populaire, étaient un groupe de guérilla impliqué dans le conflit de Colombie à partir de 1964. Ils ont utilisé des tactiques militaires et le terrorisme et ont été financés par des enlèvements de rançon, l'extorsion, la production et la distribution de drogues. Pour plus d'informations, voir : https://fr.wikipedia.org/wiki/Forces_armées_révolutionnaires_de_Colombie

ces zones dangereuses de prostitution, au péril de leur vie. L'amour et la compassion pour les âmes les poussaient.

« N'allez pas dans cette rue ! » un policier les a prévenus. « Vous pourriez ne pas en ressortir vivant. »

Dan n'avait pas peur, surtout parce qu'il était accompagné de cet ancien combattant. L'ex-guérilla ne portait aucune arme : il était audacieux et intrépide. Après être entrés dans un bordel, ils ont vu deux filles qui traînaient. L'une était une fille de dix-sept ans avec un bébé dans les bras. La jeune mère a avoué qu'elle avait été une fois une disciple du Christ.

« Vous devez vous repentir ! » l'ex-commandant de la guérilla l'a exhortée.

« Frère, » l'interrompit Dan, « tu ne peux pas lui demander de se repentir alors qu'elle doit gagner sa vie. Elle doit maintenant s'occuper d'un bébé. Trouvons-lui un travail. »

Le pasteur Dan a trouvé des emplois pour deux des jeunes femmes. Il savait qu'ils ne pouvaient pas simplement dire à ces prostituées de se repentir. Ils devaient leur donner une alternative. Heureusement, ils ont pu plus tard établir une petite église dans la région. Un couple dévoué a commencé à enseigner la couture et d'autres compétences utiles aux mères célibataires.

Finalement, Dan et ses partenaires dans le ministère ont ouvert un merveilleux foyer pour les enfants des rues en Colombie. En visitant des lieux connus de prostitution, ils ont supplié les femmes d'amener leurs enfants dans ce foyer. Au milieu de Bogotá, des immeubles étaient remplis de femmes derrière les barreaux, se vendant au premier homme qui arrivait. Dan est entré dans ces immeubles, cherchant à aider les enfants de ces femmes comme s'il s'agissait de ses propres enfants.

À une occasion, le ministère a accueilli trois enfants de la même famille - un garçon de treize ans et son frère et sa sœur plus jeunes, tous issus de l'inceste. (Leur père était aussi leur grand-père.) Leur mère est venue au Seigneur, a été remplie du Saint-Esprit et a pu se libérer de cet homme violent. Dan a appris il n'y a pas longtemps que le garçon, qui a maintenant vingt-cinq ans, a lancé un programme d'alimentation pour les sans-abri.

Dan a parlé de Jésus à une prostituée, une fille de treize ans qui vivait dans la rue à cause de circonstances insoutenables chez ses parents. Elle était enceinte. Dan l'a invitée ainsi que les deux garçons qui la protégeaient dans une église où il prêchait.

Avant leur arrivée, Dan avait prêché sur Marie-Madeleine et comment elle avait été une femme de la rue, mais le Christ l'avait libérée de sept démons. Il a exhorté l'église à adopter l'attitude de Christ et à suivre son exemple : pardonner, libérer et restaurer toute vie brisée. Dan a parlé de la jeune fille qu'il attendait comme invitée d'honneur et a dit que ceux qui reçoivent un enfant dans le besoin reçoivent le Christ lui-même.

À ce moment, la fille et les deux garçons se sont présentés. « Mes invités d'honneur sont arrivés », a annoncé le pasteur Dan avec un sourire, les reconnaissant publiquement.

Tous les gens de l'église se sont retournés pour voir ces enfants. Certains ont fondu en larmes; d'autres ont réagi avec indignation. Dan considérait les prostituées telles que cette jeune adolescente célibataire comme des victimes d'un gouvernement corrompu et d'une société dégénérée, piégées dans une pauvreté accablante, la misère et l'esclavage sexuel. Des millions d'enfants de prostituées ne reçoivent aucun soin.

« *Quand vous recevez un de ces enfants, vous me recevez.* » Les paroles de Jésus avaient été gravées au fer chaud dans le cœur de Dan avec la naissance de David, forgeant l'un des domaines les plus forts de sa vie et de son ministère. Dan remercie Dieu de lui avoir donné la force de se battre pour d'autres enfants pendant des années, des enfants dont les besoins n'étaient pas moins particuliers que les besoins uniques de David. Grâce à Dan, les ministères en

Argentine, en Colombie et au Paraguay ont servi d'innombrables enfants négligés, leur donnant amour et attention. D'autres églises ont saisi la vision et élargi le travail.

Aujourd'hui, on estime à 100 000 000 le nombre d'enfants des rues dans le monde qui sont rejetés et abandonnés, tout un champ de moisson intact. [71] Lorsque les gens croisent ces pauvres sans-abri sans abri dans les rues, ils sont souvent aveugles et ne les voient pas. Les enfants deviennent invisibles, mais ils sont précieux aux yeux de Dieu ! Il les aime.

---

[71] « Rapport de l'UNICEF, 2002, » consulté le 29 mars 2022, en.m.wikipedia.org/wiki/Street_children. Le nombre exact est difficile à chiffrer.

CHAPITRE VINGT-DEUX
IL SUFFIT D'UNE ÉTINCELLE

> *« Car nous n'avons pas à lutter contre la chair et le sang, mais contre les dominations, contre les autorités, contre les princes de ce monde de ténèbres, contre les esprits méchants dans les lieux célestes. »* (Éphésiens 6.12, LSG)

Dans les batailles spirituelles dans lesquelles le pasteur Dan s'est engagé tout au long de sa vie, il a gagné la plupart d'entre elles et en a perdu quelques-unes. Il y a eu une bataille très importante que Dan appelle la « bataille de Trabuco ». Peut-être, le ministère le plus efficace dans lequel sa femme, Rhoda, et sa fille, Deborah, ont été impliquées au cours des deux dernières décennies a été les camps d'été pour enfants organisés à la ferme d'Antequera. Au cours de la première semaine d'août, les enfants de huit à douze ans y assistent, un âge où ils sont le plus ouverts à l'Évangile. Au cours de la deuxième semaine, les adolescents de treize à dix-huit ans arrivent. Deux cents jeunes participent habituellement aux camps et quarante adultes supervisent leurs activités. Les camps d'été sont un moment spirituellement décisif.

Il y a plusieurs années, Dan a voulu déplacer les camps pour enfants dans la ville de Trabuco dont le nom signifie « mousquet ».

Ce n'était pas une situation idéale d'avoir tous ces enfants qui couraient autour de la ferme laitière d'Antequera, car ils étaient porteurs de germes tuberculeux qui infectaient le bétail. Pendant six ans, la ferme a eu un vrai problème : chaque vache infectée devait être abattue.

La crise à la ferme a atteint son comble lorsque trois mille balles de paille d'orge sec ont pris feu, ce qui a créé une crise dangereuse. Bien que la cause de cet incendie n'ait jamais été découverte, on soupçonne que des enfants jouant avec des allumettes ou une loupe en furent responsables. Les vents ont commencé à souffler des étincelles vers la maison pour la formation de disciples et Dan craignait qu'elle ne s'enflamme totalement. Des étincelles ont alors soufflé vers les corrals où les vaches étaient parquées. Lorsque les camions de pompiers sont arrivés sur scène, il régnait le chaos et ils n'avaient pas d'eau ! Les travailleurs de la communauté ont rempli à la hâte le canal d'irrigation avec l'eau du puits. Dan était sur le point d'abandonner de désespoir lorsque l'incendie a finalement été maîtrisé. Bien que les balles de paille avaient été totalement brûlées, les dégâts ont heureusement été contenus.

« Nous n'allons plus avoir de camps d'été ici », a fermement résolu Dan. « Tous ces enfants qui courent dans la ferme comme si c'était un zoo, c'est trop dangereux ! »

Près de la ville de Trabuco, Dan a découvert un endroit idyllique pour les camps d'été, une oasis dans le désert. L'endroit était au pied d'une montagne. Au sommet de cette montagne se trouvait un bassin naturel où l'eau était stockée comme réserve. Cinquante tuyaux, forés dans la montagne, acheminaient l'eau hors du bassin, formant un joli ruisseau qui coulait plus bas. La propriété que Dan voulait était juste au bord de ce ruisseau. Il pouvait imaginer des enfants se promener dans les bois et s'asseoir près du ruisseau sous les figuiers.

CHAPITRE VINGT-DEUX : IL SUFFIT D'UNE ÉTINCELLE

« Que pensez-vous de mon idée d'y organiser des camps pour enfants ? » Dan a demandé au maire local.

« C'est un endroit magnifique », a convenu le maire, et il a encouragé Dan à aller de l'avant avec ses plans, négligeant de mentionner les problèmes que le pasteur pourrait rencontrer.

Dan a acheté la propriété, ignorant que ce terrain avait été utilisé comme terrain de pique-nique public pendant des années. Avec son état d'esprit américain, il s'est dit que s'il possédait une propriété, il était libre d'en faire ce qu'il voulait, en cela jugeant mal la culture locale. Il a chargé un architecte de dessiner des plans pour le site, y compris des dortoirs pour enfants, un restaurant et une salle de spectacle pour montrer des films chrétiens.

La propriété, d'une superficie d'un peu plus de deux hectares, comprenait cinquante oliviers. Dan avait acheté le terrain d'un côté du ruisseau, sans savoir que son voisin de l'autre côté convoitait cette propriété. Il appartenait à son beau-frère qui avait voulu vendre le terrain pour près de six millions de pesetas, mais lui-même n'avait proposé de payer qu'un tiers de ce montant. Le voisin mécontent rassembla un groupe d'hommes, des « voyous »[72], comme Actes 17 décrit la foule qui s'opposait à l'apôtre Paul.

« Cet homme va amener ici des toxicomanes atteints du SIDA », a hurlé le voisin, déclenchant ainsi leur colère. « Il va les baptiser et l'eau sera contaminée ! »

Le voisin a provoqué une émeute et une foule en colère a envahi l'hôtel de ville en signe de protestation. Le maire précédent, qui avait autorisé Dan à acheter la propriété, avait été remplacé. Influencé et intimidé par les habitants, le nouveau maire refusa de donner au pasteur un permis de construire. Quand Dan a essayé de faire quoi que ce soit, même d'élaguer les arbres, le maire a envoyé la police pour l'arrêter.

---

[72] Actes 17.5a : « ... *quelques voyous trouvés dans les rues* » (BDS).

Pendant six ans, Dan a défendu sa cause devant le tribunal andalou du sud de l'Espagne, ce qui représentait une ponction financière importante. Même si Dan avait gagné toutes les batailles juridiques, le maire le bloquait quand même. Des foules ont protesté à l'hôtel de ville, criant que la propriété leur appartenait, même si Dan l'avait achetée. Au bout de six ans, Dan a finalement cédé et laissé partir la propriété.

Dan reporta son attention sur la ferme d'Antequera. La communauté a construit des dortoirs à deux étages avec vingt-quatre chambres pouvant accueillir six lits superposés dans chaque chambre. Ils ont installé un système spécial d'épuration des eaux usées. Plus tard, Dan s'est rendu compte que Dieu avait été dans tout cela. Il aurait eu des problèmes constants sur la propriété de Trabuco.

À maintes reprises dans son ministère, Dan a rencontré cette même bataille, avec le diable agitant une foule en colère. Chaque fois qu'il pénètre dans un territoire « hostile », le diable fomente des troubles. Dan croit que c'est « *l'écharde dans la chair* »[73] dont parle l'Apôtre Paul : Satan agissant à travers des « voyous ». Il avait perdu la bataille pour Trabuco, mais pas la guerre pour faire avancer ses nombreux autres ministères en Espagne, en particulier l'évangélisation des enfants.

Depuis plus de vingt ans, les conférences de jeunes et les camps d'été organisés à Antequera ont été une grande bénédiction pour des milliers d'enfants. De nombreux dirigeants actuels des églises affiliées à Dan ont été sauvés lors de ces camps d'été. Ils sont maintenant les parents ou les membres de la famille des enfants qui fréquentent les camps et servent également de moniteurs. Les camps se sont révélés être un terrain d'entraînement stratégique pour enseigner et influencer les enfants à un âge où leur cœur est

---

[73] 2 Corinthiens 12.7a: « *Et pour que je ne sois pas enflé d'orgueil, à cause de l'excellence de ces révélations, il m'a été mis une écharde dans la chair, un ange de Satan ...* » (LSG)

le plus réceptif à l'Évangile. Dieu a également fait prospérer et a béni les réunions de femmes et d'hommes tenues à la ferme. Il sert également de centre chrétien international pour les communautés environnantes.

« Où que nous allions en tant que serviteurs du Christ, nous devons réaliser que nous luttons contre des forces surnaturelles qui visent stratégiquement à détruire l'œuvre de Dieu », déclare Dan. « Nous devons avoir la mentalité de guerriers. Si nous avons la mentalité de spectateurs, alors nous sommes à la merci de ces forces démoniaques qui, eux, ont un programme. Nous devons garder clair à l'esprit notre objectif que nous sommes ici pour établir le Royaume de Dieu : " Que ton règne vienne. que ta volonté soit faite sur la terre comme au ciel" » (Matthieu 6.10).

Une autre bataille majeure que Dan a menée concernait la ferme d'Antequera et le réseau ferroviaire national. Lorsque l'Espagne a rejoint l'Union européenne, le pays a modernisé son système de transport, y compris les routes et les chemins de fer. Le gouvernement prévoyait de faire passer une voie ferrée à travers la ferme d'Antequera, ce qui aurait coupé l'accès à leur puits. Ils pouvaient s'en sortir en perdant une partie de la superficie de leur propriété, mais ne pas avoir accès à l'eau du puits aurait complètement arrêté les opérations de la ferme. Les membres de la communauté ont protesté contre ces plans, mais en vain. Lorsque Dan est retourné en Espagne et a vu la triste réalité, il a appelé le maire et l'a amené à la ferme.

« C'est là que la voie ferrée est censée passer. » Dan montra le champ. Il expliqua tous les traitements de réhabilitation des toxicomanes qui se déroulaient à la ferme : « Des centaines de jeunes Espagnols ont été aidés grâce à nos soins. » De plus, il lui parla également de tous les événements et retraites communautaires qu'ils organisaient sur la propriété. La ligne de chemin de fer serait un danger pour continuer leur bon travail.

« Eh bien, il faut que ça passe par quelque part ! » rétorqua le maire.

« En tout cas, ça ne va pas passer par notre ferme ! » déclara Dan.

La décision n'était pas de la compétence de l'administration locale, mais à cause de la miséricorde de Dieu et des prières et du jeûne des gens de la ferme, le gouvernement a finalement déplacé les voies ferrées d'environ un quart de mile. La ferme d'Antequera a été sauvée : un vrai miracle !

La ferme d'Antequera est maintenant en activité depuis près de quatre décennies, avec un accent continu sur le travail social, la désintoxication et la formation des disciples du Christ. Les jeunes, réhabilités et préparés pour le ministère, servent dans les hôpitaux espagnols, les maisons de retraite, les programmes d'évangélisation de rue et les programmes de distribution de nourriture pour les nécessiteux. La ferme prévoit d'ouvrir prochainement un Centre de Formation du Réveil.

Prendre soin des soixante-cinq à soixante-quinze jeunes qui, en tout temps, vivent et travaillent ensemble à la ferme a toujours été un défi. La ferme continue d'élever du bétail pour la viande bovine et exporte du maïs doux, mais le profit du bétail et des produits cultivés sur près de dix hectares de terrain n'est tout simplement pas suffisant pour couvrir les énormes dépenses de fonctionnement du centre de réhabilitation. La ferme a expérimenté le gombo, mais sa culture prend beaucoup de temps et demande une main-d'œuvre abondante. Il faut que ceux qui vivent et travaillent à la ferme dans la communauté chrétienne soient vraiment dévoués. Le personnel, dont certains sont là depuis vingt ou trente ans, sont des combattants spirituels dévoués à la seigneurie de Jésus-Christ. Beaucoup de ceux qui ont été convertis, formés et transformés en disciples à la ferme d'Antequera ont commencé leurs propres ministères et actions d'évangélisation.

L'Espagne a profondément changé au fil des années. Lorsque les Del Vecchio sont arrivés pour la première fois en 1964, la nation était sous la dictature du général Franco et la liberté religieuse était restreinte. En 1978, l'Espagne est passée à un régime démocratique et a ensuite été intégrée à l'Union européenne. Au fil du temps, Dan a influencé de nombreux responsables gouvernementaux, y compris des maires et des gouverneurs. Lors d'une occasion vraiment historique, il a été invité à parler dans une cathédrale à un certain nombre d'évêques. Il découvrit que son livre sur le Saint-Esprit avait circulé pendant vingt-cinq ans parmi les prêtres.

Dans tous les villages autour d'Antequera, il n'y a presque pas de lumière de l'évangile. En Espagne, il y a sept mille villages de huit à dix mille habitants avec peu ou pas de témoignage chrétien actif. Une grande partie du pays est encore assiégée par l'idolâtrie. La résistance spirituelle est extrêmement difficile à percer, chose encore plus difficile que la religion traditionnelle qui n'est devenue qu'un rituel vide. Pour cette raison, le pasteur Dan se bat toujours et poursuit son émission de radio, *Palabra de Vida (Parole de vie)*, qui diffuse l'évangile dans quarante-sept villes du pays cinq jours par semaine.

Dan a écrit dix-sept livres formidables en espagnol, tous disponibles sur Amazon. *Le Saint-Esprit et son Œuvre*, maintenant dans sa cinquième édition, a suscité un renouveau en Espagne. Il a prêché à la radio et à la télévision, diffusant à un moment donné sur onze chaînes, dont la chaîne espagnole TBN, *Enlace*. Plus tard, il s'est lié à Miguel Díez et a diffusé sur les stations de REMAR basées à Madrid. Dan continue de prêcher sur quarante-cinq stations de radio, diffusant 150 émissions par mois.

« L'Espagne n'est qu'une nation sans évangile, avec moins de 1 %[74] de croyants évangéliques », souligne Dan. « Nous avons tellement plus à faire avant que la fin n'arrive. Ne regardez pas au ciel comme si c'était un objectif », exhorte-t-il les chrétiens. « Regardez vers les nations du monde non atteintes. Allez là où le nom du Christ n'est pas annoncé ! »

Pendant soixante-cinq ans, Dan a prêché l'évangile dans vingt-huit pays, y compris les cinquante-sept années pendant lesquelles sa famille et lui ont été impliqués en Espagne. Il a partagé et investi ce que Dieu lui a donné dans la vie des autres : son temps, ses ressources, sa vie même. Dans toutes ces nations, il peut témoigner que « la Parole de Dieu est puissante et que Dieu donne toujours une stratégie pour vaincre la puissance des ténèbres et établir Son Royaume. »[75] Prêchant dans les rues, dans les églises et dans les réunions à domicile, par le biais de disques, de cassettes, de la radio, de la télévision et d'Internet, Dan a fidèlement semé la Parole de Dieu.

« Nul ne peut éteindre son feu, attisé par les flammes du Saint-Esprit dans les cœurs réceptifs. L'ampleur du feu qu'une seule étincelle peut allumer est inimaginable ! Le feu du Saint-Esprit peut brûler dans des millions de cœurs, si nous ne permettons pas à l'amour du monde de l'éteindre. »[76]

« J'ai maintenant quatre-vingt-neuf ans, mais je vais continuer à me battre pour l'avancement du Royaume de Dieu », déclare avec passion le pasteur Dan. « Même si nous perdons une bataille ici et là, Dieu merci, nous savons que nous sommes plus que victorieux. Nous avons Dieu de notre côté, et nous allons gagner ! »

---

[74] "Pray For: Spain," Operation World, consulté le 18 avril 2022, operationworld.org/locations/spain.
[75] Del Vecchio, *El Manto de José*, 113.
[76] Ibid., 127.

ÉPILOGUE :
GLORIA A DIOS

Selon la grâce de Dieu qui m'a été donnée, j'ai posé le fondement comme un sage architecte, et un autre bâtit dessus. Mais que chacun prenne garde à la manière dont il bâtit dessus. Car personne ne peut poser un autre fondement que celui qui a été posé, savoir Jésus-Christ. Or, si quelqu'un bâtit sur ce fondement avec de l'or, de l'argent, des pierres précieuses, du bois, du foin, du chaume, l'œuvre de chacun sera manifestée; car le jour la fera connaître, parce qu'elle se révèlera dans le feu, et le feu éprouvera ce qu'est l'œuvre de chacun. Si l'œuvre bâtie par quelqu'un sur le fondement subsiste, il recevra une récompense. (1 Corinthiens 3.10-14, LSG)

Comme un sage maître d'œuvre, le pasteur Dan a prêché l'évangile à Cuba, au Mexique, en Espagne et en Amérique du Sud, posant les fondations solides du salut par Jésus-Christ. Les principes du « vrai jeûne » de Dieu selon Isaïe 58 ont inspiré la formation d'une Communauté Chrétienne Internationale à Torremolinos, se tournant vers les jeunes à la dérive, les toxicomanes délinquants et les alcooliques. Outre la naissance de plusieurs ministères, églises et centres de réadaptation en Espagne, le ministère de Dan s'est étendu à des régions d'Amérique du Sud et au-delà. Il s'est senti porteur d'un fardeau pour les besoins des enfants des rues du monde entier. Lui et ses partenaires dans le ministère ont souhaité montrer concrètement l'amour de Dieu à ceux qui sont enlisés dans la pauvreté et la misère, profondément traumatisés par les abus, le viol et la souffrance.

À la fin des années 1980, le pasteur Dan a laissé le champ libre aux Espagnols pour gérer leurs églises et leurs actions d'évangélisation. « Et ils se sont mis à l'œuvre ! » s'est exclamé Dan. La plupart des centres de désintoxication continuent de changer radicalement des vies grâce à l'œuvre du Saint-Esprit. Par le nom puissant et le pouvoir de Jésus-Christ, le pasteur Dan a formé des pasteurs pour libérer ceux qui ont été réduits en esclavage par Satan en les exposant à l'occultisme, aux fausses religions, à l'immoralité sexuelle et à d'autres servitudes. En plus de rendre visite à ceux qui sont limités par des murs de prison ou d'hôpital, les églises associées se battent pour ceux qui sont liés par des injustices économiques, sociales et religieuses.

Une évangélisation auprès des hispanophones d'Amérique du Sud s'est épanouie. Aujourd'hui, les missionnaires David et Diana, qui travaillent avec les Indiens Qechua en Équateur, construisent un centre de formation au leadership. Rafa et Raquel aident des mères célibataires en Colombie et Marion et Jamie ont un ministère national au Paraguay au service des écoliers. En Espagne, ce sont littéralement des tonnes de nourriture que l'Asociación Real Rehabilitación de Marginados donne actuellement aux personnes désignées par le gouvernement comme pauvres ou à faible revenu. Presque toutes leurs églises associées ont des distributions de nourriture aux nécessiteux.

Un homme d'affaires espagnol de Vitoria, inspiré par l'enseignement de Dan sur le rôle de l'Église dans le travail social et les entreprises autonomes, s'est emparé de cette vision et l'a multipliée. Miguel Díez, président de REMAR International, a créé

ÉPILOGUE: GLORIA A DIOS

1 500 centres de réadaptation rien qu'en Espagne. Il est impliqué dans toutes sortes d'entreprises et de communautés chrétiennes, s'occupant des marginalisés et apportant l'évangile à ceux qui en ont le plus besoin. Sa fondation est aujourd'hui active dans cinquante-sept pays à travers le monde. Soixante mille personnes sont aidées, logées et soignées quotidiennement. Dotée d'un budget de plus d'un million de dollars, ses fonds de fonctionnement proviennent principalement de ses entreprises. Dan a récemment prêché à la conférence internationale de REMAR devant 2 500 participants. Utilisant ce modèle d'ouverture sociale, un autre Espagnol, Elias Tepper, a également ouvert des ministères sous le nom de « Betel » dans plus de vingt pays.

En 1988, l'hôtel Panorama de Torremolinos a été démoli. Plus de soixante membres de la communauté y vivaient à l'époque. Cette perte s'est avérée être le catalyseur de la dispersion de la plupart des internationaux dans leur pays d'origine, déclenchant un exode progressif au cours des années suivantes. L'adaptation à la « vie normale » n'a pas été facile, surtout pour ceux qui avaient passé plus d'une décennie ou même plus dans la communauté. La transition vers leurs pays d'origine s'est avérée difficile, et beaucoup se sont sentis comme des « étrangers dans leur propre pays ». En Espagne, la communauté avait fourni un environnement de « serre » où ils pouvaient être spirituellement nourris et grandir dans le Seigneur. Il ne leur a pas été facile de s'adapter au « monde réel » et de trouver une communauté similaire chez eux.

Alors qu'ils vivaient à la ferme d'Antequera, Gordon et Mairi priaient pour l'avenir de leur famille. En décembre 1988, ils ont été saisis d'horreur par l'horrible explosion de l'avion Pan Am qui avait explosé au-dessus de leur ville natale à Lockerbie, en Écosse. [77] Peu de temps après, ils sont retournés avec leurs enfants à Lockerbie. Après près d'une décennie en Espagne, ils se sont sentis comme des « étrangers » dans leur pays natal. Ils ont fondé une église dont ils ont été les pasteurs pendant huit ans. Finalement, Gordon a commencé à travailler avec des toxicomanes, gérant un centre de réadaptation dans la ville voisine de Dumfries et Mairi a repris l'enseignement.

Pendant cette période où tant de membres de la communauté internationale sont retournés dans leur pays d'origine, André et Irène ont estimé qu'ils devaient rester en Espagne où leurs quatre enfants étaient nés. Le couple suisse-allemand a continué à servir dans le ministère des enfants, le culte, la prière et l'évangélisation. En tant que bricoleur, André le Géant a trouvé beaucoup de travail en réparant des objets cassés. En 1996, après avoir vécu dans la communauté pendant seize ans, ils ont déménagé en Suisse où André a finalement été nommé responsable d'un atelier pour chômeurs. Leur transition a été facilitée parce que, pendant la première année, ils ont vécu dans un cadre communautaire avec d'autres personnes qui avaient faim de Dieu.

L'année 1988 fut une période de crise pour David et Ullie et leurs deux garçons, alors qu'ils se demandaient où ils devaient aller. À ce moment critique, David a contacté certains de ses anciens clients qui lui confiaient leurs pianos à entretenir. Le territoire britannique voisin de Gibraltar, célèbre pour son « Rocher », offrait de riches opportunités commerciales, car il regorgeait de pianos non accordés et endommagés ! Par la foi, David et Ullie ont acheté une maison près de Mijas et ont remboursé leur prêt immobilier en cinq ans. C'est une maison dans laquelle ils vivent

---

[77] Le vol Pan Am 103, en route de Francfort à Detroit, avec une escale à Londres, a explosé au-dessus de Lockerbie, en Écosse, le 21 décembre 1988. Tous les passagers et membres d'équipage ont été tués (259 morts) ainsi que onze personnes au sol. Il reste, à ce jour, l'acte terroriste le plus meurtrier de l'histoire du Royaume-Uni (https://fr.wikipedia.org/wiki/Attentat_de_Lockerbie).

encore maintenant depuis plus de trois décennies. Ils font partie de l'équipe pastorale d'une église anglophone à Los Boliches.

Gus, l'électricien de la communauté, a été le dernier à habiter l'Hôtel Panorama. Après avoir passé au total neuf ans dans la communauté, Gus est retourné en Australie en 1989 et a épousé Daniele, une dirigeante du foyer de réadaptation pour toxicomanes de Torreblanca. Ils sont devenus les parents d'accueil de cinquante enfants, ont adopté un garçon de la Corée du Sud et sont récemment devenus grands-parents.

« J'ai passé un moment incroyable dans la communauté ! » remarque Gus. « C'était enthousiasmant de voir le Seigneur amener des gens du monde entier dans son royaume. Je pense que j'ai résidé et que j'ai travaillé dans chaque maison et chaque église de la communauté. Je ne suis qu'une des nombreuses personnes qui sont issues du ministère de Dan et Rhoda. Quel grand privilège d'avoir fait partie de ce mouvement du Seigneur et de son Esprit. »

Grâce aux divers efforts du ministère de Dan et à l'impact des églises évangéliques en Espagne, un grand réveil s'est produit qui a changé la nation. Elle s'est propagée dans plus de soixante-dix pays par l'intermédiaire de ceux qui ont saisi la vision. Ces émissaires fervents ont ensuite servi le Christ en Grande-Bretagne, en Norvège, en Suède, en Finlande, en Belgique, en Allemagne, en Suisse, en France, aux États-Unis, au Canada, en Australie, au Mexique, en Israël, en Afrique, en Corée, en Indonésie, en Chine, en Amérique du Sud, et dans d'autres nations. Des milliers de vies ont été touchées et transformées par l'évangile.

De merveilleux leaders sont sortis de la communauté en Espagne. Le Dr Dennis Lindsay, qui dormait par terre dans le bureau de Dan il y a des dizaines d'années, est maintenant Directeur et Président du Conseil d'Administration de Christ for the Nations, Inc., une organisation missionnaire mondiale et un institut biblique. Depuis son campus de Dallas au Texas, Christ for the Nations a formé plus de cinquante mille étudiants de cinquante pays pour porter la Bonne Nouvelle du Christ dans le monde entier et il compte quatre-vingt-dix autres campus dans le monde.

Wayne Hilsden, l'un des premiers jeunes hommes à emménager dans le garage de Barbara au début des années 1970, a reçu, dans l'église de Torremolinos, un appel clair au ministère. Le Dr Wayne Hilsden et sa femme, Ann, se sont associés à un autre couple pour créer la plus grande communauté chrétienne de Jérusalem, King of Kings Community.

« Nous recevons souvent de jeunes voyageurs qui passent par Jérusalem et qui se retrouvent dans l'un de nos cultes au King of Kings », fait remarquer le Dr Hilsden. « Et je suis ravi que, de la même manière que j'ai été si puissamment touché à Torremolinos, des rencontres similaires se soient produites chez les jeunes lorsqu'ils sont venus à King of Kings. Je suis profondément reconnaissant au pasteur Dan pour le rôle important qu'il a joué en influençant la trajectoire de ma vie et de mon ministère. »

Le Dr Daniel Lucero, Docteur en Agronomie, et son épouse, Martine, qui se sont rencontrés dans la communauté dans les années 1980 et ont aidé à démarrer la ferme à Antequera, sont maintenant co-pasteurs d'une église à Nice, en France. En tant que Directeur Mondial pour l'Afrique et les Nations Francophones de l'Église Internationale de l'Évangile Foursquare et Président de l'Église Foursquare en France, Dan Lucero supervise dix mille églises Foursquare en Afrique et dans le monde francophone.

« Le pasteur Dan Del Vecchio et son ministère apostolique ont eu la plus profonde influence sur ma marche spirituelle. Ses trois phrases qu'il cite comme modèle de vie, "Prends le parti de Dieu. Attends-toi à un miracle. N'abandonne jamais." ont été les fondements sur lesquels j'ai bâti ma foi. »

ÉPILOGUE: GLORIA A DIOS

Dan est reconnaissant pour ce témoignage qui se répand. Bien qu'à travers son ministère, il ait vu des milliers de personnes venir à Christ, des miracles de guérison divine et des démons chassés, la chose la plus importante à son avis est « les disciples qui ont été le résultat de ces choses et qui sont maintenant dans le ministère dans de nombreux pays aujourd'hui. C'est la partie la plus gratifiante de mon ministère. Je ne suis certainement pas spécial : Dieu n'a pas de chouchous. Ses promesses s'adressent à tous ceux qui croient. »

« Chacun de nous est une pierre vivante placée par Dieu à des endroits stratégiques », dit Dan. « Chaque membre du corps, aussi insignifiant qu'il puisse paraître, exerce une fonction indispensable pour la santé du corps et pour l'œuvre du ministère. »[78] Chacun de nous est un maillon dans la chaîne des événements qui peuvent toucher des millions… »[79]

En 2014, près d'une centaine d'anciens membres de la communauté du monde entier se sont réunis lors d'un Jubilé en l'honneur du cinquantième anniversaire du ministère des Del Vecchio en Espagne. Cette réunion s'est tenue à la ferme d'Antequera et ce fut un moment d'actions de grâce, de joie et de rires alors que des souvenirs étaient partagés.

En 2019, l'ICEA[80], l'Association des Églises Évangéliques Apostoliques Espagnoles, a célébré le cinquantième anniversaire de la première église évangélique plantée par les Del Vecchio à Torremolinos. Les églises de l'ICEA sont situées à Amposta, Antequera, Carthagène, Fuengirola, Grenade, Guadalajara, Málaga, Torremolinos et Vinaròs.

Aujourd'hui, l'Église Communautaire Évangélique de Torremolinos continue d'accueillir des centaines de touristes. Bernard

---
[78] Del Vecchio, *El Manto de José*, 37.
[79] Ibid., 129.
[80] Iglesia Cristiana Evangélica Apostólica.

Grandjean et son épouse, Danielle, qui résident à Torremolinos depuis quarante ans, s'occupent fidèlement de la congrégation espagnole et internationale qui se réunit dans l'église. Une communauté indienne a récemment commencé à s'y réunir.

Le pasteur Dan participe régulièrement à des vidéo-conférences Zoom avec les quatorze églises apostoliques associées en Espagne, restant en contact avec ses partenaires du ministère et ceux des communautés qui ont terminé leur formation, « les Lauréats », et sont répartis dans le monde entier. « Je viens d'envoyer un message à nos églises en Espagne pour les encourager à croire en un nouveau mouvement du Saint-Esprit. Le travail que nous avons commencé avec l'aide de Dieu à Malaga en 1964 s'est répandu dans tout le pays et est devenu le premier grand renouveau du mouvement pentecôtiste charismatique dans cette nation. »

Dan est reconnaissant envers Internet et sa capacité à toucher des centaines de milliers de personnes, bien plus qu'il ne pourrait jamais lui-même le faire s'il leur parlait en personne. Il est actif sur les sites de media sociaux, s'investissant auprès des nations et d'une nouvelle génération. Profitant de cette grande opportunité de diffuser l'évangile, sans être gêné par des limitations physiques, il poursuit le ministère à travers ces plates-formes tout en mettant en relief son importance.

Maintenant âgés de quatre-vingt-dix ans, le pasteur Dan et Rhoda passent le plus clair de leur temps dans leur exploitation de myrtilles à Albany, en Géorgie, avec quelques mois dans l'année en Espagne. En 2020, ils ont célébré leur soixantième anniversaire de mariage. Le pasteur australien Barry, qui avait été dans la communauté dans les années 1970, a épousé leur fille, Deborah, il y a quelques années, et ils exercent leur ministère dans une église voisine affiliée aux Églises Évangéliques Apostoliques d'Espagne.

En 2021, le pasteur Dan, Rhoda et Deborah sont retournés en Espagne pour quelques mois de travail fructueux. Dan prêchait parfois trois sermons d'affilée. Avec une équipe de dirigeants de diverses églises, Deborah a aidé à organiser deux réunions de jeunes, appelées « L'Appel », et des jeunes Espagnols sont venus de partout pour y assister. Dan est encouragé par le fait que ses sermons, diffusés sur Internet via les stations de REMAR, ont été vus plus d'un million de fois au cours des six derniers mois dans dix-neuf pays. Il trouve encourageant que, en prêchant depuis son propre domicile, il peut maintenant entrer en contact instantanément avec des centaines de milliers de personnes.

Pendant le confinement lié au COVID-19, j'ai rejoint les sessions Zoom avec d'anciens membres de la communauté, sessions organisées par Irene. Cela a été une inspiration de découvrir ce qui se passait dans la vie des gens. Beaucoup ont servi ou servent dans divers ministères et églises à travers le monde, comme Warwick et Eeva (Belgique, Allemagne, Royaume-Uni), Jean-Pierre (Quebec), Dory et Anna (Indonésie, Allemagne, Canada), Margaretha (Bolivie) et Carter et Mirella (Corée, Espagne). D'autres sont allés « dans le monde entier », travaillant dans des professions telles que l'enseignement, le droit, le travail social et la médecine. Certains ont obtenu un doctorat. Les anciens membres de la communauté ont travaillé dans divers domaines, tels que l'aéronautique, les métiers spécialisés, les opérations en haute mer pour l'industrie pétrolière off-shore, la banque d'investissement, les arts, les media et les télécommunications.

Plusieurs sont parents et grands-parents et nous avons intercédé pour ces deuxième et troisième générations. Certains sont maintenant veufs ou veuves. D'autres sont aux prises avec des maladies graves. Quelques-unes, comme Anne-Marie et Barbara, sont déjà passées à la gloire. Alors que nous prions et partageons ensemble via la connexion Internet à travers différents fuseaux horaires, une « communauté » d'importance se forme à nouveau. Au moment d'écrire ces lignes, la communauté Zoom se réunit chaque semaine depuis plus d'un an. Plus de cinq douzaines de personnes de quatre continents ont participé.

Je suis frappée de voir à quel point nos vies sont encore liées par des expériences partagées dans la communauté et notre foi en Christ, même après plus de quatre décennies ! Ma propre vie aurait été si différente si Mark n'avait pas témoigné fidèlement dans la rue à Torremolinos. Si Barbara n'avait pas ouvert sa villa aux routards, une communauté internationale n'aurait peut-être pas commencé. Et si Dan et Rhoda et leur famille n'avaient pas été obéissants à l'appel de Dieu sur leur vie, et disposés à faire des sacrifices, d'innombrables âmes dans de nombreuses nations n'auraient pas été touchées pour l'éternité ! Nous avons tous un rôle à jouer dans le plan extraordinaire de Dieu pour atteindre les autres, dans le plan de la Grande Commission de Jésus pour faire des nations des disciples. En ces temps incertains, nous avons très certainement besoin d'une nouvelle effusion du Saint-Esprit pour aller de l'avant.

Le temps est court. Nous devons rétablir des amitiés qui se sont refroidies et retrouver nos liens pour former des réseaux pour le ministère. Je prie pour que le Saint-Esprit souffle sur les braises brûlantes de notre amour pour Jésus, comme le soufflet d'un forgeron, rallumant la flamme. Je prie pour que le feu du Saint-Esprit brûle intensément dans nos cœurs, consumant la passivité et faisant rayonner Son amour pour ceux qui sont perdus.

Daniel Del Vecchio a eu le privilège de participer aux mouvements de Dieu dans de nombreuses nations dont une vingtaine de réveils ! Dieu lui a donné une vision de ce qu'il voulait faire en Espagne et cela « s'est répandu comme une traînée de poudre ». Grâce à la puissance débordante du Saint-Esprit, des milliers de vies ont été radicalement modifiées, guéries et restaurées. Il n'y a pas assez de pages pour relater tous ces témoignages incroyables. Seul le ciel révélera l'étendue jusque dans les endroits les plus reculés du monde, du témoignage du ministère des Del Vecchio, ministère dirigé et rendu puissant par l'Esprit.

Le feu du Saint-Esprit, *la flamme de Dieu*, balaie encore l'Espagne et atteint les nations au-delà, enflammant les cœurs d'un zèle ardent pour connaître et servir Jésus-Christ vivant, Seigneur des seigneurs et Roi des rois. Pour l'œuvre qu'il accomplit dans les nations, toute la gloire, l'honneur et la louange doivent être rendus à Dieu. Comme le proclament chaleureusement les chrétiens espagnols : « Gloria a Dios ! » Gloire à Dieu!

UN MESSAGE DU PASTEUR DAN

Les expériences et témoignages relatés dans ce livre sont présentés avec l'espoir que chaque miracle illustre un message, que dans chaque épreuve on a acquis une certaine compréhension, et que dans chaque douleur il y a de l'espoir. Je n'ai pas l'intention de présumer que mes expériences sont uniques ou supérieures à celles des autres, car chacun de nous a des expériences que nous avons vécues et une histoire à raconter. Dieu guide ses enfants à travers différents chemins, certains à travers les eaux et d'autres à travers le feu, mais tous vers la victoire finale d'hériter des promesses.

Maintenant, après plus de soixante-cinq ans de ministère dans plus de vingt pays, je suis étonné de la bonté, de la fidélité et de la miséricorde de Dieu qui m'a soutenu, moi et ma famille. Il m'a donné la faveur des officiels et m'a ouvert des portes au-delà de mes rêves les plus fous. Je peux dire comme l'apôtre Paul,

> *Or, à celui qui peut faire, par la puissance qui agit en nous, infiniment au-delà de tout ce que nous demandons ou pensons, à Lui soit la gloire dans l'Église et en Jésus-Christ, dans toutes les générations, aux siècles des siècles! Amen!* (Éphésiens 3.20-21, LSG)

À l'heure actuelle, grâce à Internet et à la radio, nous sommes en mesure d'atteindre plus de trente pays avec plus d'un million de personnes qui regardent nos programmes. Notre ministère a explosé ! Certains messages sont vus plus de 250 000 fois et en très peu de temps, en particulier les messages qui font allusion à la fin des temps et à la prophétie. Depuis la pandémie de COVID-19, les gens sont inquiets et craignent même l'avenir.

Il est évident que nous vivons dans les tout derniers jours. Lorsque ses disciples lui ont demandé quel serait le signe de son avènement et de la fin du monde, Jésus a dit : « *Prenez garde que personne ne vous séduise* » (Matthieu 24.4b).

L'apôtre Paul a écrit : « *Mais les homme méchants et imposteurs avanceront toujours plus dans le mal, égarant les autres et égarés eux-mêmes.* » (2 Timothée 3.13, LSG).

La peur et l'insécurité ont saisi le cœur de multitudes. Les conflits raciaux, les guerres ethniques, la famine et les épidémies se trouvent désormais dans le monde. Beaucoup s'éloignent de la foi, et l'amour de nombreux chrétiens s'est refroidi. Néanmoins, un reste est resté fidèle à la foi, malgré une persécution généralisée. L'Église triomphante est bien vivante ! La promesse de Christ ne faillira jamais : « *Je bâtirai mon Église, et les portes du séjour des morts ne prévaudront point contre elle.* » (Matthieu 16.18b, LSG).

Le dernier signe prédit par Christ qui annoncerait sa venue était l'effusion de son Esprit sur toute chair :

> *Et il arrivera dans les derniers jours, dit Dieu, je répandrai de mon Esprit sur toute chair ; et vos fils et vos filles prophétiseront, et vos jeunes gens auront des visions, et vos vieillards auront des songes.* (Actes 2:17, LSG)

Il a dit : « *Cette Bonne Nouvelle du règne de Dieu sera proclamée dans le monde entier pour que tous les peuples en entendent le témoignage. Alors seulement viendra la fin.* » (Matthieu 24.14, BDS).

Jamais auparavant dans l'histoire du christianisme cette prophétie n'a eu la possibilité de s'accomplir. Il est désormais possible, grâce aux plates-formes médiatiques modernes, d'atteindre littéralement le monde avec l'évangile. Cependant, l'Église tiède, complaisante et égocentrique ne le fera jamais. Jésus a dit « Cet évangile du royaume » sera prêché. Pas un évangile humaniste impuissant qui exige peu et promet beaucoup. Ce sera l'évangile de la Seigneurie de Christ, confirmé par de puissants signes et prodiges qui convaincront le peuple.

L'apôtre Paul a écrit :

« *Ma parole et ma prédication ne reposaient pas sur les discours persuasifs de la sagesse, mais sur une démonstration d'Esprit et de puissance, afin que votre foi fût fondée, non sur la sagesse des hommes, mais sur la puissance de Dieu.* » (1 Corinthiens 2.4-5, LSG)

Lorsque l'amour de Dieu est déversé dans votre cœur, il trouvera des débouchés pour atteindre les nécessiteux, les opprimés, les malades et les souffrants. Il a été dit que « *Nous ne pouvons pas guérir les blessures que nous ne ressentons pas* ». Il y a un grand prix à être utilisé par Dieu. On n'obtient rien sans peine et on n'obtient pas de couronne sans souffrance. Mais cela en vaudra la peine quand nous verrons Jésus. Les épreuves de la vie sembleront si petites quand nous verrons Christ. Rien que d'apercevoir son visage merveilleux et tous les chagrins seront effacés. Rappelez-vous : « *Sois fidèle jusqu'à la mort, et je te donnerai la couronne de vie* » (Apocalypse 2.10b).

La grande commission est toujours en vigueur. Les actes des apôtres et des disciples du Christ s'écrivent encore partout là où il y a des chrétiens prêts à payer le prix. Cette gloire de la dernière maison sera plus grande que celle de la première. Si Dieu pouvait et peut m'utiliser, Il peut aussi utiliser quiconque ose sortir de la barque et commencer à marcher sur les eaux. Des tempêtes inattendues viendront, mais le Seigneur contrôle toujours les vents et la mer. La moisson est grande, mais il y a peu d'ouvriers. Osez vivre par la foi en ne regardant que l'Auteur et le Consommateur de notre foi. Il pourvoira à vos besoins selon sa richesse dans la gloire.

> *Confie-toi en l'Éternel de tout ton cœur et ne t'appuie pas sur ton intelligence! Reconnais-le dans toutes tes voies et il rendra tes sentiers droits. Ne te prends pas pour un sage, crains l'Éternel et détourne-toi du mal.* (Proverbes 3.5–7, Segond 21)

Mon grand désir pour ce livre qui décrit les miracles et les actes de Dieu ainsi que les témoignages de ceux dont la vie a été radicalement transformée, est qu'il inspire les autres à faire des pas de foi et d'obéissance. Puisse votre foi grandir pour croire en l'impossible et puissiez-vous avoir confiance que Dieu prend soin de vous, même des plus petits détails de votre vie. Méditez sur Sa Parole, en écoutant attentivement la voix de l'Esprit, et sûrement Il vous parlera et vous appellera.

Ma prière est que ce livre allume un feu dans votre cœur qui vous amènera à croire au-delà de toutes les limites et restrictions possibles pour accomplir tout ce que Dieu vous a appelé à accomplir. Mon espoir sincère est que ces expériences servent de leçons pour vous aider dans votre marche avec Dieu. Votre avenir commence maintenant. *Obéissez à l'appel de Dieu*, car le monde attend la manifestation des enfants de Dieu. Si vous persistez, si vous persévérez, si vous êtes rempli du Saint-Esprit, si vous savez que Dieu vous a appelé, il n'y a rien d'impossible à Dieu.

Je suis reconnaissant à Dieu pour tout ce qu'il a fait ! Quel que soit le manteau que j'ai, je veux qu'il tombe sur cette génération qui vient afin qu'elle puisse porter cela plus loin. La passion brûle encore dans mon cœur d'aller dans le monde entier et de prêcher l'évangile :

> « *Jésus, s'étant approché, leur parla ainsi: "Tout pouvoir m'a été donné dans le ciel et sur la terre. Allez, faites de toutes les nations des disciples, les baptisant au nom du Père, du Fils et du Saint-Esprit, et enseignez-leur à observer tout ce que je vous ai prescrit. Et voici, je suis avec vous tous les jours, jusqu'à la fin du monde."* » (Matthieu 28.18-20, LSG)

Daniel Del Vecchio,
Albany, Georgia, USA

www.delvecchio.org
Pour plus d'informations et pour accéder aux ressources, visitez le site Web ci-dessus.

ANNEXE A
APÔTRE EN ESPAGNE

« N'êtes-vous pas mon œuvre dans le Seigneur? Si pour d'autres je ne suis pas apôtre, je le suis au moins pour vous ; car vous êtes le sceau de mon apostolat dans le Seigneur. » (1 Corinthiens 9.1b-2, LSG).

LE MINISTÈRE APOSTOLIQUE DE PIONNIER

Dan Del Vecchio a été envoyé par Dieu pour être apôtre en Espagne. *Apostolos* signifie « un messager, un envoyé ». Un véritable apôtre est un messager du Seigneur, envoyé comme ambassadeur de Dieu pour établir des églises dans des régions où le Christ *n'est pas annoncé*. Comme le déclare l'apôtre Paul dans Romains 15.20, *« Je me suis fait un point d'honneur d'annoncer l'Évangile là où Christ n'avait pas été annoncé, afin de ne pas construire sur les fondations posées par un autre. »* (Segond 21) L'autorité d'un apôtre est limitée aux domaines dans lesquels il participe à l'établissement de l'église, à l'établissement de la position doctrinale et à son édification : la formation et la préparation des disciples de Christ.

LE BAPTÊME DU SAINT-ESPRIT

« Mais vous recevrez une puissance lorsque le Saint-Esprit sera venu sur vous ; et vous serez mes témoins à Jérusalem, et dans toute la Judée et la Samarie, et jusqu'aux extrémités de la terre » (Actes 1.8).

Dan explique que « Jésus a dit à ses disciples d'attendre à Jérusalem jusqu'à ce qu'ils reçoivent la puissance d'en haut. Ils étaient déjà nés de nouveau quand Il avait soufflé sur eux pour recevoir l'Esprit. Ils avaient reçu l'Esprit de Christ et leurs âmes étaient régénérées. Personne ne peut être sauvé sans l'influence et la conviction du Saint-Esprit et la révélation de Christ. Le baptême du Saint-Esprit est le remplissage, la transmission, la préparation. »

Lorsque les Del Vecchio sont arrivés en Espagne, le baptême du Saint-Esprit était virtuellement inconnu. Dans tout le pays, il n'y avait pas plus de deux douzaines de personnes remplies du Saint-Esprit. Dans les grandes villes comme Madrid, Séville et Malaga, il n'y avait pas d'églises charismatiques. Prêchant l'évangile avec la puissance du Saint-Esprit, le pasteur Dan a été le pionnier du mouvement charismatique en Espagne. L'église qu'il a implantée à Malaga il y a plusieurs décennies compte maintenant plus d'un millier de fidèles. Il a dirigé des églises à Marbella, Cordoue, Torremolinos, Fuengirola, Torreblanca, Barcelone, Madrid, Séville, les Asturies et d'autres villes. Aujourd'hui, il encourage les pasteurs affiliés à l'ICEA, les Églises Chrétiennes Évangéliques Apostoliques d'Espagne.

LES CINQ MINISTÈRES

> *C'est lui qui a donné les uns comme apôtres, les autres comme prophètes, les autres comme évangélistes, les autres comme bergers et enseignants. Il l'a fait pour former les saints aux tâches du service en vue de l'édification du corps de Christ, jusqu'à ce que nous parvenions tous à l'unité de la foi et de la connaissance du Fils de Dieu, à la maturité de l'adulte, à la*

mesure de la stature parfaite de Christ. (Éphésiens 4.11–13, Segond 21.)

Dan a commencé comme évangéliste, prêchant l'Évangile, guérissant les malades et apportant la Bonne Nouvelle aux pauvres. Au fil du temps, son ministère a changé et il a souhaité être un père pour « engendrer des enfants spirituels et des disciples ». Aujourd'hui encore, c'est toujours son profond désir de « gagner des âmes, faire des disciples et des pasteurs ». [81]

À Madrid, le pasteur Dan a enseigné à une centaine de pasteurs, qui faisaient partie du « Renouveau », les dons de l'Esprit et les cinq ministères. À l'époque, ni le rôle ni l'importance des apôtres et des prophètes dans le corps du Christ n'étaient compris en Espagne. Il a clarifié la nécessité d'une structure dirigeante pour la croissance de l'église. Comme un maître d'œuvre sage, Dan a posé les fondations doctrinales du ministère apostolique, ministère qui intègre ces cinq dons du ministère. Cet enseignement historique a eu un impact sur de nombreux pasteurs, façonnant leurs ministères et le destin spirituel de la nation.

LA PREMIÈRE COMMUNAUTÉ ÉVANGÉLIQUE

La première communauté d'internationaux a commencé à Torremolinos. À l'époque, ni les Del Vecchio ni les jeunes croyants n'avaient l'expérience de vivre ensemble dans des communautés chrétiennes pour devenir des disciples et vivre une véritable transformation. Les premiers mois et les premières années de la vie des nouveaux chrétiens sont d'une importance vitale pour établir les habitudes et les priorités qu'ils exerceront plus tard dans la vie.

Aujourd'hui, grâce à ce modèle de « communauté », des milliers de chrétiens remplis de l'Esprit ont été formés et préparés à être des disciples, des dirigeants, des pasteurs et des missionnaires. La

---

[81] Del Vecchio, *El Manto de José*, 205.

deuxième génération de ces jeunes qui ont été arrachés du monde, sert maintenant Dieu dans divers pays.

LES CENTRES DE RÉADAPTATION THÉRAPEUTIQUE
En raison de l'augmentation de la dépendance à la drogue et à l'alcool en Espagne, la communauté évangélique a ouvert neuf centres de réadaptation thérapeutique pour répondre à ce besoin. La vie communautaire a jeté des bases solides pour aider les personnes aux prises avec des dépendances à la drogue et à l'alcool. Avec les internationaux et les Espagnols travaillant ensemble, les communautés ont commencé à accueillir et à prendre soin des membres les plus nécessiteux de la société, ceux qui vivent en marge. Au lieu d'un environnement institutionnel, les centres offraient un cadre familial plus intime pour la réadaptation et la formation professionnelle.

LA GUÉRISON INTÉRIEURE
Dan a été l'un des premiers pasteurs en Espagne à enseigner la guérison des émotions et des souvenirs, un sujet encore relativement méconnu dans ce pays. La communauté a acquis une expérience pratique et une connaissance spirituelle en travaillant avec ceux qui sont aux prises avec une dépendance à l'alcool et aux drogues, et avec ceux qui ont subi des traumatismes et des violences verbales ou abus sexuels.

LA DÉLIVRANCE DES MAUVAIS ESPRITS ET LEUR EXPULSION

> « *Voici, je vous ai donné le pouvoir de marcher sur les serpents et les scorpions et sur toute la puissance de l'ennemi, et rien ne pourra vous nuire* » (Luc 10.19, Segond 21).

Sans le baptême du Saint-Esprit, un chrétien n'aura pas l'onction ou le discernement des esprits, choses nécessaires pour chasser les démons. Peu de temps après que Dan eut été baptisé du Saint-Esprit, Dieu lui a donné le don de discerner les esprits. Bien qu'il ait chassé les mauvais esprits en masse, la plupart du temps, il s'est occupé, en toute confidentialité, d'individus avec un ou deux intercesseurs présents : « Christ est venu pour détruire les œuvres du diable et a maintenant donné ce mandat à son église. C'est la puissance de l'Esprit, le doigt de Dieu qui chasse les démons et les maladies. »[82]

RESTAURATION DE LA DANSE DANS LE CULTE

Grâce aux instructions du Saint-Esprit, Dan a rétabli la danse en tant qu'expression d'adoration respectueuse envers Dieu. La communauté est devenue pionnière dans l'introduction de la danse chorégraphiée de style hébraïque dans les cultes en Espagne. La danse est désormais intégrée au culte dans les églises de tout le pays. Lors du mariage de Deborah avec Barry il y a quelques années, c'était très émouvant pour Dan et Rhoda de voir des jeunes femmes adorer le Seigneur à travers la danse pendant la cérémonie.

LES QUATRE SAISONS DE L'ÉGLISE

Cette formulation présente l'enseignement révolutionnaire de Dan sur les quatre cycles ou saisons que traversent les églises. La première saison est le printemps : l'évangélisation. Avec la puissante semence de la Parole de Dieu et l'onction du Saint-Esprit, une église peut démarrer n'importe où. Dan remercie Dieu d'être un semeur de l'évangile avec un livre rempli de « semences » et ces semences continuent de se multiplier.

La deuxième saison est l'été : la formation de disciples. Jésus a enseigné par son exemple et a vécu en contact étroit avec ses

---
[82] Ibid. 211.

disciples. Dan croit qu'il n'y a pas meilleur moyen de faire des disciples que de vivre ensemble en communauté. Faire des disciples prend du temps; cela peut prendre des années. Les hommes et les femmes doivent être formés, préparés et envoyés avec la puissance du Saint-Esprit. « Notre vie entière est transformée à son image, à sa ressemblance, alors que nous laissons la Parole nous former, nous réformer et nous transformer », enseigne Dan. Trois préceptes de base sont : a) comment nous répondons à Dieu, b) comment nous réagissons aux circonstances, et c) comment nous interagissons avec les autres.

La troisième saison est l'automne : le travail social. Jésus récompensera Ses disciples qui s'impliquent dans les besoins humains :

> … *Venez, vous qui êtes bénis de mon Père; prenez possession du royaume qui vous a été préparé dès la fondation du monde. Car j'ai eu faim, et vous m'avez donné à manger; j'ai eu soif, et vous m'avez donné à boire; j'étais étranger, et vous m'avez recueilli; j'étais nu, et vous m'avez vêtu; j'étais malade, et vous m'avez visité; j'étais en prison, et vous êtes venus vers moi.* (Matthieu 25.4-36)

L'église primitive était impliquée dans le ministère auprès des veuves, des orphelins, des esclaves, des personnes âgées et des pauvres. Le travail social peut être épuisant et stressant. À moins que les chrétiens ne soient équipés par le Saint-Esprit avec les dons qui produisent des résultats, ils ne seront pas en mesure d'accomplir correctement le ministère social et ils s'épuiseront.

La quatrième saison est l'hiver : devenir autonome. En offrant une formation professionnelle et en démarrant des entreprises communautaires, les églises peuvent devenir autonomes et aider les nécessiteux : une démonstration pratique de foi et de compassion.

ANNEXE B
LE FEU DU RÉVEIL

Photo de couverture : Alors que ce livre était mis à jour en 2021, le volcan La Palma est entré en éruption dans les îles Canaries, un territoire espagnol. La couverture saisit l'explosion ardente de ce volcan, montrant la force puissante de la nature, mais symbolisant également la puissance explosive du Saint-Esprit de Dieu.

Vision d'un Volcan : En 2014, lors de la Réunion du Jubilé, Barry Butters a vécu l'expérience suivante, qu'il a racontée à Dan Del Vecchio, son futur beau-père :

Pendant que j'étais avec vous en Espagne pour notre Réunion du Jubilé, un grand fardeau de prière m'est venu, et je me suis retrouvé dans les douleurs de l'enfantement pour que le plan de Dieu naisse. Cela faisait longtemps que je n'avais ressenti une telle intensité dans la prière.

Un matin, alors que je priais dans le Dôme, j'ai été ravi dans l'Esprit et j'ai pu voir ce qui ressemblait à un volcan du feu du réveil de Dieu sur le point d'être libéré. J'ai vu dans l'Esprit que l'Espagne est au centre de l'Europe, de l'Asie et de l'Afrique. Je pouvais voir le feu de Dieu être porté et transféré dans différents endroits, tout cela jaillissant de l'œuvre en Espagne.

Je pouvais voir des équipes apostoliques être allumées et envoyées en petits groupes pour administrer le feu du réveil, puis retourner en Espagne pour se reposer et se rallumer. Je pouvais voir un centre de prière dans lequel nous pourrions vénérer Dieu, enseigner et nous former à l'intercession.

Je pouvais voir que ce serait comme une énorme dynamo de puissance spirituelle qui s'édifiait, croissait et gagnait en force dans l'Esprit.

Le feu du réveil de Dieu est-il de nouveau en train de se rallumer ? Est-ce le moment d'une école pour le renouveau ?

www.ingramcontent.com/pod-product-compliance
Lightning Source LLC
Chambersburg PA
CBHW051628230426
43669CB00013B/2218